AF624326

मेरे सपनों का भारत

Greetings
A.P.J. Abdul Kalam
कलाम

ज्ञान का दीप जलाए रखूँगा

‘हे भारतीय युवक
ज्ञानी–विज्ञानी
मानवता के प्रेमी
संकीर्ण तुच्छ लक्ष्य
की लालसा पाप है।
मेरे सपने बड़े
मैं मेहनत करूँगा
मेरा देश महान् हो
धनवान् हो, गुणवान् हो
यह प्रेरणा का भाव अमूल्य है,
कहीं भी धरती पर,
उससे ऊपर या नीचे
दीप जलाए रखूँगा
जिससे मेरा देश महान् हो।’

—डॉ. ए.पी.जे. अब्दुल कलाम

मेरे सपनों का भारत

डॉ. ए.पी.जे. अब्दुल कलाम

ए. शिवताणु पिल्लै

प्रभात
प्रकाशन

प्रकाशक • **प्रभात प्रकाशन प्रा. लि.**
4/19 आसफ अली रोड,
नई दिल्ली–110002
सर्वाधिकार • सुरक्षित
संस्करण • 2026
मूल्य • पाँच सौ रुपए
अनुवाद • श्रीमती दीपिका रानी
मुद्रक • नरुला प्रिंटर्स, दिल्ली

MERE SAPANON KA BHARAT
by Dr. A.P.J. Abdul Kalam with A. Sivanthanu Pillai ₹ 500.00
Published by Prabhat Prakashan Pvt. Ltd., 4/19 Asaf Ali Road, New Delhi-2

Translation of Envisioning An Empowered Nation published in English by Tata McGraw-Hill Publishing Co. Ltd., New Delhi

e-mail: prabhatbooks@gmail.com ISBN 978-93-86300-31-7

अन्ना विश्वविद्यालय तथा
अन्य विश्वविद्यालयों, महाविद्यालयों
और विद्यालयों के छात्रों से पारस्परिक संवाद
और समय-समय पर दिए व्याख्यानों
ने इस पुस्तक को जन्म दिया।

अस्तु, यह पुस्तक समर्पित है
भारत की युवाशक्ति और छात्रशक्ति को।

प्रस्तावना

पिछले चार वर्षों के दौरान मैंने भारत के लगभग सभी भागों का भ्रमण किया है और जीवन के सभी क्षेत्रों से संबंधित लोगों के संपर्क में आया हूँ; जैसे छात्र, युवा, किसान, वैज्ञानिक, इंजीनियर, तकनीशियन, चिकित्सक, चिकित्सा कर्मचारी, शिक्षाविद्, उद्योगपति, सशस्त्र सैन्य कर्मी, आध्यात्मिक नेता, राजनेता, प्रशासक, अर्थशास्त्री, कलाकार, खिलाड़ी, शारीरिक तथा मानसिक रूप से विकलांग एवं ग्रामीण जनता। भारतीय जनता के विभिन्न वर्गों के संपर्क में आकर मैंने बहुत कुछ सीखा है।

स्कूली बच्चों तथा युवाओं ने मेरे वेबसाइट के माध्यम से भी मुझसे संपर्क किया। उन्होंने भारत को एक विकसित राष्ट्र बनाने तथा इस लक्ष्य को प्राप्त करने में अपनी भूमिका के बारे में कई महत्त्वपूर्ण सुझाव दिए। मैं बच्चों तथा युवाओं से प्राप्त कई सुझावों में से कुछ का उल्लेख करना चाहता हूँ।

मेघालय के एक छात्र ने कहा, *'मुझे शिक्षण कार्य पसंद है, क्योंकि इससे बच्चों को हमारे देश के अच्छे व श्रेष्ठ नागरिकों के रूप में आकार दिया जा सकता है। इसलिए मैं एक शिक्षक या अपने देश की रक्षा के लिए सैनिक बनना चाहता हूँ।'* पांडिचेरी की एक अन्य बालिका ने कहा, *'एक धागे में कई फूल पिरोकर ही माला बनाई जा सकती है। इसलिए मैं इस विकसित भारत के स्वप्न को साकार करने के लिए अपने देशवासियों को देश से प्यार करने तथा मन की एकता के लिए कार्य करने को प्रेरित करूँगी।'* गोवा के एक बालक ने कहा, *'मैं एक इलेक्ट्रॉन बन जाऊँगा और ऑरबिट में स्थित इलेक्ट्रॉन की तरह अपने देश के लिए अनवरत कार्य करता रहूँगा।'* अटलांटा में रहनेवाले भारतीय मूल के एक छात्र ने जवाब दिया, *'जब भारत आत्मनिर्भर बन जाएगा और आवश्यकता पड़ने पर किसी भी देश के खिलाफ प्रतिबंध लगाने की क्षमता रखेगा, तभी मैं भारत का गीत गाऊँगा*

और मैं इसके लिए प्रयास करूँगा।' उस छात्र का अर्थ था कि भारत को आर्थिक संपन्नता के साथ राष्ट्रीय सुरक्षा तथा राजनीतिक इच्छा-शक्ति के साथ एक विकसित देश बनना चाहिए।

युवा मस्तिष्कों के कितने उच्च विचार हैं! ये केवल कुछ उदाहरण हैं। युवा तेजस्वी मनों की देश को महान् बनाने की अभिलाषाएँ स्पष्ट हैं। यह जानना महत्त्वपूर्ण है कि भारत में ऐसे सत्तर करोड़ युवा मस्तिष्क हैं। यह एक विशाल शक्ति है जिसे रचनात्मक रूप से भारत को एक विकसित देश बनाने के एकमात्र लक्ष्य की ओर उन्मुख किए जाने की आवश्यकता है। युवाओं की तरह भारत का प्रत्येक नागरिक एक खुशहाल, संपन्न, शांतिपूर्ण तथा सुरक्षित भारत में रहना चाहेगा।

मैंने मरुस्थलों, पहाड़ों, समुद्र-तटों, वनों तथा मैदानों में अपने देश का सौंदर्य देखा है। भारत में एक समृद्ध सभ्यता, विरासत, संसाधन व प्रतिभाशाली कार्य-शक्ति है, और सबसे ऊपर एक ज्ञानी समाज के उद्‌भव के कारण अंतर्निहित शक्ति है। अब भी हमारी जनसंख्या का 26 प्रतिशत भाग गरीबी रेखा के नीचे है और अशिक्षा तथा बड़े पैमाने पर बेरोजगारी कायम है। इन समस्याओं के समाधान की अनिवार्यता के साथ-साथ आर्थिक विकास को भी बढ़ाना जरूरी है। संसाधनों तथा मानव-शक्ति के प्रभावी प्रबंधन द्वारा यह लक्ष्य प्राप्त किया जा सकता है।

वर्ष 2002 में स्वतंत्रता दिवस पर अपने संबोधन में हमारे प्रधानमंत्री ने घोषणा की कि भारत वर्ष 2020 तक एक विकसित राष्ट्र बन जाएगा। दसवीं पंचवर्षीय योजना भी 8 प्रतिशत की आर्थिक विकास दर तथा 10 करोड़ के रोजगार अवसरों पर केंद्रित है।

हाल के वर्षों में, जीवन-स्तर को बेहतर बनाने में प्रौद्योगिकी ने एक महत्त्वपूर्ण भूमिका निभाई है। प्रौद्योगिकी एक ऐसा इंजन है, जिसमें देश को विकास तथा संपन्नता की ओर ले जाने और राष्ट्रों के समूह में उसे आवश्यक प्रतिस्पर्धात्मक लाभ उपलब्ध कराने की क्षमता है। इस प्रकार, भारत को एक विकसित देश में बदलने में प्रौद्योगिकी की महत्त्वपूर्ण भूमिका है।

श्री वाई.एस. राजन के साथ वर्ष 1998 में लिखी गई अपनी पुस्तक 'भारत 2020 नवनिर्माण की रूपरेखा' में हमने पाँच सौ विशेषज्ञों की मदद से विकसित टी.आई.एफ.ए.सी. के प्रौद्योगिकी विजन 2020 पर चर्चा की थी। पिछले कुछ वर्षों में उल्लेखनीय विकास और प्रौद्योगिकीय क्रांतियाँ हुई हैं। अब समाज के सभी वर्गों, विशेषकर युवाओं तथा बच्चों, में एक विकसित भारत में रहने तथा उसके लिए कार्य करने की भावना उत्पन्न हुई है। यहाँ तक कि विदेशों में रह रहे भारतीय

परिवारों ने भी भारत को एक विकसित देश बनाने के लक्ष्य में हिस्सा लेने की इच्छा अभिव्यक्त की है। इसी कारण इस पुस्तक को लिखने की आवश्यकता महसूस हुई। इस पुस्तक में समाज पर प्रौद्योगिकी के प्रभाव तथा वर्ष 2020 तक एक विकसित भारत के लक्ष्य के संबंध में विस्तार से चर्चा की गई है।

जब हम भारत में रॉकेट, प्रक्षेपण यान, मिसाइल प्रणालियाँ तथा संबंधित प्रौद्योगिकियाँ विकसित कर रहे थे तो कई कारणों से विकसित विश्व ने हमें प्रौद्योगिकी प्रदान करने से इनकार कर दिया। इसने युवा मस्तिष्कों को चुनौती देने का काम किया। प्रौद्योगिकी न मिलने पर प्रौद्योगिकी प्राप्त की जाती है।

आज भारत के पास प्रक्षेपण यानों, मिसाइलों तथा वायुयानों के सिस्टम डिजाइन, सिस्टम इंजीनियरिंग, सिस्टम इंटीग्रेशन तथा सिस्टम मैनेजमेंट की योग्यता और महत्त्वपूर्ण प्रौद्योगिकियों के विकास की क्षमता है।

स्कूल एवं कॉलेज विद्यार्थियों को दिए गए भाषणों तथा वार्त्ताओं में युवाओं की भागीदारी विलक्षण तथा विचारोत्तेजक रही है। भारत के युवाओं के साथ इन विचार-विमर्शों ने ही हमें भारत को विकसित देश बनाने के स्वप्न तथा अपने अनुभवों को बाँटने के लिए प्रेरित किया।

भारत के पास प्रयोजन-लक्षित कार्यक्रमों के प्रबंधन के कई सफल अनुभव रहे हैं। हम प्रौद्योगिकी के महत्त्व तथा नीतियों के निर्माण और कार्यक्रमों के कार्यान्वयन में उसकी भूमिका को मान्यता देते हैं। आज समय के अनुकूल एक उपयुक्त वातावरण के निर्माण तथा भारत को एक विद्वत्तापूर्ण समाज में रूपांतरित करने की आवश्यकता है। संसाधनों तथा युवाओं की क्षमता के सदुपयोग के लिए रचनात्मक नेतृत्व अनिवार्य है।

भारत को एक विकसित राष्ट्र बनाने के समान लक्ष्य की ओर एक अरब लोगों के विचारों तथा कार्यों को समन्वित करना वास्तव में आज की आवश्यकता है।

—ए.पी.जे. अब्दुल कलाम

—ए. शिवताणु पिल्लै

आभार

इसरो, डी.आर.डी.ओ., विभिन्न वैज्ञानिक तथा शैक्षिक संस्थानों, टी.आई.एफ.ए.सी., अन्य संगठनों तथा कई उद्योगपति मित्रों एवं सहयोगियों ने समय-समय पर हमें अनेक जानकारियाँ उपलब्ध कराई हैं, जिन्हें इस पुस्तक को लिखने में इस्तेमाल किया गया है। हम उन सबके प्रति आभारी हैं।

विशेष रूप से हम श्री जी. शिवकुमार के आभारी हैं, जिन्होंने अन्ना विश्वविद्यालय के विद्यार्थियों के लिए भाषण तैयार करने में मदद की। हम अन्ना विश्वविद्यालय के पूर्व कुलपति डॉ. ए. कलानिधि तथा वर्तमान कुलपति डॉ. ई. बालागुरुसामी के आभारी हैं जिन्होंने विश्वविद्यालय के विभिन्न कॉलेजों के विद्यार्थियों के सामने सामाजिक रूपांतरण पर भाषणों के लिए अवसर प्रदान किया। प्रो. के. उदयकुमार, प्रो. अरुण बालाकृष्णन तथा अन्ना विश्वविद्यालय के कंप्यूटर इंजीनियरिंग, बायोटेक तथा अन्य विभागों/केंद्रों और कर्मचारियों को हम उनके सहयोग के लिए धन्यवाद देते हैं।

हम विकसित भारत के लिए प्रौद्योगिकीय आवश्यकताओं तथा पी.यू.आर.ए. के विवरणों पर कार्य करने में प्रो. पी.वी. इंद्रसेन तथा श्री वाई.एस. राजन के अथक प्रयासों की सराहना करते हैं। हम सन् 1998 में लिखे गए एक लेख में श्री प्रह्लाद तथा डॉ. बी.एस. शर्मा के योगदान के लिए उन्हें धन्यवाद देते हैं, जो केस स्टडी 2 के लिए एक संदर्भ बना है। श्री अरुण तिवारी, श्री आर. स्वामीनाथन, इंडियन इंस्टीट्यूट ऑफ साइंसेज, डी.आर.डी.ओ. तथा ब्रह्मोस के वैज्ञानिकों, विशेषकर डॉ. एन. बालाकृष्णन, डॉ. एम.एस. विजयराघवन, डॉ. डब्ल्यू. सेल्वामूर्ति, श्री के. श्रीनिवास राव, श्री पी.एम. अजित, श्री ब्रजमोहन, डॉ. देबाशीष मुखर्जी, श्री मयंक द्विवेदी, श्री संजय मुखर्जी, श्री वी. पुंराज, श्री एच. शेरिडन, श्री आर.के. प्रसाद तथा श्री के. हरिहरन ने लेखकों को इस पुस्तक की सामग्री को व्यवस्थित करने में सहयोग दिया। हम इन सभी के प्रति कृतज्ञ हैं।

—ए.पी.जे. अब्दुल कलाम

—ए. शिवताणु पिल्लै

विषय-सूची

संक्षिप्त रूप

ए.डी.ए.	ऐरोनॉटिकल डेवलपमेंट एजेंसी
ए.जी.वी.	ऑटोमेटेड गाइडेड वेइकल
ए.एच.डब्ल्यू.आर.	एडवांस्ड हैवी वाटर रिएक्टर्स
ए.आई.	आर्टीफिशियल इंटेलिजेंस
ए.आई.डी.एस. (एड्स)	एक्वायर्ड इम्यून डेफिशिएंसी सिंड्रोम
ए.एल.एच.	एडवांस्ड लाइट हेलीकॉप्टर
ए.एम.एच.	ऑटोमेटेड मैटीरियल्स हैंडलिंग सिस्टम
ए.एस.एल.वी.	ऑगमेंटेड सेटेलाइट लॉन्च वेइकल
ए.एस.आर.एस.	ऑटोमेटेड स्टोरेज एंड रिट्रीवल सिस्टम
ए.टी.एम.	एंटी टैंक मिसाइल
बी. टु बी.	बिजनेस टू बिजनेस
बी. टु सी.	बिजनेस टू कंज्यूमर
बी.ए.आर.सी.	भाभा एटॉमिक रिसर्च सेंटर
बी.डब्ल्यू.आर.	बॉयलिंग वाटर रिएक्टर्स
सी.ए.डी.	कंप्यूटर ऐडेड डिजाइन
सी.ए.डी.डी.	कंप्यूटर ऐडेड डिजाइन एंड ड्राफ्टिंग
सी.ए.ई.	कंप्यूटर ऐडेड इंजीनियरिंग
सी.ए.एम.	कंप्यूटर ऐडेड मैन्युफैक्चरिंग
सी.ए.पी.पी.	कंप्यूटर ऐडेड प्रोसेस प्लानिंग
सी.सी.	कार्बन कार्बन
सी.एफ.सी.	कार्बन फाइबर कंपोजिट
सी.एफ.डी.	कंप्यूटेशनल फ्लूड डायनेमिक्स
सी.आई.एम.	कंप्यूटर इंटीग्रेटेड मैन्युफैक्चरिंग
सी.एन.सी.	कंप्यूटर न्यूमेरिकली कंट्रोल्ड

सी.ओ.डी.ई. (कोड)	कंपोनेंट्स एंड डिवाइसेज
सी.ओ.आर.ई. (कोर)	सेंटर्स ऑफ रेलिवेंस एंड एक्सीलेंस
सी.पी.टी.	कंपोजिट प्रोडक्ट टेक्नोलॉजी
सी.पी.यू.	सेंट्रल प्रोसेसिंग यूनिट
सी.टी. स्केन	कंप्यूटेड टोमोग्राफी स्केन
डी.ए.ई.	डिपार्टमेंट ऑफ एटॉमिक एनर्जी
डी.आई.पी.ए.एस.	डिफेंस इंस्टीट्यूट ऑफ फिजियोलॉजी एंड एलाइड साइंसेज
डी.एम.आर.एल.	डिफेंस मेटॉलर्जिकल रिसर्च लेबोरेटरी
डी.एन.ए.	डाइऑक्सीरिबो न्यूक्लिक एसिड
डी.एन.सी.	डिस्ट्रीब्यूटेड न्यूमेरिकली कंट्रोल्ड
डी.आर.डी.एल.	डिफेंस रिसर्च एंड डेवलपमेंट लेबोरेटरी
डी.आर.डी.ओ.	डिफेंस रिसर्च एंड डेवलपमेंट ऑर्गेनाइजेशन
ई.एम.आई.	इलेक्ट्रो मैग्नेटिक इंटरफेरेंस
ई.आर.पी.	एंटरप्राइज रिसोर्स प्लानिंग
एफ.ए.डी.ई.सी.एस.	फुल अॅथोरिटी डिजिटल इंजन कंट्रोल सिस्टम
एफ.बी.आर.	फास्ट ब्रीडर रिएक्टर्स
एफ.एम.एस.	फ्लेक्सिबल मैन्युफैक्चरिंग सिस्टम
एफ.ओ.	फाइबर ऑप्टिक
एफ.आर.ओ.	फ्लो रिएक्शन ऑर्थोसिस
एफ.आर.पी.	फाइबर रिइनफोर्स्ड प्लास्टिक
एफ.एस.ए.पी.डी.एस.	फिन स्टेबलाइज्ड आर्मर पियर्सिंग एंड डिस्कार्डिंग सेबोट
एफ.टी.सी.	फिन टिप कंट्रोल
जी.डी.पी.	ग्रॉस डोमेस्टिक प्रोडक्ट
जी.ई.ओ.	जियो स्टेशनरी अर्थ ऑरबिट
जी.एफ.एल.ओ.पी.एस.	गीगा फ्लोटिंग प्वॉइंट कैलकुलेशन पर सेकेंड
जी.आई.एस.	जियोग्राफिकल इन्फॉरमेशन सिस्टम
जी.एन.पी.	ग्रॉस नेशनल प्रोडक्ट
जी.एस.एल.वी.	जियोसिंक्रोनस सेटेलाइट लॉञ्च वेइकल
जी.टी.	ग्रुप टेक्नोलॉजी
जी.टी.ओ.	जियो ट्रांसफर ऑरबिट
एच.ए.एल.	हिंदुस्तान ऐरोनॉटिक्स लिमिटेड

एच.ए.पी.पी.	हैवी एलॉय पेनेट्रेटर प्लांट
एच.आई.एल.एस.	हार्डवेयर इन लूप सिमुलेशन
एच.आई.वी.	ह्यूमन इम्युनो डेफिशिएंसी वायरस
एच.एल.एल.वी.	हैवी लिफ्ट लॉञ्च वेइकल
आई.सी.	इनक्यूबेशन सेंटर
आई.सी.ए.आर.	इंडियन काउंसिल ऑफ एग्रिकल्चरल रिसर्च
आई.सी.टी.	इन्फॉरमेशन एंड कम्युनिकेशन टेक्नोलॉजी
आई.डी.एम.	इंडिविजुअल डिजाइन मॉड्यूल
आई.एफ.डी.बी.	इंटर फेस डिजाइन मॉड्यूल
आई.जी.सी.ए.आर.	इंदिरा गांधी सेंटर फॉर एटोमिक रिसर्च
आई.जी.एम.डी.पी.	इंटीग्रेटेड गाइडेड मिसाइल डेवलपमेंट प्रोग्राम
आई.आई.एम.	इंडियन इंस्टीट्यूट ऑफ मैनेजमेंट
आई.आई.आर.	इमेजिंग इन्फ्रा रेड
आई.आई.एस-सी.	इंडियन इंस्टीट्यूट ऑफ साइंस
आई.आई.टी.	इंडियन इंस्टीट्यूट ऑफ टेक्नोलॉजी
आई.जे.टी.	इंटरमीडिएट जेट ट्रेनर
आई.एम.एम.	इंडिया मिलेनियम मिशंस
आई.एन.एस.	इनर्शियल नेविगेशन सिस्टम
आई.एन.एसएटी.	इंडियन नेशनल सेटेलाइट
आई.पी.आर.	इंटेलेक्चुअल प्रॉपर्टी राइट्स
आई.आर.	इन्फ्रा रेड
आई.आर.बी.एम.	इंटरमीडिएट रेंज बैलेस्टिक मिसाइल
आई.आर.एस.	इंडियन रिमोट सेंसिंग
आई.एस.ओ.	इंटरनेशनल स्टैंडर्ड्स ऑर्गेनाइजेशन
आई.एस.आर.ओ.	इंडियन स्पेस रिसर्च ऑर्गेनाइजेशन
आई.टी.	इन्फॉरमेशन टेक्नोलॉजी
आई.टी.ई.एस.	इन्फॉरमेशन टेक्नोलॉजी इनेबल्स सर्विसेज
जे.आई.टी.	जस्ट इन टाइम
एल.ए.वी.आई.डी.	लॉञ्च वेइकल इंटीग्रेटेड डिजाइन
एल.सी.ए.	लाइट कॉमबेट एयरक्राफ्ट
एल.ई.ओ.	लो अर्थ ऑरबिट
एल.पी.एस.सी.	लिक्विड प्रोपल्शन सिस्टम सेंटर
एल.टी.ए.	लाइट ट्रांसपोर्ट एयरक्राफ्ट

एम.बी.टी.	मेन बैटल टैंक
एम.ई.एम.एस.	माइक्रो इलेक्ट्रो मैकेनिकल सिस्टम्स
एमआई.डीएचए.एनआई.	मिश्र धातु निगम लिमिटेड
एमआईएल. स्टैंडर्ड्स	मिलिटरी स्टैंडर्ड्स
एम.आई.यू.	मिसाइल इंटरफेस यूनिट
एम.एम.आई.सी.	माइक्रोवेव मोनोलिथिक इंटीग्रेटेड सर्किट
एम.पी. एंड सी.एस.	मैन्युफैक्चरिंग, प्लानिंग एंड कंट्रोल सिस्टम्स
एम.आर.आई.	मैग्नेटिक रिजोनेंस इमेजिंग
एम.आर.पी.	मैन्युफैक्चरिंग रिसोर्स प्लानिंग
एम.टी.सी.आर.	मिसाइल टेक्नोलॉजी कंट्रोल रिजाइम
एन.ए.एल.	नेशनल ऐरोनॉटिकल लेबोरेटरी
एन.सी.	न्यूमेरिकली कंट्रोल्ड
एन.ई.एम.एस.	नैनो इलेक्ट्रो मैकेनिकल सिस्टम्स
एन.एफ.टी.डी.सी.	नॉन फेरस मैटीरियल्स टेक्नोलॉजी टेवलपमेंट सेंटर
एन.एम.आर.आई.	न्यूक्लियर मैग्नेटिक रेजोनेंस इमेजिंग
एन.पी.सी.	न्यूक्लियर पॉवर कॉरपोरेशन
एनपीओ.एम.	एनपीओ मशीनोस्ट्रोयेनिया
पी.डी.एस.	पब्लिक डिस्ट्रीब्यूशन सिस्टम
पी.एफ.बी.आर.	प्रोटोटाइप फास्ट ब्रीडर रिएक्टर्स
पी.एच.डब्ल्यू.आर.	प्रेशराइज्ड हैवी वाटर रिएक्टर्स
पी.एस.एल.वी.	पोलर सेटेलाइट लॉञ्च वेइकल
पी.यू.आर.ए.	प्रोवाइडिंग अर्बन एमिनिटीज इन रूरल एरियाज
आर.सी.एस.	रिएक्शन कंट्रोल सिस्टम
आर.ई.ए.सी.एच.	रेलिवेंस एंड एक्सीलेंस इन एचीविंग न्यू हाइट्स इन एजुकेशनल इंस्टीट्यूशंस
आर.एल.जी.	रिंग लेजर जाइरो
एस.ए.सी.सी.	साइंटिफिक एडवाइजरी कमिटी टू द कैबिनेट
एस.ए.एम.	सरफेस टू एयर मिसाइल
एस.ए.एस.ई.	स्नो एंड एवेलेंच स्टडी एस्टेब्लिशमेंट
एस.बी.एम.टी.	सोसाइटी फॉर बायो-मेडिकल टेक्नोलॉजी
एस.आई.टी.ए.आर.	सोसाइटी फॉर इंटीग्रेटेड सर्किट टेक्नोलॉजी एंड एप्लायड रिसर्च
एस.एल.वी.-3	सेटेलाइट लॉञ्च वेइकल

एस.पी.एस.	सोलर पावर सेटेलाइट
एस.एस.आई.	स्मॉल स्केल इंडस्ट्रीज
टी.आई.एफ.ए.सी.	टेक्नोलॉजी इन्फॉरमेशन फोरकास्टिंग असेसमेंट काउंसिल
टी.आई.एफ.आर.	टाटा इंस्टीट्यूट ऑफ फंडामेंटल रिसर्च
टी.वी.सी.	थ्रस्ट वेक्टर कंट्रोल
यू.ए.वी.	अनमैंड ऐरोस्पेस वेइकल्स
यू.डी.एम.एच.	अनसिमिट्रिकल डाइ-मिथाइल हाइड्रेजिन
वी.एस.एल.आई.	वेरी लार्ज स्केल इंटीग्रेशन
वी.आर.	वर्चुअल रिएलिटी
वी.एस.ए.टी.	वेरी स्मॉल एपरचर टर्मिनल
वी.एस.एस.सी.	विक्रम साराभाई स्पेस सेंटर

परिचय

यदि हम इतिहास के पन्ने पलटें तो हमें ज्ञात होगा कि भारत विश्व के चंद सभ्य तथा संपन्न देशों में से एक था। सिंधु घाटी सभ्यता तथा मोहन-जो-दड़ो तथा हड़प्पा के अवशेष इस बात के प्रमाण हैं कि 2500 ई.पू. में ही भारत कृषि, मिट्टी के बरतन बनाने की कला, औजार, आभूषण, मानव-निर्मित वस्तुओं तथा मिश्रित धातु की मूर्तियों के निर्माण का कौशल विकसित कर चुका था। बाद में, लगभग छठी शताब्दी ईसवी में, मगध साम्राज्य में शहरों का विकास तथा सिक्कों का इस्तेमाल आरंभ हुआ। इसके बाद, मौर्य काल में कौटिल्य-रचित 'अर्थशास्त्र' जैसे ग्रंथ लिखे गए। सम्राट् अशोक के शासन में समृद्धि तथा प्रगति जारी रही और मौर्य साम्राज्य ने अपना राज दूर-दूर तक फैलाया।

बहरहाल, भारत को समय-समय पर विदेशी आक्रमणों का सामना करना पड़ा, जो उसके विकास में अड़चन बने। देश ने औद्योगिक क्रांति की कमी महसूस की जिसने पश्चिम को एक आर्थिक शक्ति बना दिया। बढ़ती जनसंख्या, अकाल तथा गरीबी के साथ कभी एक संपन्न देश रहा भारत अनुक्रमी विदेशी शासकों द्वारा दमन तथा दरिद्रता का शिकार बना दिया गया।

सन् 1857 में आजादी के पहले स्वप्न ने परिवर्तन की प्रक्रिया को उकसा दिया। बाद में स्वतंत्रता आंदोलन ने राजनीति, जनजीवन, संगीत, कविता, साहित्य तथा विज्ञान में बेहतरीन नेताओं को उभारा। यह आंदोलन मन तथा उद्देश्य की एकता के साथ देशभक्ति और समर्पण द्वारा प्रेरित था। कई भारतीयों में जीवन के प्रत्येक क्षेत्र में विदेशियों से आगे निकलने की कामना थी। इसने कई भारतीयों को अपनी व्यक्तिगत प्रतिभा को प्रदर्शित करने के लिए प्रेरित किया। कामेश्वर बाली द्वारा लिखित प्रसिद्ध खगोल-भौतिकविद् श्री एस. चंद्रशेखर की जीवनी में उल्लेख किया गया है—'सन् 1910 से पहले अंतरराष्ट्रीय ख्याति का कोई भारतीय वैज्ञानिक

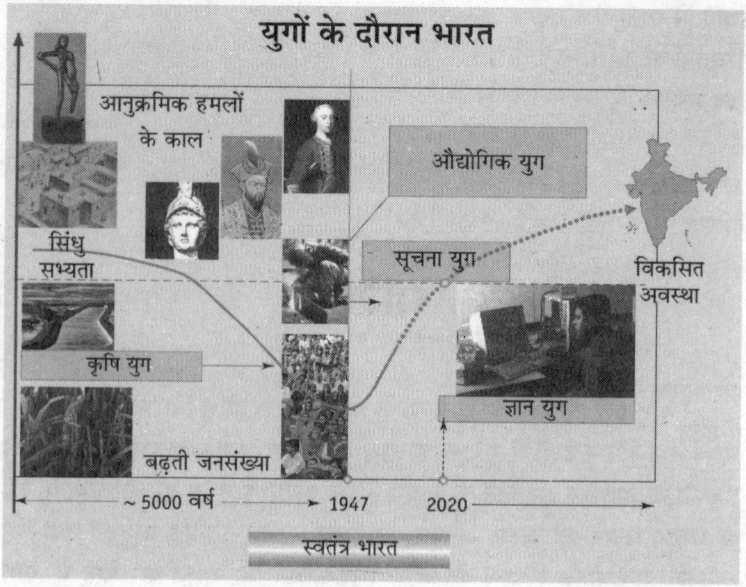

नहीं था, परंतु प्रथम विश्व युद्ध के बाद, सन् 1920 से 1925 के बीच, अचानक अंतरराष्ट्रीय ख्याति के पाँच वैज्ञानिक उभरे। वे थे सर्वश्री जे.सी. बोस, सी.वी. रमन, मेघनाद साहा, श्रीनिवास रामानुजन और प्रो. चंद्रशेखर। मैंने इस उल्लेखनीय घटना को आत्माभिव्यक्ति की आवश्यकता के साथ संबद्ध किया है, जो राष्ट्रीय आंदोलन के दौरान युवाओं के बीच एक प्रबल अभिप्रेरक बन गया था। स्वयं को प्रमाणित करना राष्ट्रीय आंदोलन का एक हिस्सा था। हम पश्चिम को उनके ही क्षेत्र में दिखा सकते थे कि हम उनके बराबर हैं।' विज्ञान की तरह स्वतंत्रता आंदोलन के पहले स्वप्न ने जीवन के प्रत्येक क्षेत्र में सर्वश्रेष्ठ नेताओं को उत्पन्न किया।

अब भारत के पास विशाल पैमाने पर कुशल और दक्ष मानव संसाधन हैं। सरकार द्वारा आरंभ पंचवर्षीय योजनाओं तथा केंद्रित मिशन मोड कार्यक्रमों के कारण मानव संसाधन का बड़े पैमाने पर विकास हुआ। अब भी वर्तमान सकल घरेलू उत्पाद विकास दर केवल 4.5 प्रतिशत है, गरीबी रेखा के नीचे 26 प्रतिशत जनसंख्या है और बेरोजगारी 30 प्रतिशत है। इस परिस्थिति में परिवर्तन की आवश्यकता है। देश के विकास की दूसरी अंतर्दृष्टि, यानी वर्ष 2020 तक विकसित भारत के स्वप्न से ही एक सकारात्मक आंदोलन शुरू हो सकता है।

सौभाग्य से, ज्ञान युग के उद्‌भव के साथ भारत खुद को एक अत्यंत लाभकारी

स्थिति में पाता है, क्योंकि यह शिक्षा, स्वास्थ्य, कृषि और शासन में सामाजिक परिवर्तनों को प्रेरित करेगा। यह परिवर्तन बड़े पैमाने पर रोजगारों, उच्च उत्पादकता, उच्च राष्ट्रीय विकास, कमजोर वर्गों के सशक्तीकरण, समन्वित तथा पारदर्शी समाज और ग्रामीण समृद्धि को प्रोत्साहित करेगा। बौद्धिक युग के दौरान भारत का गौरव फिर लौटकर आएगा, क्योंकि भारत के पास सूचना तथा संचार प्रौद्योगिकियों और बौद्धिक कार्यकर्ताओं की क्षमताएँ हैं। राष्ट्र-निर्माण के उपर्युक्त लक्ष्यों को प्राप्त करने के लिए हमें अपनी क्षमता का पूरा लाभ उठाना होगा।

राष्ट्र-निर्माण में प्रौद्योगिकी का महत्त्व इस पुस्तक के लेखन का प्रेरक बिंदु है। यह पुस्तक प्रौद्योगिकी क्षमताओं का एक रणनीतिक दृष्टिकोण प्रस्तुत करता है और भारतीय संदर्भ में कुछ महत्त्वपूर्ण क्षेत्रों पर चर्चा करता है; जैसे डिजाइन और उत्पादन, रणनीतिक क्षेत्र, कृषि तथा स्वास्थ्य क्षेत्र। इस पुस्तक का उद्‌देश्य ऐसे विचार-विमर्शों को प्रेरित करना है, जो भारत के सशक्तीकरण के लिए उभरती प्रौद्योगिकियों का लाभ उठाने के संबंध में कुछ ठोस कार्यों को प्रेरित कर सकें।

आठ अध्यायों में विभाजित यह पुस्तक प्रौद्योगिकी के विशिष्ट पहलुओं पर चर्चा करती है—

★ पहले अध्याय में प्रौद्योगिकी के प्रभाव और मानव जीवन पर उसके प्रभाव की चर्चा की गई है। यह वर्ष 2020 तक एक विकसित राष्ट्र के रूप में भारत के लिए दूसरे स्वप्न और प्रौद्योगिकी विजन 2020 द्वारा पहचाने गए प्रमुख क्षेत्रों पर प्रकाश डालती है।

★ दूसरा अध्याय प्रौद्योगिकी के विभिन्न आयामों, जैसे विशिष्टीकरण, डिजाइन, उत्पादन आदि और प्रौद्योगिकी विकास में स्वदेशी डिजाइन की महत्त्वपूर्ण भूमिका की चर्चा करता है।

★ अगले चार अध्याय कृषि, उत्पादन, स्वास्थ्य तथा रणनीतिक क्षेत्रों में प्रौद्योगिकी के असर पर विचार-विमर्श करते हैं।

★ सातवें अध्याय में बौद्धिक समाज के विकास तथा एक बौद्धिक अर्थव्यवस्था बनने की भारत की योग्यता पर प्रकाश डाला गया है।

★ आठवाँ अध्याय भारत को एक विकासशील देश से विकसित राष्ट्र में रूपांतरित करने के लिए आवश्यक चीजों की चर्चा करता है।

यह पुस्तक देश के विकास में प्रौद्योगिकी की भूमिका तथा महत्त्व पर प्रकाश डालती है। इसे एक सड़क मानचित्र की तरह प्रस्तुत किया गया है, जो विकसित भारत से संबंधित लक्ष्यों को प्राप्त करने में विद्यार्थियों तथा युवाओं को

लाभ पहुँचाएगी। यह डिजाइन, निर्माण, स्वास्थ्य, कृषि, शिक्षा, कानून, सूचना तथा संचार प्रौद्योगिकी, प्रशासन आदि क्षेत्रों में काम कर रहे भारतीयों की भूमिका की भी चर्चा करती है। साथ ही, यह पुस्तक राष्ट्र–निर्माण में भागीदारी के लिए अनिवासी भारतीयों तथा गैर–सरकारी संगठनों समेत वृहद् भारतीय परिवारों की रुचि का विषय होगी।

1

प्रौद्योगिकी : एक विकसित राष्ट्र के लिए प्रमुख तत्त्व

परिचय

प्रौद्योगिकी का मानव सभ्यता पर गहरा प्रभाव रहा है और भविष्य में भी ऐसा ही होगा। यह अध्याय ऊर्जा की खपत के बदलते प्रारूप और एक बौद्धिक समाज के निर्माण जैसे कारकों की पृष्ठभूमि में उन क्षेत्रों को पहचानने का प्रयास करता है, जिन पर प्रौद्योगिकी का प्रभाव होगा। वर्ष 2020 तक एक विकसित राष्ट्र के रूप में भारत के लिए दूसरे स्वप्न तथा प्रौद्योगिकी विजन 2020 द्वारा पहचाने गए प्रमुख क्षेत्रों पर इस अध्याय में चर्चा की गई है।

अध्ययन से सृजनात्मकता आती है।
सृजनात्मकता विचारों को आगे बढ़ाती है।
विचारों से ज्ञानवर्धन होता है
और
ज्ञान आपको महान् बनाता है।

प्रौद्योगिकी का विकास और मानवता पर उसका प्रभाव

लगभग एक लाख सहस्राब्दियों के अस्तित्व के बाद हमारे पूर्वजों ने शिकार के लिए पत्थर के औजार बनाए। जैसा कि सारणी 1.1 में देखा जा सकता है। साढ़े तीन हजार वर्ष पहले उन्होंने समुद्री परिवहन विकसित किया। अंतिम दो सौ वर्षों में औद्योगिक क्रांति के आगमन के साथ रेलवे तथा विद्युत् जैसे आविष्कार हुए। वायुयान, बड़े पैमाने पर उत्पादित रासायनिक उत्पाद, परमाणु हथियार तथा कंप्यूटर

जैसे बड़े नए आविष्कारों की प्रक्रिया पूरी हो चुकी है। पिछले कुछ दशकों में आविष्कार तथा विकास की दर उल्लेखनीय रूप से बढ़ी है, जैसाकि इंटरनेट, उन्नत संचार उपकरणों तथा जेनेटिकली इंजीनियर्ड प्लांट्स (आनुवंशिक तरीके से उगाए गए पौधे) के विकास में प्रतिबिंबित होता है। चित्र 1.1 प्रौद्योगिकी के विकास तथा मानवता पर उसके प्रभाव को दरशाता है।

अत्यंत प्रतिस्पर्धात्मक बाजार में उपयोगी रोजगार सृजित करने और मानव कौशल को लगातार उन्नत करने के लिए प्रौद्योगिकीय क्षमता प्रमुख तत्त्व है। प्रौद्योगिकियों के व्यापक इस्तेमाल द्वारा हम आनेवाले वर्षों में अपने लोगों का विकास कर सकते हैं।

सारणी 1.1

अनुमानित समय (वर्ष 2002 से पहले)	नए आविष्कार	परिणाम
1,00,000	शिकार के लिए पत्थर के औजार बनाना तथा इस्तेमाल करना	मानव क्षमताओं का विस्तार
40,000	हथियार बनाना तथा इस्तेमाल करना	मानव क्षमताओं का विस्तार
3,500	नौकाएँ तथा पाल-नौकाएँ	मानव क्षमताओं का विस्तार
800	घड़ी, कंपास तथा अन्य मापन यंत्र	कम और/या सरलीकृत शारीरिक श्रम
360	मैकेनिकल कैलकुलेटर	मानव संगणना का प्रतिस्थापन
190	रेल (ऊर्जा के लिए कोयला तथा तेल का इस्तेमाल)	मानसिक कार्य को आसान और/या सुविधाजनक बनाना
160	बिजली	जीवन-स्तर में सुधार
140	छवि तथा ध्वनि का प्रस्तुतीकरण	मनोरंजन तथा ज्ञान का प्रसार
100	दूरसंचार प्रणाली और एक्स-रे	सुविधा में वृद्धि और/या संचार में तेजी
95	ऑटोमोबाइल और सड़कें	दूरसंचार प्रणाली की उपलब्धता और तेजी में वृद्धि
80	वायुयान	तेज यात्रा
70	बड़े पैमाने पर रसायनों	उपचार तथा अन्य संबद्ध क्षेत्रों

	का उत्पादन	की गुणवत्ता में सुधार
55	परमाणु अस्त्र/ऊर्जा	मानव क्षमताओं का विस्तार
50	कंप्यूटर	जीवन–स्तर में सुधार
45	घरेलू उपकरणों का बड़े पैमाने पर उत्पादन	भौतिक जीवन–स्तर में सुधार
40	उर्वरक तथा गर्भ–निरोधक गोलियाँ	जीवन–स्तर में सुधार
35	लेसर	मानव क्षमताओं का विस्तार
30	चाँद की यात्रा, ऊतकों तथा अंगों का प्रत्यारोपण	मानव क्षमताओं का विस्तार
20	सीटी स्केन	निदान के उपकरणों में सुधार
10	जेनेटिकली इंजीनियर्ड प्लांट, इंटरनेट	ज्ञान आधार में वृद्धि

['फोरकास्टिंग, प्लानिंग एंड स्ट्रेटजी फॉर द 21 सेंचुरी', पेंगुइन बुक्स इंडिया प्रा. लि. से लिया गया।]

प्रौद्योगिकी : एक विकसित देश के लिए प्रमुख तत्त्व

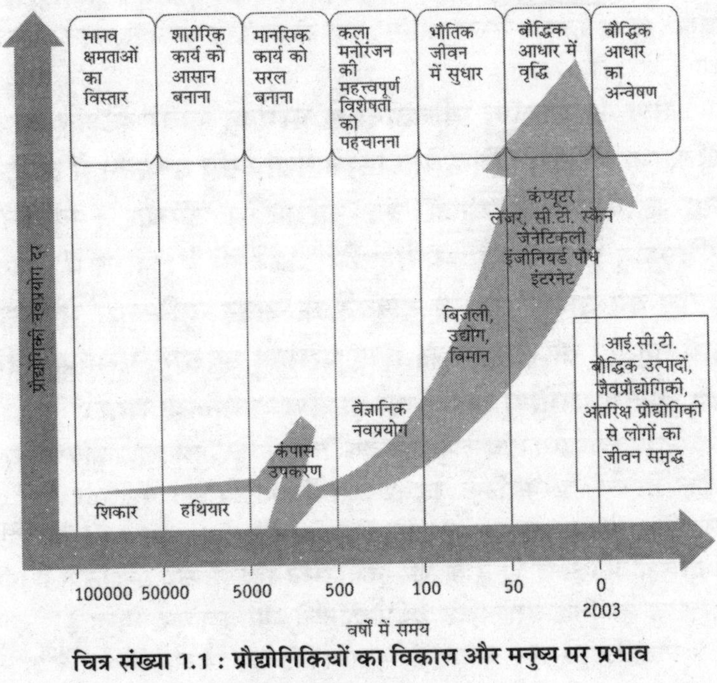

चित्र संख्या 1.1 : प्रौद्योगिकियों का विकास और मनुष्य पर प्रभाव

क्या प्रौद्योगिकी का विस्तार भारत को एक विकसित राष्ट्र बना सकता है?

स्वतंत्रता के बाद भारत विज्ञान तथा प्रौद्योगिकी की योजनाबद्ध नीतियों की मदद से प्रगति, विकास तथा संपन्नता की ओर कदम बढ़ाने के लिए प्रतिबद्ध था। अब पाँच दशकों से अधिक समय के बाद रूपरेखा काफी भिन्न है।

देश खाद्य उत्पादन में आत्मनिर्भर है और '50 के दशक की लगभग अकाल की स्थितियाँ एक विस्मृत दुःस्वप्न बन चुकी हैं। स्वास्थ्य तथा चिकित्सा के क्षेत्र में प्रगति ने कुछ संक्रामक बीमारियों को जड़ से समाप्त कर दिया है और औसत आयु में वृद्धि हुई है।

आज लघु उद्योग राष्ट्रीय सकल घरेलू उत्पाद (जी.डी.पी.) में बड़े प्रतिशत का योगदान करते हैं। यह '50 के दशक की तुलना में '90 के दशक में विशाल परिवर्तन है। हाल के समय में सूचना प्रौद्योगिकी के क्षेत्र में भी उल्लेखनीय प्रगति देखी गई। देश हार्डवेयर तथा सॉफ्टवेयर निर्यात के व्यवसाय में अपेक्षित प्रगति कर रहा है, जो पिछले कुछ वर्षों में ह्रास के बावजूद 10 अरब डॉलर से अधिक का है।

भारत विश्व स्तर के तुल्यकाली (जियोस्टेशनरी) तथा सूर्य-समकालिक दूर संवेदी (सन-सिंक्रोनस रिमोट सेंसिंग) तथा संचार उपग्रहों को डिजाइन, विकसित तथा प्रक्षेपित कर रहा है।

देश के परमाणु प्रतिष्ठानों ने परमाणु पावर स्टेशन बनाने, न्यूक्लियर मेडिसिन विकसित करने तथा कृषि उत्पादन में वृद्धि के लिए कृषि संबंधी बीजों का नाभिकीय उपचार (न्यूक्लियर इरेडिएशन) करने की क्षमता हासिल कर ली है। भारत में परमाणु विज्ञान की उत्पत्ति के दो दशकों के अंदर न्यूक्लियर मेडिसिन, कृषि उत्पादों के संरक्षण के लिए परमाणु उपचार, परमाणु शक्ति तथा बाद में परमाणु अस्त्रों का निर्माण कर लिया गया।

नवप्रवर्तक रक्षा शोध ने मुख्य युद्धक टैंकों, उन्नत मिसाइल प्रणालियों, हलके लड़ाकू विमानों, इलेक्ट्रॉनिक युद्ध-प्रणालियों तथा विभिन्न बख्तरबंद यानों की डिजाइनिंग, विकास तथा उत्पादन को प्रेरित किया है। चित्र संख्या 1.2 इस उन्नति को दरशाती है। आज भारत के पास कई उन्नत प्रौद्योगिकीय प्रणालियाँ हैं। फिर भी, भारत एक विकासशील देश है। प्रौद्योगिकी और क्या कर सकता है!

प्रौद्योगिकी के बहु आयाम हैं। भू-राजनीति देश की आवश्यकता के अनुसार

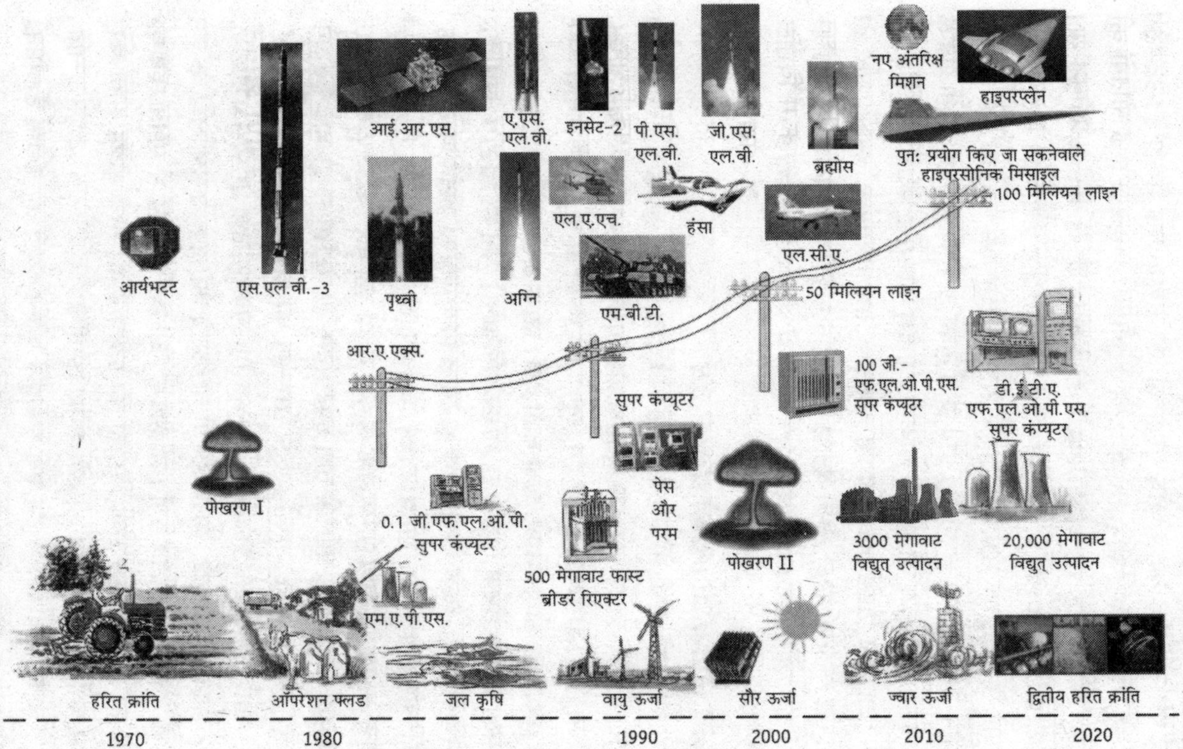

चित्र संख्या 1.2 : भारत में प्रौद्योगिकी

प्रौद्योगिकी के अनुकूलन को प्रोत्साहित कर सकती है, जो आर्थिक संपन्नता को प्रेरित कर सकता है और राष्ट्रीय सुरक्षा को और सशक्त बना सकता है। उदाहरण के लिए, रासायनिक इंजीनियरिंग में प्रगति ने अधिक उत्पादन के लिए उर्वरकों का निर्माण किया, परंतु रासायनिक अस्त्रों के उत्पादन में भी योगदान दिया। इसी प्रकार, पर्यावरणीय शोध के लिए विकसित की गई रॉकेट प्रौद्योगिकी ने दूर संवेदन (रिमोट सेंसिंग) तथा संचार के लिए उपग्रहों के प्रक्षेपण में मदद की, जो आर्थिक विकास के लिए महत्त्वपूर्ण हैं। इसी प्रौद्योगिकी ने विशिष्ट रक्षा क्षमताओंवाले मिसाइलों के विकास को भी प्रेरित किया, जो देश को सुरक्षा प्रदान करते हैं।

उड्डयन प्रौद्योगिकी में प्रगति ने लड़ाकू तथा बमवर्षक विमानों, साथ ही यात्री जेट के निर्माण को संभव बनाया है। इन्होंने प्राकृतिक आपदाओं से प्रभावित लोगों तक त्वरित मदद पहुँचाकर राहत कार्यों में भी सहयोग किया है।

मानव जीवन के अगले पचास वर्ष

आनेवाले वर्षों में सूचना प्रौद्योगिकी द्वारा उत्पन्न बौद्धिक उत्पादों तथा प्रणालियों, जैव-प्रौद्योगिकी तथा अंतरिक्ष प्रौद्योगिकी द्वारा लोगों का जीवन अधिक संवर्धित होगा। हो सकता है कि हम मनुष्यों को किसी अन्य ग्रह पर निवास करते और सौर ऊर्जा को पृथ्वी पर लाया जाता देखें। इसके अलावा, मैक 10 से अधिक गतिवाले हाइपरसोनिक (ध्वनि से अधिक गतिवाला) यान महाद्वीपों के आर-पार उड़ेंगे और अस्त्र-वहन के लिए भी इस्तेमाल किए जाएँगे। जीनोमिक तथा जैव-प्रौद्योगिकीय शोध द्वारा मानव जीवन को और दीर्घ बनाया जाएगा। इससे भी अधिक संभावनाएँ खाद्य योग्य टीके के क्षेत्र में हैं। यह भारत के लिए एक वरदान होगा जहाँ लाखों लोग पोलियो तथा हेपेटाइटिस-बी के शिकार हो जाते हैं। टीके के लिए एक वनस्पति प्रणाली (प्लांट सिस्टम) को विकसित किया जाना है।

विभिन्न परिवहन प्रणालियों, चिकित्सीय उपकरणों तथा ऐरोस्पेस प्रणालियों, जैसे—माइक्रो-सेटेलाइट, मिनी आर.पी.वी. आदि की नियंत्रण प्रणालियों के रूप में नैनो-टेक्नोलॉजी मानव प्रयोग में आएगी। आनेवाले दशकों में मानव रुचि का एक अन्य क्षेत्र वैश्विक ऊर्जा निर्भरता का प्रारूप होगा। चित्र संख्या 1.3 अगले पचास वर्षों की प्रौद्योगिकी की ओर संकेत करती है।

आनेवाले दशकों में हमें एक एकीकृत फील्ड थ्योरी की उत्पत्ति देखने को मिल सकती है, जो गुरुत्वाकर्षण बल, इलेक्ट्रो-मैग्नेटिक बल, सामान्य आपेक्षिकता सिद्धांत (जनरल रिलेटिविटी थ्योरी), अंतरिक्ष तथा समय को समन्वित करेगी।

चित्र संख्या 1.3 : अगले पचास वर्षों के लिए प्रौद्योगिकी

अगले अनुच्छेदों में इसी पृष्ठभूमि में विभिन्न समाजों—पिछले और वर्तमान—में आर्थिक विकास की चर्चा की गई है।

आर्थिक रूपरेखा

सबसे पहले विश्व की अन्य महान् शक्तियों की तुलना में भारत की आर्थिक स्थिति के विश्लेषण से आरंभ करते हैं। हमें पता चलता है कि पिछले दशक में भारत की विकास दर उल्लेखनीय रूप से उच्च रही है, जो आर्थिक उदारीकरण के समय से मेल खाती है। महत्त्वपूर्ण बात यह है कि हमारी विकास दर कई अन्य देशों से ऊँची है।

जबकि अमेरिका, जर्मनी तथा जापान के बीच भारत पूर्ण सकल घरेलू उत्पाद के अर्थों में तेजी से आगे बढ़ रहा है, अमेरिका संपन्नता के मामले में सबसे आगे है। हमारा उद्देश्य यह कल्पना करना नहीं है कि हमें अगले दशक या इतने समय के अंदर अमेरिका से आगे निकल जाना है। हमें अपने कल्याण का उत्तरदायित्व लेने और अपनी विरासत, मूल्यों और क्षमता के अनुरूप अपने समाज को विकसित करने की आवश्यकता है। हमें ऊँचा लक्ष्य रखने और उसके लिए मेहनत करने की जरूरत है।

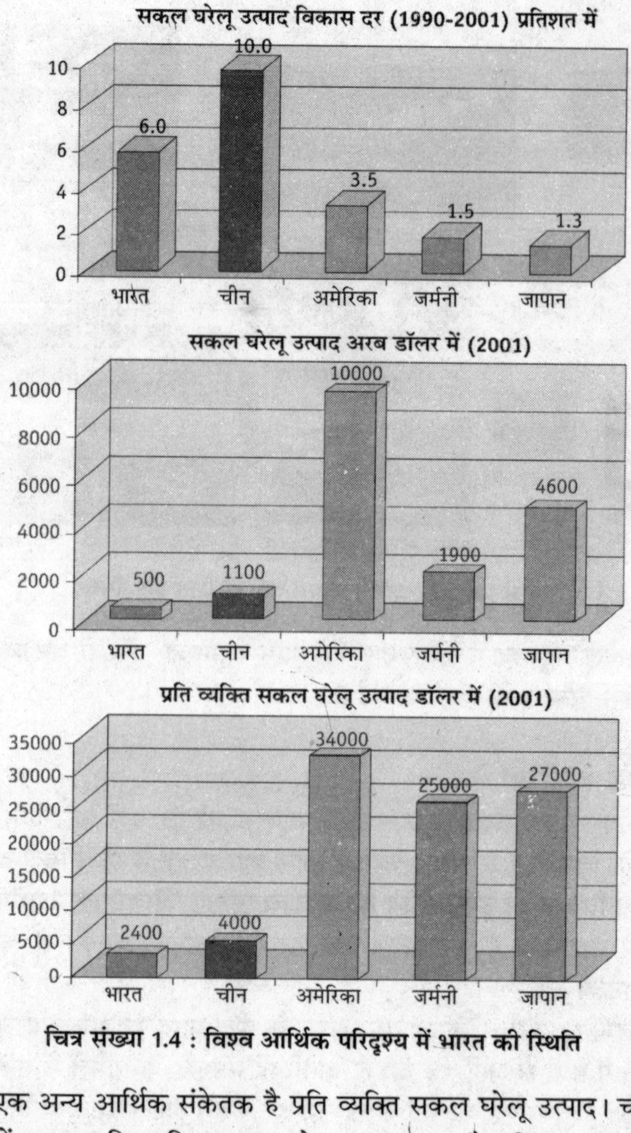

चित्र संख्या 1.4 : विश्व आर्थिक परिदृश्य में भारत की स्थिति

एक अन्य आर्थिक संकेतक है प्रति व्यक्ति सकल घरेलू उत्पाद। चीन की तुलना में हमारा प्रति व्यक्ति सकल घरेलू उत्पाद कम है (चित्र 1.4)। इसका प्रमुख कारण था विकास प्रक्रिया आरंभ होने में विलंब। चीन ने लगभग एक दशक पहले विकास प्रक्रिया शुरू की और उनका निवेश काफी उच्च था। यह हमारे लिए चिंता का विषय होना चाहिए, क्योंकि हमारी जनसंख्या का लगभग 70 प्रतिशत

हिस्सा संपूर्ण देश के लगभग पाँच लाख अस्सी हजार गाँवों में रहता है और आर्थिक विकास के लाभ काफी हद तक शहरी क्षेत्रों में महसूस किए गए हैं। ग्रामीण क्षेत्रों में उत्पादकता काफी कम है, इसलिए आर्थिक स्थितियों में सुधार की आवश्यकता है। हमें ग्रामीण क्षेत्रों का शुद्ध वातावरण अक्षुण्ण रखते हुए उनमें संपन्नता, सुविधा तथा आधार-तंत्र के उच्च स्तर के लिए प्रयास करना चाहिए।

इसलिए, वर्ष 2020 तक विकसित समाज के स्वप्न के मद्देनजर भारत के सामाजिक तथा आर्थिक रूपांतरण के लिए हमारी प्रमुख रणनीति सबसे रचनात्मक तथा कम लागतवाले तरीके से ग्रामीण क्षेत्रों में शहरी सुविधाएँ उपलब्ध कराने पर केंद्रित होगी। यह हमारे देश के सामने एक चुनौती है और इसके लिए ज्ञान, विशेषज्ञता, व्यावसायिक दूरदर्शिता तथा प्रबंधन कौशल के क्षेत्र में केवल भारत की सीमाओं के अंदर नहीं, बल्कि पूरे विश्व में फैले हमारे विशाल भारतीय परिवार के योगदान की आवश्यकता होगी, ताकि सुविचारित मिशनों, रणनीतियों, लक्ष्यों और नीतियों द्वारा एक समकालिक आर्थिक क्रांति आरंभ की जा सके।

अब विभिन्न देशों के सकल घरेलू उत्पाद में योगदान देनेवाले मूलभूत क्षेत्रीय तत्त्वों को पहचानना महत्त्वपूर्ण है। इस अध्ययन द्वारा हम यह समझ पाएँगे कि किस प्रकार विकसित देशों ने संपन्नता तथा शक्ति हासिल की है।

विश्व परिदृश्य

सकल घरेलू उत्पाद क्षेत्रीय अंशदाता (%)—2001

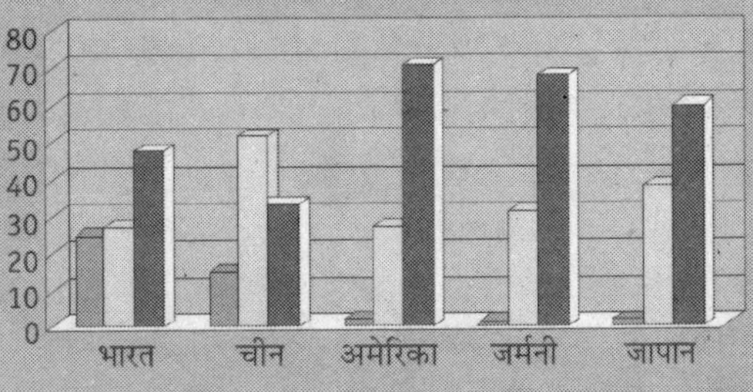

	कृषि	उद्योग	सेवाएँ
भारत	25	27	48
चीन	15	52	33
अमेरिका	2	27	71
जर्मनी	1	31	68
जापान	2	38	60

चित्र संख्या 1.5 : सकल घरेलू उत्पाद के क्षेत्रीय अंशदाता-वैश्विक स्थिति

यह देखा जा सकता है कि इन देशों में सबसे संपन्न देशों, जैसे—अमेरिका, जर्मनी तथा जापान में राष्ट्रीय संपत्ति में योगदान देनेवाले सबसे बड़े क्षेत्र हैं—सेवा क्षेत्र तथा उत्पादन। हालाँकि चीन तथा भारत में उनकी विशाल जनसंख्या के कारण कृषि क्षेत्र प्रभावी है (चित्र संख्या 1.5)। हालाँकि कृषि महत्त्वपूर्ण है, पर उसकी मूल्य-सृष्टि की सीमाएँ हैं।

वर्ष 2020 तक भारत में खाद्य की खपत दुगुनी हो जाएगी, जबकि कृषि योग्य भूमि और भी कम हो जाएगी। इसका अर्थ है कि कम भूमि, कम पानी के साथ भारत को केवल प्रौद्योगिकी और कृषि प्रबंधन द्वारा उत्पादन को दुगुना करना होगा।

विभिन्न समाजों में आर्थिक विकास

बीसवीं शताब्दी के दौरान समाजों में परिवर्तन आया और वे कृषि समाज, जहाँ शारीरिक श्रम महत्त्वपूर्ण कारक था, से औद्योगिक समाज में बदल गए जहाँ प्रौद्योगिकी, पूँजी और श्रम का प्रबंधन प्रतिस्पर्धात्मक लाभ प्रदान करता था। सूचना युग का जन्म पिछले दशक में हुआ। कनेक्टिविटी तथा सॉफ्टवेयर उत्पादों ने कुछ देशों की अर्थव्यवस्थाओं का संचालन किया। इक्कीसवीं सदी में एक नया समाज उभर रहा है। पूँजी या श्रम की बजाय ज्ञान प्रमुख उत्पादन स्रोत बन गया है।

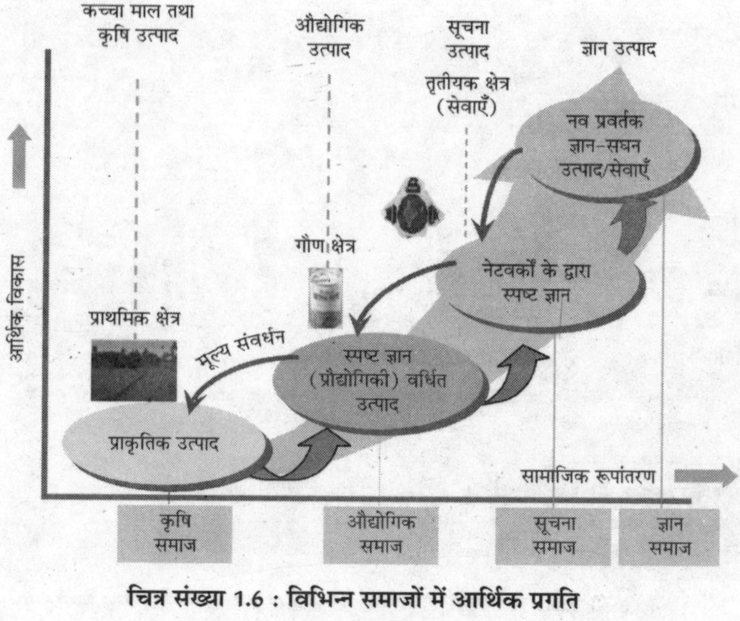

चित्र संख्या 1.6 : विभिन्न समाजों में आर्थिक प्रगति

विज्ञान के ज्ञान का प्रभावी इस्तेमाल देश में व्यापक संपन्नता ला सकता है और बेहतर स्वास्थ्य, शिक्षा, आधार-तंत्र तथा अन्य सामाजिक सूचकों के रूप में जीवन-स्तर को सुधार सकता है। **एक बौद्धिक समाज का आधार-तंत्र बनाना तथा उसे बरकरार रखना, कर्मचारियों की जानकारी में वृद्धि करना तथा नए ज्ञान के निर्माण, विकास तथा दोहन द्वारा उनकी उत्पादकता को बढ़ाना इस बौद्धिक समाज की संपन्नता का निर्णायक तत्त्व होगा।** एक देश बौद्धिक समाज में परिवर्तित हुआ है या नहीं, इसका निर्णय इस आधार पर होगा कि वह सूचना प्रौद्योगिकी, उद्योग, कृषि, स्वास्थ्य आदि क्षेत्रों में किस प्रकार ज्ञान की उत्पत्ति तथा विस्तार करता है। विभिन्न समाजों में आर्थिक प्रगति को चित्र संख्या 1.6 में दरशाया गया है।

कृषि, उद्योग तथा सेवा-ज्ञान उद्योगों में रोजगार में परिवर्तन

'80 के दशक में कृषि क्षेत्र, आंशिक या पूर्ण रूप से, देश के 70 प्रतिशत लोगों को रोजगार उपलब्ध कराता था। सन् 1994 तक यह 65 प्रतिशत रह गया और 2012 तक इसके 60 प्रतिशत तक आने की संभावना है। बहरहाल, क्योंकि कृषि उत्पादों की माँग दुगुनी हो जाएगी, प्रौद्योगिकी तथा सक्षम पोस्ट-हारवेस्ट

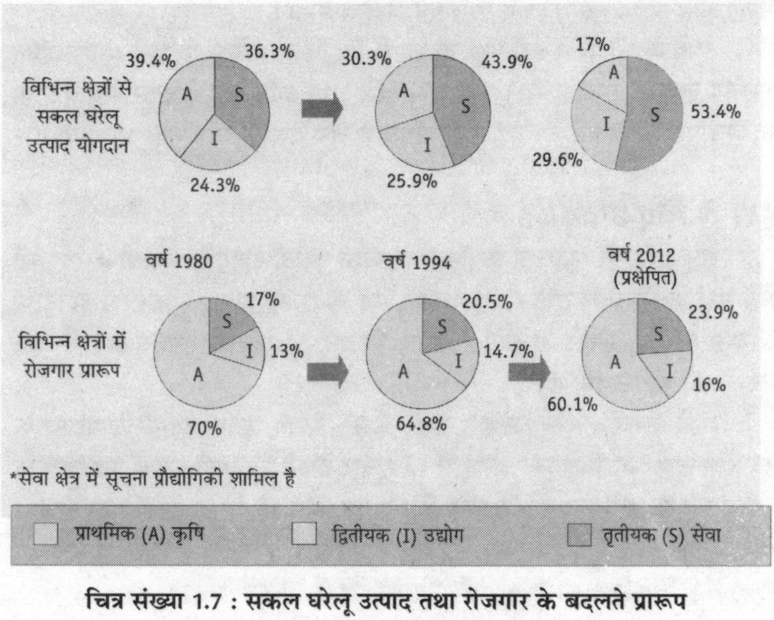

चित्र संख्या 1.7 : सकल घरेलू उत्पाद तथा रोजगार के बदलते प्रारूप

(पैदावार के बाद) प्रबंधन द्वारा उत्पादकता में वृद्धि करके कृषि तथा कृषि उत्पाद क्षेत्रों में जन-शक्ति के ह्रास की क्षतिपूर्ति करनी होगी।

उद्योग के मामले में '80 के दशक में 13 प्रतिशत जनसंख्या लघु तथा वृहद् उद्योगों में कार्यरत थी। यह प्रवृत्ति सन् 1994 तक जारी रही। लेकिन सन् 2012 तक बढ़कर यह 16 प्रतिशत हो जाने की संभावना है और प्रौद्योगिकी के अधिक इस्तेमाल तथा विश्व व्यापार संगठन के तहत अर्थव्यवस्था के उदारीकरण से रोजगार का प्रारूप एक नया आकार लेगा। चित्र संख्या 1.7 में सकल घरेलू उत्पाद तथा रोजगार के बदलते प्रारूप को दरशाया गया है।

यह देखा गया है कि ज्ञान के घटक के साथ सेवा उद्योग में रोजगार '80 के दशक में 17 प्रतिशत से बढ़कर सन् 1994 में 20 प्रतिशत हो गया और आधार-तंत्र, अनुरक्षण, वित्त, सूचना प्रौद्योगिकी तथा मनोरंजन के क्षेत्रों की माँगों के कारण वर्ष 2012 तक इसके 24 प्रतिशत तक बढ़ने की संभावना है।

इस विशाल परिवर्तन के लिए सभी क्षेत्रों में प्रशिक्षित तथा दक्ष मानव संसाधनों एवं प्रौद्योगिकी कर्मियों की आवश्यकता होगी। हमारे उद्योगपतियों, व्यावसायिक प्रमुखों तथा प्रौद्योगिकीवेत्ताओं को कृषि, उद्योग तथा सेवा-ज्ञान क्षेत्र में ऐसे परिवर्तनों के लिए तैयार रहना होगा, जिसके लिए जानकार तथा कुशल जन-शक्ति को मिशन मोड में विकसित किए जाने की जरूरत होगी।

उपर्युक्त चीजों से हमें पता चलता है कि विकास के लिए एक सुपरिभाषित रणनीति द्वारा ही सकल घरेलू उत्पाद में वृद्धि तथा अतिरिक्त रोजगार संभावना के उद्देश्य पूर्ण हो सकते हैं। यह तभी संभव है जब देश के पास एक अंतर्दृष्टि हो।

देश के लिए अंतर्दृष्टि

सन् 1857 में स्वतंत्रता के लिए भारत की पहली अंतर्दृष्टि का बीज पड़ा, जो नब्बे वर्षों के बलिदान तथा संघर्ष के बाद सन् 1947 में फलित हुआ। इस अंतर्दृष्टि ने विभिन्न क्षेत्रों, जैसे—राजनीति, दर्शन, विज्ञान, प्रौद्योगिकी तथा उद्योग में श्रेष्ठ नेताओं को उत्पन्न किया।

साथ ही जीवन के विभिन्न पक्षों, जैसे—शिक्षा, कृषि, सामरिक महत्त्व के क्षेत्र तथा लघु और विशाल उद्योगों में भी सुधार देखने को मिले। अब, स्वतंत्रता के बाद छप्पन से अधिक वर्ष बीत चुके हैं और हम अब भी जी-8 देशों से दूर सैकड़ों विकासशील देशों में हैं। वास्तव में हमारे सामने कई चुनौतियाँ हैं। इसी कारण वर्ष 2020 तक विकसित भारत की कल्पना की गई है (चित्र संख्या 1.8)।

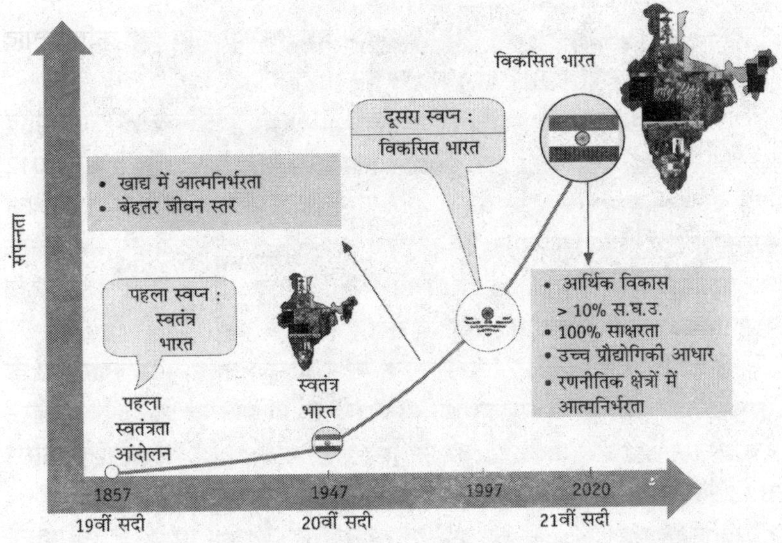

चित्र संख्या 1.8 : विकसित भारत की यात्रा

प्रौद्योगिकी विजन-2020 पर टी.आई.एफ.ए.सी. का अध्ययन

हमारे विचार में, एक विकसित देश वह है जिसके पास आर्थिक संपन्नता तथा राष्ट्रीय सुरक्षा पर व्यापक रूप से ध्यान देने तथा इन उद्देश्यों को पूर्ण करने के लिए समन्वित रणनीतियाँ, प्रौद्योगिकियाँ तथा मिशन विकसित करने की योग्यता और क्षमता हो। यह भी एक तथ्य है कि प्रौद्योगिकी भू-राजनीतिक शक्ति की स्थापित मुद्रा है और भारतीय संदर्भ में, आर्थिक विकास तथा राष्ट्रीय सुरक्षा के लिए प्रौद्योगिकी ही प्रेरक शक्ति हो सकती है।

उपर्युक्त वास्तविकता को समझते हुए राष्ट्रीय विशेषज्ञों की दो भिन्न धाराओं—टेक्नोलॉजी इन्फॉरमेशन फोरकास्टिंग असेसमेंट काउंसिल (टी.आई.एफ.ए.सी.), जो विज्ञान तथा प्रौद्योगिकी विभाग के अंतर्गत एक स्वायत्त संगठन है और डिपार्टमेंट ऑफ डिफेंस रिसर्च एंड डेवलपमेंट (रक्षा अनुसंधान तथा विकास विभाग) द्वारा दो दस्तावेज तैयार किए गए हैं। ये हैं 17 खंडों में 'टेक्नोलॉजी विजन 2020' (चित्र संख्या 1.9) तथा 'इंटीग्रेटेड स्ट्रेटजीज, टेक्नोलॉजीज एंड मिशंस फॉर कॉम्प्रिहेंसिव नेशनल सिक्योरिटी' (विस्तृत राष्ट्रीय सुरक्षा के लिए समन्वित रणनीतियाँ, प्रौद्योगिकियाँ तथा मिशन)। इन दोनों दस्तावेजों में व्यापक रूप से आर्थिक विकास के पहलुओं पर चर्चा की गई है और प्रौद्योगिकी को संयोजक

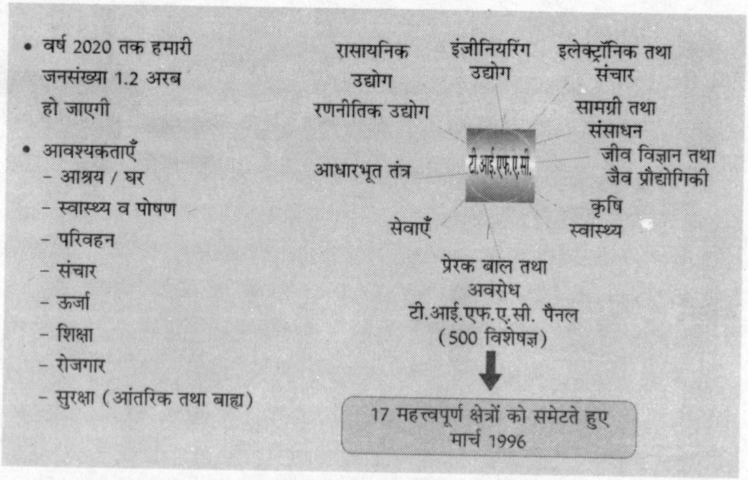

चित्र संख्या 1.9 : प्रौद्योगिकी दृष्टि-2020

तत्त्व माना गया है। इन दोनों दस्तावेजों के मिश्रण से आई.एम.एम. (इंडिया मिलेनियम मिशंस) 'भारत सहस्राब्दि मिशन' की उत्पत्ति हुई है, जो वर्ष 2020 तक एक शक्तिशाली तथा विकसित भारत बनाने के लिए एक उत्तम रूपरेखा तथा नक्शा प्रदान करता है।

विकसित भारत के लिए समन्वित क्रिया

समन्वित प्रयास के लिए भारत की केंद्रीय क्षमता पर आधारित पाँच क्षेत्रों को पहचाना गया है—

1. कृषि तथा कृषि-खाद्य प्रसंस्करण—प्रति वर्ष 360 मिलियन टन (36 करोड़ टन) खाद्य तथा कृषि उत्पादन का लक्ष्य रखा गया है। कृषि तथा कृषि-खाद्य संसाधन ग्रामीण लोगों के जीवन में खुशहाली ला सकता है और आर्थिक विकास को तेज कर सकता है।

2. शिक्षा तथा स्वास्थ्य—अनुभव सिद्ध करता है कि शिक्षा तथा स्वास्थ्य, दोनों अंतर्संबद्ध हैं और स्वस्थ जीवन तथा जनसंख्या नियंत्रण में मदद करते हैं, जिससे सामाजिक सुरक्षा प्राप्त होती है।

3. सूचना तथा संचार प्रौद्योगिकी—सुदूर क्षेत्रों में शिक्षा को प्रोत्साहित करने तथा राष्ट्रीय संपन्नता हासिल करने के लिए इस क्षेत्र का लाभ उठाया जा सकता है।

4. बिजली सहित आधारभूत तंत्र—संपूर्ण विकास, देश के सभी भागों के लिए भरोसेमंद तथा अच्छी विद्युत् शक्ति के लिए महत्त्वपूर्ण।

5. सामरिक महत्त्व के उद्योग तथा महत्त्वपूर्ण प्रौद्योगिकी—सौभाग्यवश इस क्षेत्र में परमाणु, अंतरिक्ष तथा रक्षा प्रौद्योगिकियों में प्रगति देखने को मिली।

इन केंद्रीय क्षेत्रों में विकास का अर्थव्यवस्था के अन्य क्षेत्रों पर भी प्रभाव पड़ता है।

कृषि तथा कृषि-खाद्य प्रसंस्करण

कृषि तथा कृषि-खाद्य संसाधन में सुधार खाद्य सुरक्षा, रोजगार तथा तेज आर्थिक विकास को प्रेरित कर सकता है। हमें खाद्य तथा कृषि उत्पादों के वर्तमान उत्पादन को दुगुना करने का लक्ष्य रखना होगा। कृषि के अन्य क्षेत्र तथा कृषि-खाद्य संसाधन ग्रामीण लोगों का जीवन खुशहाल बनाकर आर्थिक विकास को तेज कर देंगे।

भारत जैव-प्रौद्योगिकी, उपयुक्त बीज चयन, भूमि के विशिष्टीकरण, पोस्ट-हारवेस्ट (कटाई के बाद) प्रबंधन, खाद्य संसाधन तथा विपणन के लाभों का इस्तेमाल करके दूसरी हरित क्रांति की ओर उन्मुख है। नुकसान से बचने के लिए अच्छी भंडारण सुविधाओं की आवश्यकता है। हमें तीव्र वितरण प्रणाली को भी सुनिश्चित करना चाहिए, ताकि उत्पाद जरूरतमंद लोगों तक पहुँच सकें।

भारत विश्व का सबसे बड़ा दुग्ध उत्पादक देश है जहाँ प्रतिवर्ष 7 करोड़ मीट्रिक टन दूध का उत्पादन होता है, जो 13.6 अरब डॉलर का व्यवसाय सृजित करता है। भारत में मवेशियों की संख्या विश्व में सबसे अधिक 3.3 करोड़ है। परंतु उत्पादकता में वह मुख्यत: मवेशियों के खराब स्वास्थ्य-रक्षण के कारण चौवनवें स्थान पर है। उचित मवेशी प्रबंधन तथा कोल्ड चेन अपनाना, उपयुक्त तरीके से डिब्बों में बंद करना, रोगाणु-रहित पैकेजिंग तथा इलेक्ट्रॉनिक जाँच मशीनें दुग्ध उत्पादन को 30 करोड़ मीट्रिक टन तक बढ़ा सकती हैं, जिससे वर्ष 2020 तक 67 अरब डॉलर का सालाना व्यवसाय हो सकता है। कई खाद्य संसाधन उद्योगों की आवश्यकता है।

शिक्षा तथा स्वास्थ्य

शिक्षा एक शक्तिशाली तथा विकसित राष्ट्र का स्तंभ है। बौद्धिक समाज में बौद्धिक क्षमता प्रभावी होगी। इसलिए शिक्षा के क्षेत्र में अत्यंत ध्यान देना चाहिए तथा 100 प्रतिशत साक्षरता का लक्ष्य होना चाहिए। यह रोजगार के लिए बहुत

महत्त्वपूर्ण है। सामाजिक रूपांतरण के लिए महिलाओं की शिक्षा विशेष रूप से महत्त्वपूर्ण है, जिसमें छोटा परिवार, उच्च शिक्षा तथा बच्चों का बेहतर स्वास्थ्य शामिल है।

हमने देखा कि शिक्षा और स्वास्थ्य एक-दूसरे से जुड़े हुए हैं। उपयुक्त स्वास्थ्य, निरोधक स्वास्थ्य प्रणालियों, जैसे—टीकाकरण, प्रतिरक्षण, आवधिक स्वास्थ्य जाँच तथा उपचार आदि पर ध्यान देकर कई बीमारियों को नियंत्रित किया जा सकता है। इसके अलावा नए टीकों का आविष्कार, प्राकृतिक उत्पादों का इस्तेमाल तथा जेनेटिक इंजीनियरिंग और तेज निदान (डायग्नोसिस) जैसी नई तकनीकों से वर्ष 2020 तक 'सभी के लिए स्वास्थ्य' का लक्ष्य प्राप्त किया जा सकता है।

सूचना तथा संचार प्रौद्योगिकी

यह ऐसे केंद्रीय क्षेत्रों में से एक है जिसमें भारत को विशेषज्ञता तथा प्रतिस्पर्धात्मक लाभ प्राप्त है। भारत के आर्थिक विकास में अधिकांश योगदान इस क्षेत्र का है। सॉफ्टवेयर तथा सेवा उद्योग अब देश के कुल निर्यात के 16 प्रतिशत निर्यात, पाँच लाख व्यावसायिक रोजगार तथा 1.5 अरब डॉलर के निवेश के लिए जिम्मेदार है। यह उम्मीद की जा रही है कि सूचना प्रौद्योगिकी के क्षेत्र में और अधिक प्रगति होगी, विशेषकर विदेशी कंपनियों में सूचना प्रौद्योगिकी-प्रेरित सेवाओं से तीव्र आर्थिक विकास, निर्यात लाभ में वृद्धि तथा व्यापक रोजगार अवसर प्राप्त होंगे। सॉफ्टवेयर उद्योग में विकास को स्थायी बनाए रखने के लिए नई रणनीतियाँ बनानी होंगी। अब तक देश में सॉफ्टवेयर विकास चुनिंदा शहरों, जैसे बंगलौर, दिल्ली, हैदराबाद, पुणे, चेन्नई आदि में केंद्रित रहा है। उसे छोटे शहरों तथा नगरों तक फैलना बाकी है। ग्रामीण सूचना नेटवर्क, सूचना सेवाओं, लेन-देन तथा कुछ उत्पादों को लंबी दूरियों तक अधिक आसानी से फैलने में मदद कर सकते हैं।

प्रौद्योगिकीय विकास का पूरा लाभ उठाने के लिए संचार क्षेत्र में निवेश करना होगा। इस क्षेत्र में प्रगति को प्रेरित करने के लिए भारत के फिक्स्ड तथा मोबाइल टेलीकॉम आधार-तंत्र का तीव्र विस्तार तथा फैलाव अनिवार्य है। सूचना प्रौद्योगिकी क्षेत्र में ध्यान देने योग्य अन्य क्षेत्र हैं सूचना सुरक्षा, ई-गवर्नेंस, सॉफ्टवेयर विकास, मनोरंजन, शिक्षा, हार्डवेयर विकास आदि। भारतीय सूचना प्रौद्योगिकी उद्योग को विश्व में प्रमुख बहुराष्ट्रीय कंपनी के रूप में उभरना चाहिए। सन् 2008 तक 88 अरब डॉलर के छोटे लक्ष्य की बजाय भारतीय आई.टी. उद्योग को लाभकारी

स्थिति में पहुँचने के लिए 140 अरब डॉलर का लक्ष्य रखना चाहिए। इस उद्योग में 40 लाख लोगों के रोजगार अवसर उत्पन्न होने की भी उम्मीद है, जिससे वर्ष 2008 तक भारत के सकल घरेलू उत्पाद का 7 प्रतिशत और विदेशी मुद्रा अंत:प्रवाह का 30 प्रतिशत इस उद्योग से आएगा।

देश को एकीकृत करने में सूचना प्रौद्योगिकी एक प्रभावी माध्यम होगा। दूरस्थ क्षेत्र, जो अभी उपेक्षित महसूस कर रहे हैं, आगे ऐसा महसूस नहीं करेंगे। समय तथा दूरी सिमटकर विश्व के सबसे बड़े लोकतंत्र को एक सक्षम, प्रतिस्पर्धात्मक तथा गतिशील राष्ट्र बनाएगी।

सूचना प्रौद्योगिकी के क्षेत्र में मौजूद भावी चुनौतियों में सॉफ्टवेयर सुरक्षा से संबंधित मुद्दे शामिल हैं। ओपन सोर्स कोड इस्तेमालकर्ताओं को आसानी से प्रणाली में सुरक्षा परिकलन प्रक्रिया (एलगोरिद्म) बनाने में मदद कर सकते हैं। भारतीय सॉफ्टवेयर उद्योग अब भी स्वामित्व समाधानों में यकीन करता प्रतीत होता है। सूचना प्रौद्योगिकी का विस्तार लोगों के दैनिक जीवन को प्रभावित कर रहा है। इन स्वामित्व समाधानोंवाले व्यवसाय में किसी छोटे परिवर्तन के कारण इसका समाज के जीवन पर हानिकारक प्रभाव पड़ सकता है। इन्हीं कारणों से ओपन सोर्स सॉफ्टवेयर बनाने की आवश्यकता है, जो सबके लिए कॉस्ट इफेक्टिव होगा और आवश्यक सुरक्षा प्रदान करेगा। भारत में हमारे एक अरब से अधिक लोगों के लाभ के लिए ओपन सोर्स कोड सॉफ्टवेयर का बनना बहुत आवश्यक है।

विद्युत् शक्ति सहित आधारभूत संरचना

आधारभूत संरचना सभी क्षेत्रों, यानी कृषि, सूचना प्रौद्योगिकी, स्वास्थ्य सेवाओं तथा सामरिक महत्त्व के उद्योगों के लिए महत्त्वपूर्ण है। आर्थिक संपन्नता के लिए ग्रामीण आधार-तंत्र पर अधिक जोर दिया जाना आवश्यक है, क्योंकि शहरी तथा ग्रामीण क्षेत्रों में विद्यमान सुविधाओं में असमानता है। यह अनुमान लगाया गया है कि बिजली की बढ़ती माँग के कारण अगले दो दशकों के अंदर विद्युत् उत्पत्ति क्षमता को 1,00,000 मेगावाट से 3,00,000 मेगावाट करना आवश्यक होगा। 80,000 गाँवों में अभी भी बिजली नहीं पहुँच पाई है और उनमें से कुछ सुदूर क्षेत्रों में हैं जहाँ पारंपरिक इलेक्ट्रिसिटी ग्रिड उपयोगी नहीं हो सकता है। इसलिए ग्रामीण क्षेत्रों में गैर-पारंपरिक ऊर्जा स्रोत, जैसे बायोमास, वायु तथा सौर शक्ति को अपनाया जाना जरूरी है। दूरसंचार के क्षेत्र में भी आधारभूत विकास की आवश्यकता है, जो सूचना प्रौद्योगिकी के विकास में मदद करेगा। दो अन्य महत्त्वपूर्ण मिशनों, नदियों

की नेटवर्किंग तथा प्रोवाइडिंग अर्बन एमिनिटीज इन रूरल एरियाज (प्यूरा) यानी ग्रामीण क्षेत्रों में शहरी सुविधाएँ उपलब्ध कराने के मिशन पर आठवें अध्याय में चर्चा की गई है।

सामरिक महत्त्व के उद्योग तथा महत्त्वपूर्ण प्रौद्योगिकियाँ

भारत प्रतिबंधों तथा मिसाइल टेक्नोलॉजी कंट्रोल रिजाइम जैसी नियंत्रण व्यवस्थाओं के बावजूद रणनीतिक उद्योगों के क्षेत्र में एक शक्तिशाली देश के रूप में उभरा है। जियोसिंक्रोनस सेटेलाइट लॉन्च वेइकल (जी.एस.एल.वी.), रणनीतिक तथा क्रूज मिसाइलों जैसे अंतरिक्ष मिशनों, हलके लड़ाकू विमानों (तेजस), इंटरमीडिएट जेट ट्रेनर (आई.जे.टी.), उन्नत लड़ाकू वायुयान (एडवांस्ड लाइट हेलीकॉप्टर) जैसी वैमानिकी प्रणालियों के रूप में उपलब्धियाँ प्राप्त हुई हैं। पिछले दशक के दौरान रक्षा अनुसंधान तथा विकास संगठन द्वारा मुख्य युद्धक टैंक (एम.बी.टी.); अर्जुन, पृथ्वी, अग्नि तथा ब्रह्मोस मिसाइलें, पायलट-रहित टारगेट एयरक्राफ्ट लक्ष्य तथा कई अन्य बड़े कार्यक्रम संपन्न किए गए। विभिन्न ऐरोस्पेस कार्यक्रमों के कारण बहुत सी प्रौद्योगिकियाँ विकसित की गईं, जिनमें कंप्यूटेशनल फ्लूड डायनेमिक्स, वी.एल.एस.आई. तथा एम.एम.आई.सी. कंपोनेंट्स के लिए सिलीकॉन एवं गेलियम आरसेनाइड फौंड्री, स्पेस, मिसाइल तथा एल.सी.ए. कार्यक्रमों के मामले में सॉलिड तथा लिक्विड प्रोपल्शन तथा एल.सी.ए. के संबंध में डिजिटल फ्लाई बाई वायर कंट्रोल सिस्टम आदि उल्लेखनीय हैं। सम्मिश्र प्रौद्योगिकी (कंपोजिट टेक्नोलॉजी) के क्षेत्र में अग्नि का कार्बन-कार्बन नोज टिप, लो लॉस रेडोम तथा एल.सी.ए. के कंपोजिट विंग महत्त्वपूर्ण सफलताएँ थीं। रणनीतिक क्षेत्रों में विकसित प्रौद्योगिकियों में अन्य उद्योगों की प्रौद्योगिकीय क्षमताओं को मजबूत करने की क्षमता भी है। इस प्रकार वे आर्थिक विकास को प्रेरित कर सकती हैं।

जिन क्षेत्रों के विषय में चर्चा की गई है, अर्थात् शिक्षा तथा स्वास्थ्य, कृषि तथा कृषि-खाद्य प्रसंस्करण, सूचना प्रौद्योगिकी, आधार-तंत्र तथा रणनीतिक महत्त्व के उद्योग, साथ मिलकर अर्थव्यवस्था तथा देश की सुरक्षा को मजबूत कर सकते हैं। उपर्युक्त क्षेत्रों में समन्वित प्रयासों के साथ यह उम्मीद की जा रही है कि सकल घरेलू उत्पाद विकास दर 4.5 प्रतिशत से बढ़कर 10 प्रतिशत से अधिक हो जाएगा और गरीबी रेखा के नीचे कोई व्यक्ति नहीं होगा।

ये पाँच क्षेत्र एक-दूसरे से नजदीकी से जुड़े हुए हैं और राष्ट्रीय खाद्य, आर्थिक तथा सामरिक सुरक्षा को प्रेरित कर सकते हैं। अनुसंधान तथा विकास

क्षेत्र, शिक्षा क्षेत्र, उद्योग, व्यवसाय, आम समुदाय तथा सरकारी विभागों व एजेंसियों के बीच मजबूत भागीदारी इस स्वप्न को साकार करने के लिए आवश्यक होगी। चित्र संख्या 1.10 में इन क्षेत्रों के बीच अंतर्संबंध दरशाए गए हैं।

स्वप्न, मिशन तथा लक्ष्य

प्रौद्योगिकी विजन 2020 पर बनाए गए टास्क फोर्स ने इच्छित लक्ष्यों के साथ देश की केंद्रीय क्षमताओं को मिलाने का सुझाव दिया है। देश की क्षमताएँ मुख्यतः उसके प्राकृतिक तथा जन संसाधनों में निहित हैं।

भारत के पास विस्तृत तटरेखा और समुद्री संसाधन तथा तेल संपदा है। यह ज्ञात है कि पारंपरिक खनिज संसाधनों के साथ भारत के पास टिटेनियम, बेरिलियम तथा टंगस्टन के सबसे बड़े भंडार हैं। भारत विश्व के प्रमुख मेगा बायोडाइवर्स देशों में से एक है। विशेषकर हर्बल क्षेत्र में, पोषण तथा रोगों के उपचार के लिए विविध उत्पाद विकसित किए जाने की बहुत संभावना है। वर्तमान में 61 अरब डॉलरों के वैश्विक हर्बल उत्पाद बाजार में चीन की 3 अरब डॉलरों की भागीदारी है, जबकि भारत की भागीदारी 10 करोड़ डॉलर भी नहीं है। इसलिए इस क्षेत्र में विकास के भारी अवसर हैं। भारत के पास फ्लोरीकल्चर (फूलों की खेती) तथा एक्वाकल्चर के क्षेत्र को बड़े पैमाने पर विकसित करने की भी क्षमता है। इन प्राकृतिक संसाधनों के लिए ज्ञान आधारित मूल्य संवर्धन का अर्थ होगा केवल अपरिष्कृत सामग्री के बजाय मूल्य-संवर्द्धित उत्पादों का निर्यात।

व्यवसायीकरण तथा विपणन के लिए सूचना प्रौद्योगिकी का इस्तेमाल हमारी पहुँच तथा गति को काफी बढ़ा सकता है। चित्र संख्या 1.11 वर्ष 2020 के भारत के लिए स्वप्न, मिशन तथा लक्ष्यों को दरशाती है।

हमारा प्राचीन ज्ञान एक अनूठा संसाधन है, क्योंकि उसमें लगभग पाँच हजार वर्षों की सभ्यता का भंडार है। राष्ट्रीय कल्याण तथा विश्व के मानचित्र पर देश के लिए एक सही स्थान बनाने के लिए इस संपदा का लाभ उठाना जरूरी है।

जन संसाधन, विशेषकर युवाओं की विशाल जनसंख्या, देश की अनूठी केंद्रीय शक्ति है। विभिन्न शैक्षिक तथा प्रशिक्षण कार्यक्रमों के द्वारा इस संसाधन को मजबूत किया जा सकता है। दक्ष, अपरिष्कृत तथा रचनात्मक जन-शक्ति को संपत्ति-उत्पादकों में परिणत किया जा सकता है, विशेषकर सेवा क्षेत्र तथा कृषि संबंधी उद्योगों में। उच्च स्तरीय सॉफ्टवेयर तथा हार्डवेयर की माँग

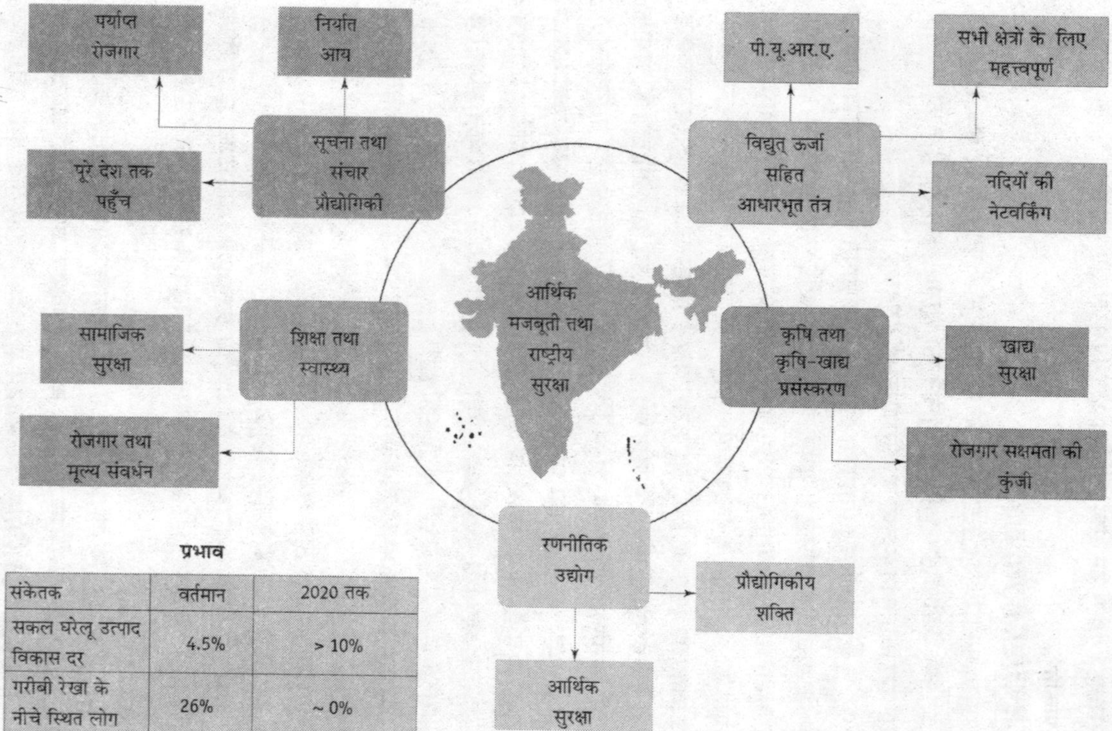

प्रभाव

संकेतक	वर्तमान	2020 तक
सकल घरेलू उत्पाद विकास दर	4.5%	> 10%
गरीबी रेखा के नीचे स्थित लोग	26%	~ 0%

चित्र संख्या 1.10 : विकसित भारत के लिए समन्वित प्रयास

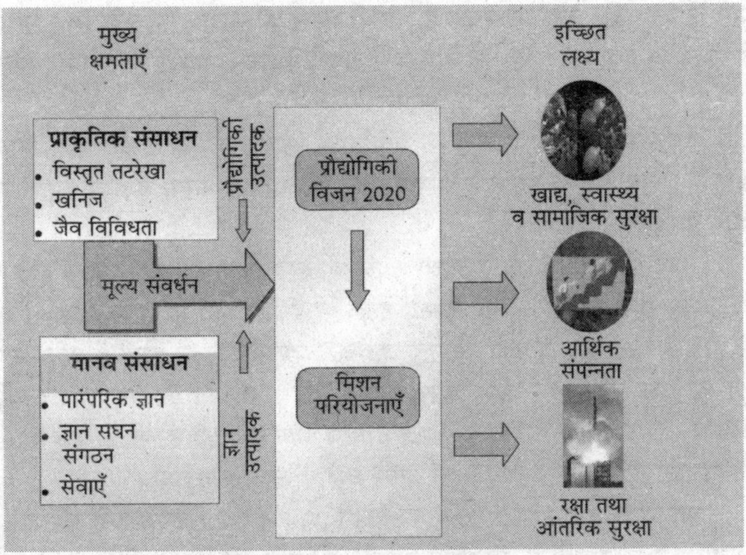

चित्र संख्या 1.11 : स्वप्न, मिशन तथा लक्ष्य

को शामिल करते हुए विद्यमान उद्योगों से ज्ञान–आधारित उद्योगों को उत्पन्न किया जा सकता है। कहा गया है, *'किसी कंपनी या देश की सबसे मूल्यवान् संपदा है उसके लोगों का कौशल, प्रतिभा तथा कल्पना।'* भूमंडलीकरण के साथ यह अधिक महत्त्वपूर्ण हो जाएगा, क्योंकि हर किसी की विश्व स्तरीय प्रौद्योगिकी तक पहुँच होगी और मुख्य अंतर विभिन्न देशों के लोगों की इस योग्यता में होगा कि वे प्रौद्योगिकी का बेहतरीन इस्तेमाल करने के लिए अपनी कल्पना को किस प्रकार प्रयोग में लाते हैं। वास्तव में, पारदर्शी प्रबंधन संरचनाओं तथा सूचना प्रौद्योगिकी सक्षम वातावरण के साथ विभिन्न प्रौद्योगिकियों का विकास और नए प्रकार से उनका प्रयोग भारत को एक बौद्धिक महाशक्ति के क्षेत्र में स्थापित कर देगा।

समापन टिप्पणियाँ

सभ्यता के विकास तथा जीवन–स्तर के सुधार में प्रौद्योगिकी एक महत्त्वपूर्ण कारक साबित हुआ है। आनेवाले वर्षों में प्रौद्योगिकी जीवन के सभी क्षेत्रों में हावी होगी। **भारत वर्ष 2020 तक एक विकसित देश बनने के लिए प्रतिबद्ध है और इसमें प्रौद्योगिकी की महत्त्वपूर्ण भूमिका होगी। प्रौद्योगिकी विजन 2020 दस्तावेजों ने उन क्षेत्रों की पहचान कर ली है** जिन पर इस स्वप्न को साकार

करने के लिए जोर देना आवश्यक है। अपने स्वप्न को साकार करने के लिए भारत को प्राकृतिक तथा जन–संसाधनों के रूप में अपनी केंद्रीय क्षमताओं का पूरा सदुपयोग करने में कोई कसर नहीं छोड़ना चाहिए।

हमने स्वप्नों तथा मिशनों के निर्माताओं को देखा और उनके साथ कार्य किया है। एक सशक्त स्वप्न युवा मस्तिष्कों को सक्रिय करता है। 'योगसूत्र' में महर्षि पतंजलि ने कहा है—

'जब आप किसी महान् उद्देश्य, किसी असाधारण कल्पना से प्रेरित होते हैं तो आपके सभी विचार अपनी सीमाएँ तोड़ देते हैं। आपका मस्तिष्क सीमाओं के परे निकल जाता है। आपकी चेतनता प्रत्येक दिशा में विस्तृत होती है और आप खुद को एक नए, महान् और आश्चर्यजनक दुनिया में पाते हैं। प्रसुप्त शक्तियाँ, क्षमताएँ और प्रतिभाएँ सक्रिय हो जाती हैं और आप खुद को उससे अधिक महान् व्यक्ति पाते हैं, जितनी आपने कभी अपने बारे में कल्पना की थी।'

यह पवित्र कथन भारत के युवाओं के दिमाग में प्रवेश करके उन्हें परिवर्तित करे ताकि वे दो दशकों में 'विकसित भारत' के निर्माण के लिए पसीना बहा सकें। इस लक्ष्य को प्राप्त करने के लिए प्रौद्योगिकी सबसे महत्त्वपूर्ण कारक है। इसलिए अब प्रौद्योगिकी के आयामों पर चर्चा करते हैं।

□

2

प्रौद्योगिकी के आयाम

परिचय

प्रौद्योगिकी में विभिन्न आयाम होते हैं, जैसे आवश्यकता, डिजाइन, प्रसंस्करण, उत्पाद, सेवा तथा उत्पाद संशोधन। इनमें से किसी उत्पाद की उपयोगिता श्रृंखला में डिजाइन का महत्त्व 60 प्रतिशत से अधिक होता है। इस अध्याय में इस पक्ष पर जोर दिया गया है और भारत में कुछ उच्च प्रौद्योगिकी ऐरोस्पेस परियोजनाओं के डिजाइन तथा निर्माण से संबंधित उदाहरण प्रस्तुत किए गए हैं। यह अध्याय इस संदेश के साथ समाप्त होता है कि स्वदेशी डिजाइन क्षमता देश को प्रतिस्पर्धात्मक लाभ प्रदान करती है।

'प्रौद्योगिकी एक अरेखीय माध्यम है, जो आर्थिक प्रतिस्पर्धात्मकता के मूलभूत नियमों में सबसे आधारभूत परिवर्तन को प्रेरित कर सकता है।'

प्रौद्योगिकी : परिभाषा

प्रौद्योगिकी परीक्षित, प्रमाणित तथा किसी देश के विकास में इस्तेमाल होने वाली विभिन्न वैज्ञानिक शाखाओं का सम्मिश्रण है। प्रौद्योगिकी को विविध उपयोगों के लिए वैज्ञानिक खोज की परिपक्वता के रूप में भी परिभाषित किया जा सकता है।

निश्चित रूप से किसी वैज्ञानिक खोज तथा प्रयोगों के विकास के बीच समय का अंतर होता है। इलेक्ट्रॉनिक्स तथा संचार क्षेत्रों में किसी खोज को प्रयोग बनने में पाँच वर्ष से कम समय लगते हैं, जबकि सामग्री और निर्माण क्षेत्रों में इसमें लगभग दस वर्ष लगते हैं तथा फार्मास्युटिकल्स जैसे कुछ क्षेत्रों में इससे भी अधिक समय लगता है।

प्रौद्योगिकी के मिलन-बिंदु

1. प्रौद्योगिकी एक अरेखीय माध्यम है जो आर्थिक प्रतिस्पर्धात्मकता के मूलभूत नियमों में सबसे आधारभूत परिवर्तन को प्रेरित कर सकता है।

★ विज्ञान प्रयोगों के माध्यम से प्रौद्योगिकी से जुड़ा हुआ है।

★ प्रौद्योगिकी निर्माण प्रक्रियाओं द्वारा अर्थव्यवस्था तथा पर्यावरण से जुड़ा हुआ है।

★ अर्थव्यवस्था तथा पर्यावरण प्रौद्योगिकी को समाज से जोड़ते हैं।

2. जैसा कि चित्र संख्या 2.1 में दरशाया गया है, विज्ञान, प्रौद्योगिकी, अर्थव्यवस्था, पर्यावरण, निर्माण तथा समाज का अंतर्संबंध स्पष्ट है।

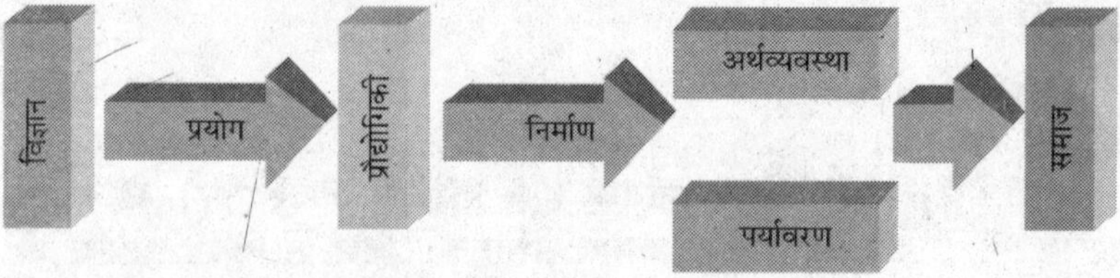

चित्र संख्या 2.1 : प्रौद्योगिकी के मिलन-बिंदु

प्रौद्योगिकी का सामान्य आर्थिक चक्र

प्रौद्योगिकी चक्र सामान्यत: अनुसंधान तथा विकास से शुरू होकर बाजार विकास प्रारूप से होते हुए प्रौद्योगिकी विस्थापन तथा लोप तक पहुँचता है। वास्तविक

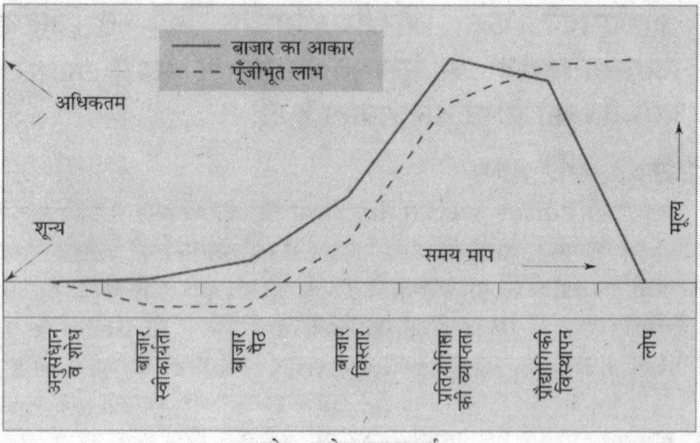

स्रोत : इ-टेक एडवाइजर्स

चित्र संख्या 2.2 : प्रौद्योगिकी का सामान्य आर्थिक चक्र

टाइमिंग तथा मूल्यांकन उस विशिष्ट प्रौद्योगिकी एवं उसके बाजार पर निर्भर करता है। अल्पकालीन चक्रों के उदाहरणों में कंप्यूटर, डायल अप मॉडम तथा माइक्रोप्रोसेसर और काफी कुछ अंतर्निहित सेमीकंडक्टर मैन्युफैक्चरिंग टेक्नोलॉजी शामिल है।

इंटरनल कंबशन इंजन, टेड्रिशनल टेलीफोन वॉयस नेटवर्क तथा एयरक्राफ्ट अपेक्षाकृत दीर्घकालीन चक्रोंवाली प्रौद्योगिकियों के उदाहरण हैं। संदेश स्पष्ट है—प्रौद्योनिकी तथा आर्थिक चक्र को गतिशील बनना होगा तथा उन्हें बाजार की अंतर्निहित शक्ति का मूल्यांकन करना चाहिए, क्योंकि उपभोक्ता परिवर्तन चाहते हैं (चित्र संख्या 2.2।

स्वदेशी प्रौद्योगिकी पर जोर

प्रौद्योगिकी में अनुसंधान व विकास, प्रौद्योगिकी स्थानांतरण, प्रौद्योगिकी अवशोषण, इच्छित उपलब्धि के साथ उत्पादों या प्रणालियों का निर्माण, गुणवत्ता तथा लागत-सक्षमता (कॉस्ट-इफेक्टिवनेस) जैसे चरण होते हैं।

दो प्रकार से प्रौद्योगिकी विकास प्राप्त किया जा सकता है—मार्ग ए और मार्ग बी। मार्ग ए (जानकारी) में विदेश के किसी स्थापित निर्माता से अनुज्ञापित प्रौद्योगिकी निर्माण, डिजाइन ड्रॉइंग तथा उत्पादन प्रक्रियाओं जैसी तकनीकें प्राप्त

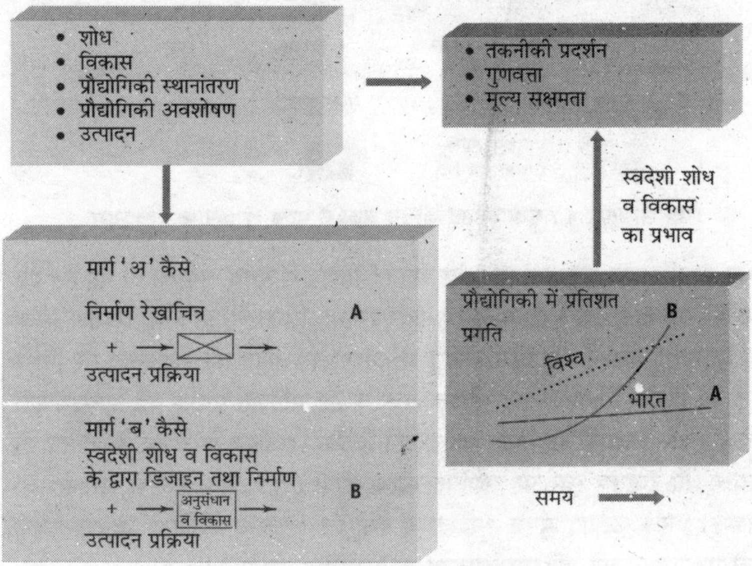

चित्र संख्या 2.3 : स्वदेशी अनुसंधान तथा विकास

करना शामिल है। मार्ग बी स्वदेशी प्रौद्योगिकी की डिजाइनिंग तथा विकास के साथ शुरू होता है। भारत के मामले में प्रौद्योगिकी, विशेषकर स्वदेशी डिजाइन में, विकास वह महत्त्वपूर्ण क्षेत्र है जो भारत को अन्य देशों के साथ प्रतिस्पर्धात्मक स्थिति में लाने में सक्षम है। स्वदेशी प्रौद्योगिकी की शक्ति को चित्र संख्या 2.3 में दरशाया गया है।

भारत के अंदर तथा वैश्विक बाजार में प्रतिस्पर्धात्मक होने के लिए उत्पाद जीवन–चक्र में एक मूल्य शृंखला विकसित करना आवश्यक है। चित्र संख्या 2.4

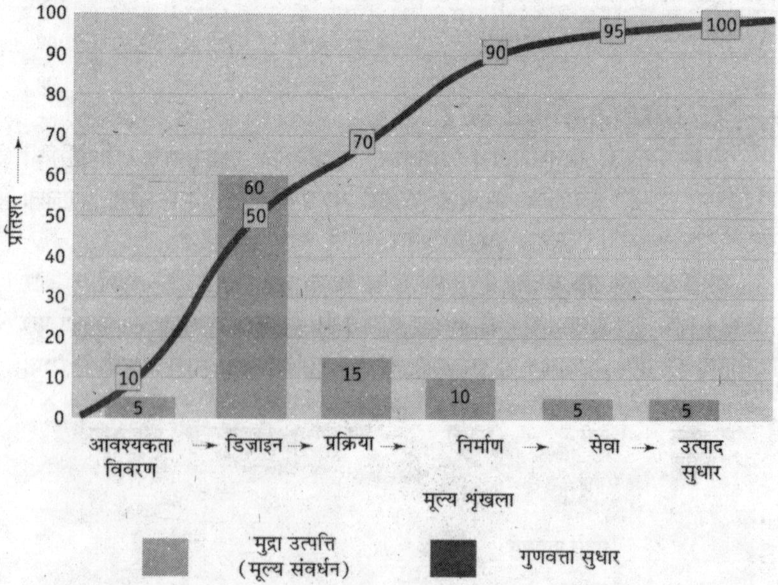

चित्र संख्या 2.4 : एक उत्पाद जीवन चक्र में मूल्य शृंखला का विकास

में धन उत्पत्ति तथा गुणवत्ता सुधार के लिए प्रतिशत में मूल्य शृंखला दी गई है। यह देखा जा सकता है कि विशिष्टीकरण/अनिवार्यता, डिजाइन, प्रक्रिया, निर्माण, सेवा तथा उत्पाद सुधार में धन उत्पत्ति बड़े पैमाने पर डिजाइन की सशक्तता पर निर्भर करती है, जिसके लिए उत्पाद जीवन–चक्र के 60 प्रतिशत प्रयास की आवश्यकता होती है। इस चित्र से यह भी पता चलता है कि डिजाइन के चरण के दौरान ही गुणवत्ता को इष्टतम स्तर पर स्थापित करना होगा (मात्रात्मक रूप में लगभग 40 प्रतिशत)। एक उत्पाद मूल्य शृंखला में स्थापित गुणवत्ता के साथ डिजाइन बड़े पैमाने पर उत्पाद की प्रतिस्पर्धात्मकता को प्रभावित करता है।

प्रक्षेपण यानों (लॉञ्च वेइकल) तथा निर्देशित (गाइडेड) मिसाइल में प्राप्त अनुभवों पर आधारित, भारत को किसी प्रकार के प्रक्षेपण यान, मिसाइल, सैन्य वायुयान तथा पुन: प्रयोग की जा सकनेवाली प्रणाली डिजाइन तथा विकसित करने का प्रतिस्पर्धात्मक लाभ प्राप्त है। भारतीय शैक्षिक संस्थानों, उद्योग तथा विभिन्न अनुसंधान व विकास विभागों की भागीदारी के साथ महत्त्वपूर्ण क्षेत्रों में भारत के पास अपार शक्ति है। हमने पुस्तक के अंतिम भाग में दो महत्त्वपूर्ण केस स्टडियों को शामिल किया है। पहला केस स्टडी उपग्रह प्रक्षेपण यान (एस.एल.वी.-3) की डिजाइन कार्यविधि तथा दूसरा स्टडी जमीन से हवा में मार करनेवाली एक जटिल मिसाइल के डिजाइन के संबंध में है। ये दोनों केस स्टडी हमारी युवा पीढ़ी को समन्वित दृष्टिकोण के साथ जटिल ऐरोस्पेस डिजाइन में भारत की क्षमता को समझने में मदद करेगी। इससे यह भी पता चलता है कि भारत के पास रॉकेटों, मिसाइलों तथा प्रक्षेपण यानों के सिस्टम डिजाइन, सिस्टम इंजीनियरिंग तथा सिस्टम इंटीग्रेशन की योग्यता है। इस क्षमता ने उपभोक्ताओं की संतुष्टि हेतु ऐरोस्पेस सिस्टम के उत्पादन तथा विपणन के लिए आवश्यक प्रोत्साहन प्रदान किया है।

स्वदेशी डिजाइन तथा विकास क्षमताएँ प्रतिस्पर्धात्मक लाभ प्राप्त करने के लिए महत्त्वपूर्ण हैं। प्रतिस्पर्धात्मक लाभ कम लागत, उच्च गुणवत्ता तथा श्रेष्ठ प्रदर्शन और समयपरकता द्वारा नियंत्रित होता है, जो उपभोक्ताओं को संतुष्ट करता है जो डिजाइन तथा विकास, उत्पादन तथा सेवा का एक कार्य है।

चित्र संख्या 2.5 डिजाइन के प्रभाव को स्पष्ट करता है। उच्च प्रौद्योगिकी

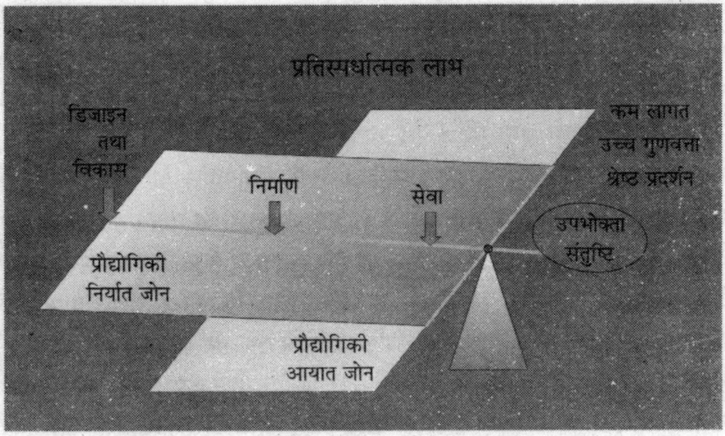

चित्र संख्या 2.5 : स्वदेशी डिजाइन तथा विकास क्षमता

उत्पादों के डिजाइन तथा विकास में देश की मजबूती निर्यात में भी वृद्धि करेगी।

इसलिए यह आवश्यक है कि भारतीय अनुसंधान तथा विकास क्षेत्र, व्यवसायी तथा उद्योग प्रौद्योगिकी के इस आयाम को पहचानें।

आनेवाले भागों में रॉकेट मोटर केसिंग, 'पृथ्वी' के लिए मैग्नीशियम पंखों, 'विकास' इंजन तथा पी.एस.एल.वी. के लिए सॉलिड बूस्टर मोटर, 'कावेरी' कंबस्टर, एल.सी.ए. के लिए टिटेनियम एयर बॉटल और प्रक्षेपण यान/मिसाइल प्रणालियों में प्रयुक्त फ्लाइट सिस्टम के लिए ऑनबोर्ड कंप्यूटरों का उदाहरण देते हुए स्वदेशी डिजाइन तथा विकास और निर्माण अनुभवों पर प्रकाश डाला गया है। इन उदाहरणों में प्रयुक्त तथा अंगीकृत अभ्यास अधिकांश उत्पाद निर्माण उद्योगों में समान होंगे, क्योंकि अंतरिक्ष तथा रक्षा प्रौद्योगिकी के डिजाइन व निर्माण कार्य आई.एस.ओ. मानकों के अनुरूप हैं।

(क) एफ.आर.पी. (फाइबर रिइन्फोर्स्ड प्लास्टिक) रॉकेट मोटर केस : डिजाइन तथा निर्माण

एक प्रक्षेपण यान रॉकेट प्रणाली विकसित करने के तीसरे चरण में रॉकेट मोटर केसिंग के लिए उच्च क्षमता के साथ एक हलकी संरचना के डिजाइन के लिए कंपोजिट प्रोडक्ट टेक्नोलॉजी (सी.पी.टी.) का चयन किया गया। इसमें सॉलिड प्रोपेलेंट होता है, जो रॉकेट को ऊर्जा प्रदान करने का स्रोत होता है।

एक हलका रॉकेट मोटर केसिंग बनाने के लिए, प्रबलन (रिइन्फोर्समेंट) के क्षेत्र में इनपुट की आवश्यकता होती है, जैसे फाइबर ग्लास रोविंग या कार्बन फाइबर, एपॉक्सी वेराइटीज जैसे बाइंडर्स तथा डिजाइन क्रियाविधि और प्रक्रियाएँ। डिजाइन में ही पारंपरिक तथा कंप्यूटर-ऐडेड डिजाइन (सी.ए.डी.) प्रयुक्त किया जाता है, जिसमें सैकड़ों श्रम-घंटे (मैन आवर्स) लगते हैं।

इन इनपुट्स के साथ फाइबर प्रबलित प्लास्टिक मोटर केसिंग की अनूठी डिजाइन तथा फेब्रिकेशन विशेषता होती है—आवश्यक शक्ति प्रदान करने के लिए दिशात्मक प्रबलित संरचना, धातु अपमिश्रणों की तुलना में कंपोजिट्स (संयोजित) का लाभ। स्वदेशी तकनीक से बनाई गई ऑटोमेटेड फिलामेंट वाइंडिंग मशीन चिपचिपेपन पर नियंत्रण के साथ एक विशिष्ट कोण पर नम फाइबर्स की वाइंडिंग को सहज बनाती है। मोटर केसिंग के एक ओर पेलोड तथा दूसरी ओर नॉजल की मेटेलिक फिटिंग के समन्वयन के लिए फेब्रिकेशन कार्यविधि विकसित की गई। (चित्र संख्या 2.6)

सुरक्षा को ध्यान में रखते हुए मोटर केस की मोटाई को उपयुक्त तरीके से डिजाइन किया जाना आवश्यक होता है और उसे फिलामेंट वाउंड प्रोसेस के साथ फेब्रिकेट किया जाना होता है। साथ ही वाइंडिंग क्रिया के दौरान मोटर केस के अंदर एक उच्च तापमानवाला लाइनर भी जोड़ा जाना होता है और वाइंडिंग ऑपरेशन की धुरी (मैंडरेल) को मोड़ने योग्य होना चाहिए। गुणवत्ता नियंत्रण और परीक्षण अत्यंत महत्त्वपूर्ण हैं, खासकर वाइंडिंग के दौरान फाइबर एपॉक्सी बाइंडर के प्रबलन और चिपचिपेपन के नियंत्रण में, ताकि बाइंडर को प्रबलन के अनुपात में रखा जा सके (संरचना की अनुकूलतम शक्ति के लिए बाइंडर को वजन में 40 प्रतिशत कम होना होगा)। इस प्रकार निर्मित कंपोजिट मोटर केस को ऑपरेशनल दबाव सहने के लिए द्रव-चालित (हाइड्रॉलिक) परीक्षण से गुजरना होगा।

तीसरा चरण

पी.एस.एल.वी.

तीसरे चरण की रॉकेट मोटर केसिंग

तीसरे चरण की रॉकेट मोटर केसिंग निर्माण के दौरान

उच्च क्षमतावाले एपॉक्सी सम्मिश्र से निर्मित

चित्र संख्या 2.6 : कंपोजिट रॉकेट मोटर

सामग्री तथा मशीनरी के सही चयन तथा निर्माण प्रक्रिया के दौरान नियंत्रित तापमान के परिणामस्वरूप एक सफल रॉकेट केस उभरता है। इंजीनियरिंग के विविध क्षेत्रों का समन्वयन एक मूल्य संवर्धित उत्पाद को प्रेरित करता है।

इसलिए सम्मिश्र उत्पाद प्रौद्योगिकी (कंपोजिट प्रोडक्ट टेक्नोलॉजी) भविष्य में संरचनात्मक उप-प्रणाली (स्ट्रक्चरल सब-सिस्टम) तथा सिस्टम डिजाइन और विकास में महत्त्वपूर्ण होगी। प्रत्येक क्षेत्र में उच्च विशिष्ट क्षमतावाली सामग्री की आवश्यकता होती है, जैसे ऑटोमोबाइल या जल परिवहन टैंक के संबंध में।

(ख) पी.एस.एल.वी. बूस्टर मोटर केस

पी.एस.एल.वी. (ध्रुवीय उपग्रह प्रक्षेपण यान) के पहले चरण के लिए बूस्टर मोटर केसिंग का निर्माण एक चुनौतीपूर्ण कार्य था, क्योंकि मोटर केस में 125 टन सॉलिड प्रोपेलेंट धारण करने के लिए 2.8 मीटर का व्यास (डायमीटर) था। एक अन्य चुनौती थी मेरेजिंग स्टील का प्रयोग, जो 15 सीडीवी6 जैसी अन्य मिश्र धातुओं की तुलना में उच्च शक्ति तथा उच्च सख्तीवाला एक मिश्र धातु स्टील होता है। इस सामग्री के सफल इस्तेमाल के साथ उच्च दबाव सहने की केसिंग की क्षमता के साथ समझौता किए बिना केसिंग की दीवारों को पतला बनाना संभव था। जब केसिंग के अंदर सॉलिड प्रोपेलेंट जलता है तो उच्च दबाव बनता है (चित्र संख्या 2.7)। अपनाई गई मुख्य निर्माण प्रक्रियाओं में रॉल बेंडिंग तथा मेरेजिंग स्टील मेन सेक्शन की एल सीम टीआईजी वेल्डिंग, रिंग रोलिंग तथा बल्कहेड (परदा) की स्ट्रेचिंग तथा एज हार्डनिंग शामिल हैं।

चित्र संख्या 2.7 : सॉलिट प्रोपेलेंट रॉकेट मोटर स्टेटिक टेस्टिंग

(ग) 'पृथ्वी' के लिए मैग्नीशियम विंग्स का निर्माण

'पृथ्वी' मिसाइल में प्रयुक्त ऐरोफॉयल विंग्स की बाहरी संरचना जटिल है। संरचना का वजन कम करने के लिए विंग्स को दो भागों में विभक्त किया गया है। प्रत्येक भाग में एक ओर एक थ्री-डी प्रोफाइल होता है और पीछे की ओर कई पॉकेटों के साथ एक जटिल, रिब्ड (तीलीयुक्त) संरचना। विंग्स को हलका बनाने के लिए पिछली सतह में स्थित सामग्री को यथासंभव सीमा तक निकाला जाता है। न्यूमेरिकली कंट्रोल्ड (एन.सी.) टूल पाथ को इस प्रकार प्रोग्राम किया जाता है कि रिब्ड संरचना अनकट सामग्री से उभरती है। बाहरी सतह पीछे की ओर रिब्स के

सहारे खड़ी होती है, जिसे वायुगतिक (ऐरोडायनेमिक) भार वहन करने के लिए डिजाइन किया जाता है। जैसे-जैसे पॉकेट में मौजूद सामग्रियों को हटाया जाता है, उनकी निचली सतह बाहरी सतह के समानांतर थ्री-डी सतह की तरह उभरती है। यह पूरी प्रक्रिया कंप्यूटर ऐडेड डिजाइन (सी.ए.डी.) तथा कंप्यूटर ऐडेड मैन्युफैक्चरिंग (सी.ए.एम.) सुविधाओं के इस्तेमाल से पूरी की गई। फेब्रिकेशन की प्रौद्योगिकियों को संस्थापित करके हिंदुस्तान ऐरोनॉटिक्स लि., बंगलौर में उत्पादन के लिए स्थानांतरित की गईं। साथ ही 4-धुरीय सी.एन.सी. प्रोफाइलर का भी निर्माण होना था। इन्हीं रिब्स को ड्रिलिंग तथा रिविटिंग के लिए इस्तेमाल किया जाता है।

(घ) पी.एस.एल.वी. के लिए 'विकास' इंजन का निर्माण

ऐरोस्पेस निर्माण प्रौद्योगिकी में एक महत्त्वपूर्ण प्रगति थी पी.एस.एल.वी. का दूसरा चरण, जिसमें लिक्विड प्रोपल्शन (द्रवीय नोदन) पर आधारित 'विकास' इंजन शामिल था। यह टर्बो-पंप इंजन लगभग 74 टन थ्रस्ट उत्पन्न करता है। इस इंजन में तीन प्रमुख घटक होते हैं—गैस जेनरेटर, टर्बो-पंप तथा कंबशन (दहन) चैंबर। यह अनसिमिट्रिकल डाई-मिथाइल हाइड्रेजिन (यू.डी.एम.एच.) को ईंधन के रूप में और नाइट्रोजन टेट्रोक्साइड को ऑक्सीडाइजर के रूप में इस्तेमाल करता है। नोदक (प्रोपेलेंट) स्पर्श-ज्वली (हाइपरगोलिक) होते हैं—यानी एक-दूसरे के संपर्क में लाने पर वे स्वतः प्रज्वलित हो जाते हैं। नोदकों की थोड़ी मात्रा गैस जेनरेटर में जलाई जाती है और पानी के छिड़काव द्वारा गरम गैसों को 600 डिग्री सेंटिग्रेट तक ठंडा किया जाता है। इसके बाद ये गरम गैसें तथा भाप टर्बो-पंप में चली जाती हैं, जो टरबाइन को चलाते हैं। घूमता टरबाइन दो पंपों को घुमाता है, दोनों नोदकों के लिए एक-एक। ये पंप उच्च दाब के अंदर लगभग 250 किलोग्राम नोदकों की पूर्ति करते हैं जो एक थ्रस्ट चैंबर में डाला जाता है और फिर एक नोजल के द्वारा बाहर निष्कासित किया जाता है। 'विकास' इंजन बनाने के लिए उच्च-परिशुद्धतावाले फेब्रिकेशन की आवश्यकता थी। इंजन के निर्माण के लिए अपनाई गई निर्माण प्रक्रियाओं में थ्रस्ट चैंबर असेंबली के थ्री-डी प्रोफाइल के लिए शंकुओं (कोन) का निर्माण, इंपेलर्स की 4/5-धुरीय मशीनिंग, ए.एल. और एस.एस. सामग्री की श्रिंक फिटिंग तथा इंपेलर्स की स्प्लाइन कटिंग शामिल हैं।

(ङ) 'कावेरी' कंबस्टर (दहन तंत्र)

कंबस्टर डिजाइन प्रौद्योगिकी काफी जटिल है और इसके लिए कंबशन

(दहन) सिद्धांत की गहन समझ की आवश्यकता होती है, जिसमें फ्यूल स्प्रे ड्रॉपलेट डाइनेमिक्स, एयरफ्लो पैटर्न तथा केमिकल काइनेटिक्स शामिल है। कैन–टाइप या कैनेनुलर टाइप कंबस्टर्स की अपेक्षा एनुलर कंबस्टर्स के डिजाइन तथा विकास को वरीयता दी जाती है। डिजाइनिंग तथा विकास में प्रयास को प्रायोगिक अध्ययनों द्वारा सहयोग दिया जाता है, जैसे वाटर फ्लो विजुअलाइजेशन, वायर फ्रेम मॉडलिंग, शेप ऑप्टिमाइजेशन तथा कंबस्टर मॉडल टेस्ट।

गैस टरबाइन कंबस्टर्स के लिए एक अनुकूलतम एटोमाइजर स्वरूप बनाने के लिए उत्कृष्ट प्रौद्योगिकी विकसित की गई है। इस प्रकार विकसित किए गए एटोमाइजर सख्त सैन्य निर्देशों के अनुकूल भी हैं। फ्लो विजुअलाइजेशन में मदद के लिए पर्सपेक्स सामग्रियों में कंबस्टर तथा उसके घटकों के फेब्रिकेशन के लिए विशेषीकृत तकनीकें भी अपनाई गई हैं। भार की कमी, कंबस्टर डिजाइन में सुधार के मुख्य तत्त्वों में से एक थी। इसी के अनुसार, प्रदर्शन अनिवार्यताओं में कमी किए बिना डिजाइन में किए गए सुधारों को विकास के दौरान कंबस्टर के कुछ क्षेत्रों में लागू किया गया।

(च) एयर बॉटल

बिना टूटे असामान्य तनावपूर्ण विरूपण (डिफॉरमेशन) झेलने की कुछ तत्त्वों की क्षमता को 'सुपरप्लास्टिसिटी' कहते हैं। सुपरप्लास्टिक निर्माण के कई लाभ होते हैं जिसमें अनावश्यक जोड़ों का त्याग शामिल है।

सुपरप्लास्टिक निर्माण तथा इलेक्ट्रॉन बीम वेल्डिंग द्वारा टिटेनियम सम्मिश्र एयर बॉटल विकसित किए गए हैं। सुपरप्लास्टिक निर्माण को डिफेंस मेटालर्जिकल रिसर्च लेबोरेटरी (डी.एम.आर.एल.) द्वारा विकसित किया गया था तथा इस प्रौद्योगिकी को मिश्र धातु निगम लिमिटेड, हैदराबाद को स्थानांतरित कर दिया गया है। चित्र संख्या 2.8 वर्तमान निर्माण प्रक्रियाओं को दरशाता है।

(छ) फ्लाइट प्रणालियों के लिए ऑनबोर्ड कंप्यूटर

एक प्रक्षेपण यान/मिसाइल प्रणाली के लिए ऑनबोर्ड कंप्यूटर में फ्लाइट प्रक्षेप–पथ (ट्रेजेक्टरी), मिशन प्रोफाइल (चित्र 2.9) तथा प्रक्षेपण यान/मिसाइल के हाउसकीपिंग ऑपरेशन लोड किए जाते हैं। ऑनबोर्ड कंप्यूटर में फ्लाइट सॉफ्टवेयर भी लगाया जाता है। फ्लाइट के एक निश्चित समय तथा गति तक कंप्यूटर यह निर्णय करता है कि यदि फ्लाइट की दिशा में कोई गड़बड़ी उत्पन्न होती है तो

मैग्नीशियम विंग्स-- *पृथ्वी*

- सी.एन.सी. मशीनिंग के लिए प्रोग्राम किया गया डिजाइन डाटा
- हनीकेब मशीनिंग
  5-धुरीय हाई स्पीड प्रोफाइलर पर

***विकास* इंजिन**

- थ्रस्ट चैंबर के थ्री-डी प्रोफाइल के लिए
  कोनों का निर्माण
- नोदकों की 4/5 धुरीय मशीनिंग
- ए.आई.. तथा एस.एस. सामग्री की श्रिंक फिटिंग
- नोदकों की स्पलाइन कटिंग

पी.एस.एल.वी.-बूस्टर मोटर केस

- मेरेजिंग स्टील मेन सेक्शन
  —रोल बेंडिंग और एल. सीम टी.आई.जी. वेल्डिंग
- मेरेजिंग स्टील बल्क हेड
  —रिंग रोलिंग तथा स्ट्रेचिंग
- सी.आई.आर. सीम टी.आई.जी. वेल्डिंग
- एज हार्डनिंग

***कावेरी* कंबस्टर**

- वायर फ्रेम मॉडलिंग
- शेप ऑप्टिमाइजेशन
- वर्चुअल मशीनिंग
- वर्चुअल असेंबलीज
- परिशुद्ध गठन

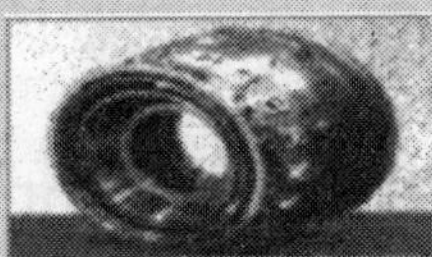

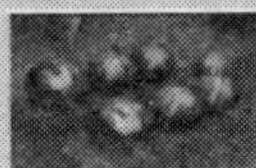

एयर बॉटल

- सुपरप्लास्टिक प्रक्रिया
- इलेक्ट्रॉन बीम वेल्डिंग

चित्र संख्या 2.8 : वर्तमान निर्माण प्रक्रियाएँ

त्वरित प्रतिक्रिया के रूप में क्या, कब और कितने सुधारात्मक नियंत्रण बल का प्रयोग किया जाना चाहिए।

इसमें वी.एल.एस.आई. (वेरी लार्ज स्केल इंटीग्रेशन) उपकरणों, ट्रांजिस्टर, इलेक्ट्रॉनिक रिले तथा पारंपरिक पैसिव उपकरणों, जैसे कैपेसिटर्स तथा रेसिस्टर्स का सही चयन शामिल है। ऑनबोर्ड एवियॉनिक्स ऑर्किटेक्चर को कुछ उप-प्रणालियों जैसे एक इनर्शियल नेविगेशन सिस्टम, एक ऑनबोर्ड कंप्यूटर, पल्स

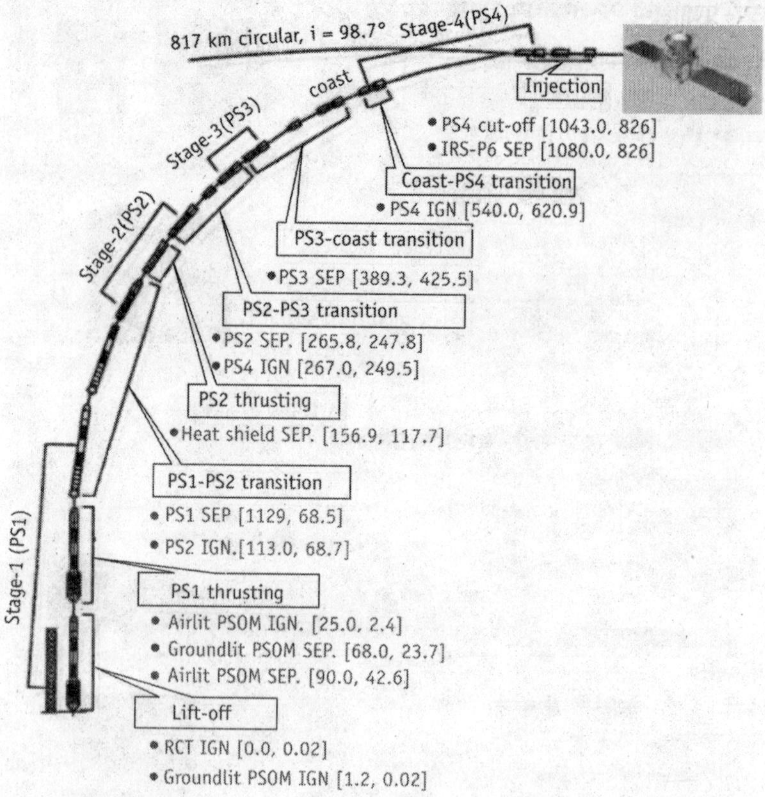

स्रोत : इसरो

चित्र संख्या 2.9 : ध्रुवीय उपग्रह प्रक्षेपण यान मिशन क्रम (पी.एस.एल.वी. सी-5)

कोड मोडुलेशन टेलीमीटरी तथा मिसाइल इंटरफेस यूनिटों के साथ डिजाइन तथा निर्मित किया जाता है।

ऑनबोर्ड कंप्यूटरों के लिए एक अन्य डिजाइन अनिवार्यता है सैन्य मानकों के लिए ई.एम.आई. (इलेक्ट्रो-मैग्नेटिक इंटरफेरेंस) प्रभाव सहन करने की क्षमता। इस ऑनबोर्ड कंप्यूटर को डिजिटली अनुकृत किया जाता है, जिसमें विभिन्न विफलताओं को ध्यान में रखा जाता है। इस अनुकरण से मिलनेवाला आउटपुट ऑनबोर्ड कंप्यूटरों के विकास के लिए डिजाइन इनपुट बन जाता है।

विकास के बाद ऑनबोर्ड कंप्यूटर लूप अनुकृति में एक हार्डवेयर की जाँच से गुजरता है। अपनी अन्य मार्गदर्शक प्रणालियों, जैसे जाइरोस तथा सिग्नल प्रोसेसिंग

उप-प्रणालियों के साथ कंप्यूटर को एक डिजिटल ग्राउंड कंप्यूटर तथा एक सिमुलेटर (अनुकारक) से जोड़ा जाता है, जो फ्लाइट के तीनों अक्षों, पिच, यॉ और रोल को अनुकृत करता है। फिर डिजाइन की मजबूती तथा प्रदर्शन की जाँच के लिए सॉफ्टवेयर तथा हार्डवेयर में वायु अवस्थाओं के साथ विफलता स्थितियों को प्रस्थापित किया जाता है। चित्र संख्या 2.10 ऑनबोर्ड एवियॉनिक्स आर्किटेक्चर को दरशाता है।

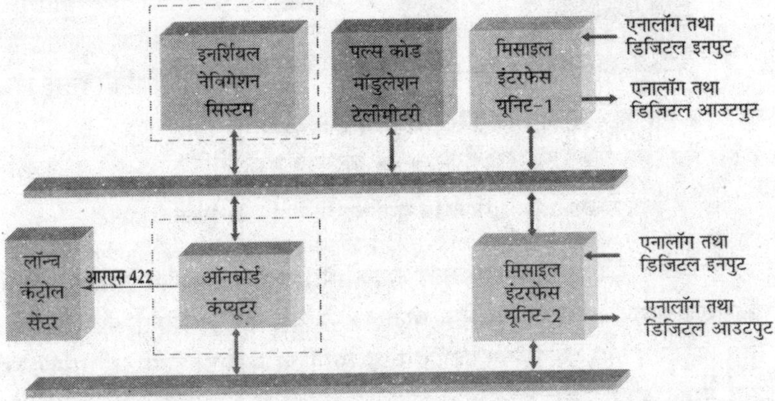

विशेषताएँ : डिस्ट्रीब्यूटेड आर्किटेक्चर

कार्य : ओ.बी.सी. चेक आउट, प्री-लॉन्च तथा ऑटो-लॉन्च गाइडेंस, कंट्रोल तथा मिशन सीक्वेंसिंग

आई.एन.एस. : लेवलिंग तथा नेविगेशन

एम.आई.यू. : आँकड़े प्राप्ति, कंट्रोल कमांड उत्पत्ति, पावर एम-ऑफ, पायरो फायरिंग

चित्र संख्या 2.10 : प्रारूपिक ऑनबोर्ड एवियॉनिक्स आर्किटेक्चर

डिजाइन समन्वित निर्माण

हमने ऐरोस्पेस प्रणालियों तथा ऑटोमोबाइलों के लिए सी.ए.एम. (कंप्यूटर ऐडेड मैन्युफैक्चरिंग) से डिजाइन समन्वित निर्माण तक छलाँग लगाई है। वर्चुअल रिएलिटी (वी.आर.) अनुकृतियाँ भी विकसित हुई हैं। अतिरिक्त विशेषता अब एक नया सॉफ्टवेयर है, जो एक थ्री-डी वातावरण का इमर्सिव विजुअलाइजेशन उपलब्ध कराता है। इस प्रौद्योगिकी का एल.सी.ए. (हलके लड़ाकू विमान) प्रारूप में वाक-थ्रू के लिए इस्तेमाल किया जाता है, जो एल.सी.ए. अंडरकैरेज (यान का निचला ढाँचा) संयोजन तथा पर्यावरणीय नियंत्रण प्रणाली उपकक्ष में डिजाइन समय का 40 प्रतिशत बचाता है। ऐसे ही वी.आर. मॉडलों का टाटा इंजीनियरिंग की इंडिका कार को डिजाइन करने में इस्तेमाल किया गया है।

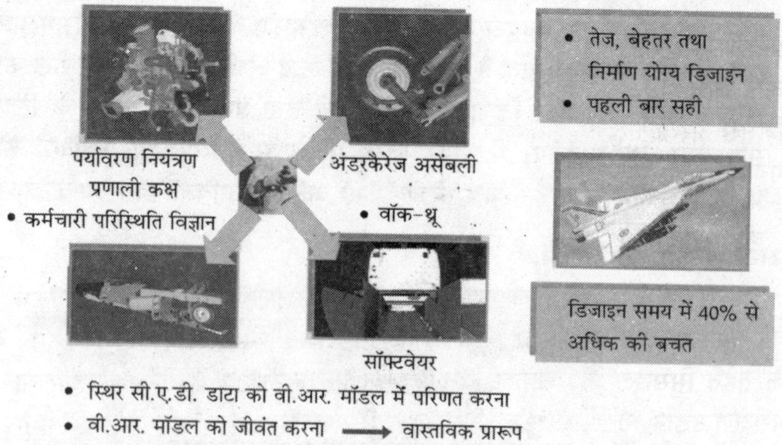

चित्र संख्या 2.11 : डिजाइन समन्वित निर्माण—वर्चुअल रियलिटी

चित्र संख्या 2.12 पिछले कुछ दशकों में डिजाइन समन्वित निर्माण विधियों में संख्यात्मक नियंत्रण (न्यूमेरिक कंट्रोल) से वर्चुअल रियलिटी मोड डिजाइन तथा अनुकृति और फ्लेक्सिबल ऑटोमेटेड रोबोटिक कंप्यूटर इंटीग्रेटेड निर्माण की ओर प्रगति को दरशाता है।

इक्कीसवीं सदी में हम देखते हैं कि डिजाइन, प्रारूपण, निर्माण चित्र, योजना

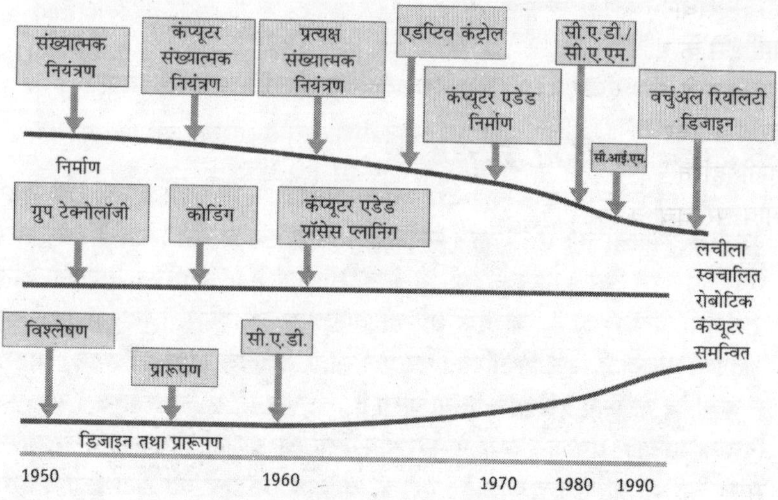

चित्र संख्या 2.12 : निर्माण क्षेत्र में कंप्यूटर प्रयोग में प्रगति

प्रक्रिया, मेथड्स इंजीनियरिंग, सामग्री प्रबंध (मैटीरियल्स हैंडलिंग) तथा निर्माण और जाँच पूरी तरह समन्वित है, उनकी गुणवत्ता और परिशुद्धता में सुधार है जिससे अस्वीकृति दर कम और डिजाइन से बाजार की ओर समय-चक्र तीव्र हो गया है।

समापन टिप्पणियाँ

पी.एस.एल.वी. तथा जी.एस.एल.वी. मिशनों के प्रक्षेपण द्वारा अंतरिक्ष कार्यक्रम की सफलता, आई.जी.एम.डी.पी. (समन्वित निर्देशित मिसाइल विकास कार्यक्रम) के तहत मिसाइलों का सफल विकास तथा हलके लड़ाकू विमानों के हालिया परीक्षण उड़ान और परमाणु ऊर्जा कार्यक्रम में रणनीतिक प्रगति यह सिद्ध करती है कि भारतीय उद्योगों के पास राष्ट्रीय महत्त्व की परियोजनाएँ चलाने के लिए आवश्यक निर्माण क्षमता है। स्वदेश में विकसित उत्कृष्ट निर्माण प्रक्रियाओं के अंगीकरण द्वारा इसे और बढ़ाया जा सकता है।

भारतीय उद्योग के लिए हमारी कल्पना में केवल संयोजन तथा फेब्रिकेशन नहीं, बल्कि पूर्ण डिजाइन क्षमता तथा गुणवत्ता के साथ लागत-सक्षम (कॉस्ट इफेक्टिव) निर्माण की क्षमता शामिल है। औद्योगिक प्रमुखता की स्थिति प्राप्त करने के लिए डिजाइन क्षमता तथा प्रौद्योगिकी हासिल करना बहुत महत्त्वपूर्ण है। यह अनुसंधान तथा विकास प्रयोगशालाएँ, शिक्षा क्षेत्र तथा उद्योग की रणनीतिक भागीदारी के साथ संभव है। सबसे ऊपर, एक विशिष्ट क्षेत्र में विभिन्न उद्योगों का नेतृत्व करने के लिए प्रबंधन नेतृत्व महत्त्वपूर्ण है। अनुसंधान से लेकर किसी उत्पाद के विपणन तक प्रौद्योगिकी एक महत्त्वपूर्ण तत्त्व है। इसका परिणाम कृषि में पहली हरित क्रांति में देखा जा सकता है। अब हम कृषि में मूल्य-संवर्धन के प्रभाव पर चर्चा करेंगे।

□

3

कृषि में मूल्य-संवर्धन

परिचय

इस अध्याय में खाद्य तथा पोषणगत सुरक्षा तथा कृषि क्षेत्र में रोजगार संभावना पर चर्चा की गई है। इसमें ऐसी प्रौद्योगिकियों पर चर्चा की गई है जो बीज से अनाज, बीज से सब्जी, बीज से फल तथा दुग्ध उत्पादन के विभिन्न चरणों में उच्च उत्पादकता लाएगी।

यह अध्याय दूसरी हरित क्रांति पर केंद्रित है और प्रौद्योगिकियों के संदर्भ में पहली हरित क्रांति से उसकी तुलना करता है। यह कृषि के संबंध में कुछ दूरद्रष्टाओं के विचारों को भी प्रस्तुत करता है।

'पहली हरित क्रांति ने भारत को 'शिप टू माउथ' ('60 के दशक में खाद्य अभाव के दौरान भारत खाद्य-सामग्री के लिए गेहूँ से लदे जहाजों की प्रतीक्षा कर रहा था) की स्थिति से आत्मनिर्भरता की स्थिति में पहुँचा दिया; दूसरी हरित क्रांति में हम कई देशों को अनाज तथा उत्पादों का निर्यात करते देखेंगे।'

कृषि के लिए रणनीति

अनाज तथा खाद्य-उत्पाद राष्ट्रीय सुरक्षा प्रदान करते हैं और कृषि उत्पाद भू-राजनीतिक तथा भू-वाणिज्यिक महत्त्व को बढ़ाते हैं।

पहली हरित क्रांति के भाग के रूप में भारत 200 मिलियन टन (20 करोड़ टन) विभिन्न खाद्य सामग्रियाँ जैसे—अनाज, सब्जियाँ तथा फल उत्पन्न करते हुए खाद्य में आत्मनिर्भरता को प्राप्त कर चुका है (चित्र संख्या 3.1)।

चित्र संख्या 3.1 : हरित क्रांति

समय के साथ कृषि की लागत में क्रमिक वृद्धि हुई है। कृषि उपज में वृद्धि के परिणामस्वरूप कुल कृषि आय में आनुपातिक वृद्धि नहीं हुई है। साथ ही, अधिक भूमि को कृषि के तहत लाने के अवसर कम हो गए हैं। सरकार तथा किसानों को इन समस्याओं को झेलना होगा और उत्पादकता बढ़ाने के लिए काम करना होगा। भारत को अगले दो दशकों में न्यूनतम 360 मिलियन टन अनाज के उत्पादन का लक्ष्य प्राप्त करना होगा। इससे घरेलू खपत, पर्याप्त निर्यात तथा अन्य देशों की सहायता हो सकेगी।

खाद्य सामग्री के लिए माँग के दुगुना होने के साथ कृषि क्षेत्र में रोजगार के घटकर 60 प्रतिशत होने के कारण उच्च स्तरीय शोध, प्रौद्योगिकी, कृषि विस्तार सेवाएँ तथा प्रशिक्षण जैसे उपाय अपनाने की आवश्यकता होगी। चित्र संख्या 3.2 बताती है कि अनुसंधान तथा विकास, आधारभूत उद्योग, शिक्षा तथा प्रशिक्षण, उच्च प्रौद्योगिकी, कृषि उपकरण, जैव-प्रौद्योगिकी आधारित प्रौद्योगिकियों तथा पूरक विधियों के रूप में कृषि क्षेत्र में विकास को प्रेरित करेंगे। इस क्षेत्र में विकास, उच्च कृषि उत्पादकता और अन्य क्षेत्रों जैसे सूचना प्रौद्योगिकी तथा सेवाओं, औद्योगिक क्षेत्र तथा कृषि-उत्पाद उद्योगों के लिए अबाध कृषिकर्मियों

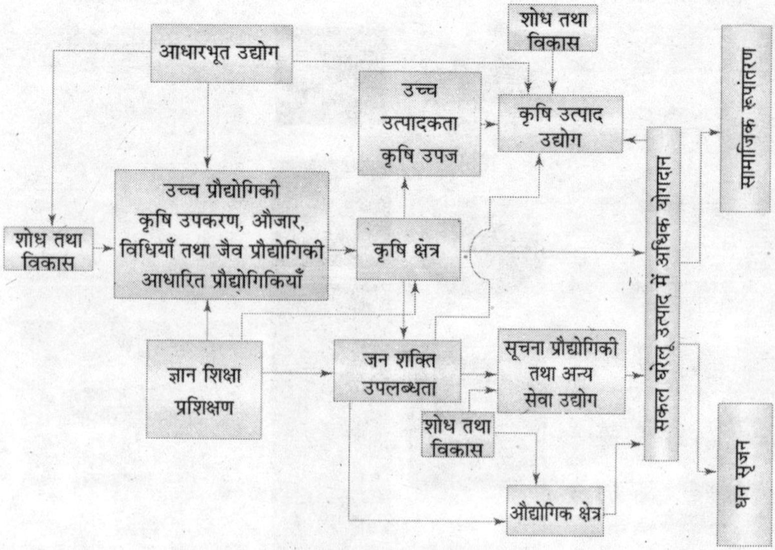

चित्र संख्या 3.2 : रोजगार सृजन के लिए रणनीति

को प्रेरित करेगा। इसका शुद्ध परिणाम होगा सकल घरेलू उत्पाद में उच्चतर योगदान।

जैव-विविधता प्रौद्योगिकी-संपन्नता साँचा

भारत की केंद्रीय क्षमताओं में एक जैव-विविधिता है, जो प्रौद्योगिकी के साथ जुड़ने पर मूल्य-वर्धित उत्पाद उत्पन्न करती है। जैव-विविधता में समृद्ध अन्य देशों में चीन, ब्राजील, इंडोनेशिया, मेक्सिको तथा मलेशिया हैं।

जबकि दूसरी ओर अमेरिका, जापान, फ्रांस, जर्मनी तथा ब्रिटेन जैसे प्रौद्योगिकी में उन्नत देश हैं जो जैव-विविधता में समृद्ध नहीं हैं। अफ्रीका तथा एशिया के मरुस्थलों में कुछ ऐसे भी क्षेत्र हैं जो जैव-विविधता तथा प्रौद्योगिकी, दोनों में निर्धन हैं। इस अवस्था को चित्र संख्या 3.3 में प्रदर्शित किया गया है और यह चित्र दरशाता है कि किसी देश में ये दोनों क्षमताएँ नहीं हैं।

जैव-विविधता की असीमित शक्ति का लाभ उठाने के लिए प्रौद्योगिकी की आवश्यकता होती है, ताकि एक आनुवंशिक रूप से बनाए गए बीज को विकसित किया जा सके या एक जड़ी-बूटी से निकाले गए अणु को औषधि में बदला जा सके। इसके लिए कृषि उत्पादकता, जैव-विविधता तथा प्रौद्योगिकी के समन्वयन

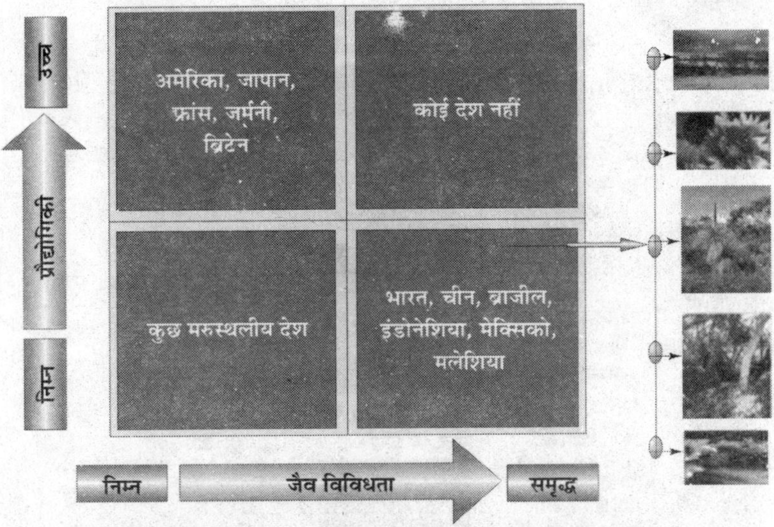

चित्र संख्या 3.3 : जैव-विविधता-प्रौद्योगिकी-संपन्नता साँचा

की आवश्यकता होगी।

भारत को चौथे चरण तक पहुँचना होगा, जहाँ जैव-विविधता तथा प्रौद्योगिकी दोनों प्रमुख हैं। यह अवस्था कृषि, हर्बल तथा औषधीय उत्पादों में मूल्य-संवर्धन को प्रेरित करेगी।

कृषि तथा खाद्य प्रसंस्करण

टी.आई.एफ.ए.सी. (टेक्नोलॉजी इन्फॉरमेशन फोरकास्टिंग असेसमेंट काउंसिल) ने वर्ष 2020 तक भारत को एक विकासशील देश से विकसित देश के रूप में बदलने के लिए एक दूरदृष्टि विकसित की है। मुख्य दबाव क्षेत्रों में एक था कृषि तथा खाद्य प्रसंस्करण। कृषि तथा खाद्य प्रसंस्करण पर टी.आई.एफ.ए.सी. के एक प्रौद्योगिकी विजन पैनल ने बहुत महत्त्वपूर्ण सुझाव दिए हैं।

अनाज, दूध, चावल, फल तथा सब्जियों के उत्पादन में भारत अब विश्व के प्रथम तीन दर्जों पर है, जबकि उत्पादकता में हमारा स्थान पचासवाँ है।

अन्न, दूध, फल तथा सब्जियों में उत्पादन के विद्यमान स्तरों के साथ कृषि तथा कृषि-खाद्य क्षेत्रों से भारत की खाद्य आवश्यकताओं का वांछित प्रौद्योगिकियों के साथ अध्ययन किया गया है। यहाँ पर हम अगले बीस वर्षों में अधिक उत्पादन की संभावनाओं पर चर्चा करते हैं।

कृषि-खाद्य दूध

वर्तमान	मुख्य प्रौद्योगिकियाँ	वर्ष 2020
■ मात्रा : 6.1 करोड़ मीट्रिक टन ■ व्यवसाय : 61000 करोड़ प्रतिवर्ष ■ नुकसान : 3050 करोड़ प्रतिवर्ष ■ संबंधिन उद्योग : 31000 करोड़ प्रतिवर्ष —चिलिंग —पैकेजिंग —मूल्य संवर्धन	COLD CHAINS CRYO FLUIDS CONTAINER ASEPTIC PACKAGING FODDERS ELECTRONIC TESTING MACHINES HYGENIC TRG. WASTE REDUCTION	■ मात्रा : 30 करोड़ मीट्रिक टन ■ व्यवसाय : 300000 करोड़ प्रतिवर्ष ■ नुकसान : 3000 करोड़ प्रतिवर्ष ■ संबंधिन उद्योग : 310000 करोड़ प्रतिवर्ष —चिलिंग —पैकेजिंग —नए उत्पाद

कृषि-खाद्य फल तथा सब्जियाँ

वर्तमान	मुख्य प्रौद्योगिकियाँ	वर्ष 2020
❑ मात्रा : 3.3 और 7.1 करोड़ टन ❑ व्यवसाय : 10000 और 15000 करोड़ प्रतिवर्ष ❑ नुकसान : 6250 करोड़ प्रतिवर्ष ❑ संबंधित उद्योग : रु. 2500 करोड़ प्रतिवर्ष —चिलिंग —पैकेजिंग —मूल्य संवर्धन	Cold Chains Packaging Processing Aseptic Packaging CA/ MA Containers Weighing & Sensing Equipment	❑ मात्रा : 9 और 15 करोड़ टन ❑ व्यवसाय : 27000 और 32000 करोड़ प्रतिवर्ष ❑ नुकसान : 5900 करोड़ प्रतिवर्ष ❑ संबंधित उद्योग : रु. 25200 करोड़ प्रतिवर्ष —चिलिंग —पैकेजिंग —मूल्य संवर्धन

कृषि-खाद्य अनाज

वर्तमान	मुख्य प्रौद्योगिकियाँ	वर्ष 2020
■ मात्रा : 20 करोड़ मीट्रिक टन ■ व्यवसाय : 90000 करोड़ प्रतिवर्ष ■ नुकसान : 9000 करोड़ प्रतिवर्ष ■ संबंधित उद्योग : 9000 करोड़ प्रतिवर्ष —पैकेजिंग —मूल्य संवर्धन	PEST/RODENT CONTROL HANDLING EQUIPMENTS ELECTRONIC SENSORS (MOISTURE etc.) STORAGE PACKAGING	■ मात्रा : 36 करोड़ मीट्रिक टन ■ व्यवसाय : 150000 करोड़ प्रतिवर्ष ■ नुकसान : 3000 करोड़ प्रतिवर्ष ■ संबंधित उद्योग : 86100 करोड़ प्रतिवर्ष

चित्र संख्या 3.4 : कृषि-खाद्य : 2020 की परिस्थिति

कृषि खाद्य : अनाज

200 मिलियन टन के आधारभूत खाद्य उत्पादन के साथ विशेषज्ञों का विश्लेषण इस ओर इशारा करता है कि इस उत्पादन द्वारा निर्मित व्यवसाय 90,000 करोड़ प्रतिवर्ष मूल्य का है तथा संबद्ध उद्योग, खासकर पैकेजिंग तथा मूल्य-संवर्धन में और 9,000 करोड़ प्रतिवर्ष का योगदान करते हैं। खराब परिरक्षण (प्रिजर्वेशन), स्टोरेज तथा अनाज खानेवाले जीवों की समस्याओं के कारण होने वाला नुकसान 9,000 करोड़ प्रतिवर्ष का है।

पैनल ने कुछ केंद्रीय प्रौद्योगिकियों, जैसे पेस्ट/रोडेंट कंट्रोल (नाशक जीव नियंत्रण), एस.आई.एल.ओ. आधारित स्टोरेज, पैकेजिंग, प्रबंधन उपकरण, स्वचालित तौल तथा इलेक्ट्रॉनिक सेंसर (नमी आदि के लिए) का सुझाव दिया है, जिससे उच्च उत्पादकता में मदद मिलेगी। इन उपायों तथा केंद्रीय प्रौद्योगिकियों का इस्तेमाल वर्ष 2020 तक 360 मिलियन टन प्रतिवर्ष का उत्पादन सुनिश्चित करेगा। फिर इसका व्यवसाय दुगुना होकर 1,50,000 करोड़ प्रतिवर्ष का हो जाएगा, जबकि पैकेजिंग तथा मूल्य-संवर्धन जैसे अन्य संबद्ध व्यवसाय लगभग 90,000 करोड़ का आँकड़ा छू लेंगे। नुकसान घटकर लगभग 3,000 करोड़ प्रतिवर्ष का रह जाएगा (चित्र संख्या 3.4)। वास्तव में यह कृषकों तथा उपभोक्ताओं के साथ काम कर रहे प्रौद्योगिकीवेत्ताओं के लिए एक बड़ा मिशन है।

कृषि-खाद्य : दूध, फल तथा सब्जियाँ

फल, सब्ज़ियों तथा दूध में उच्च उत्पादकता तथा केंद्रीय प्रौद्योगिकियों के इस्तेमाल के लिए विशेषज्ञ समितियों के ऐसे ही सुझावों को चित्र संख्या 3.4 में दिया गया है।

शीत मरुस्थल कृषि के लिए प्रौद्योगिकी : एक केस स्टडी

डी.आर.डी.ओ. की फील्ड रिसर्च लेबोरेट्री तथा इंडियन काउंसिल ऑफ एग्रिकल्चरल रिसर्च (आई.सी.ए.आर.) द्वारा जम्मू-कश्मीर की 4,000 मीटर ऊँची घाटी में (लद्दाख में नांग गाँव) किए गए एक प्रयोग में पूरे वर्ष कृषि का लक्ष्य प्राप्त करने के लिए ग्रामीणों के प्रयासों का इस्तेमाल किया गया। तीन जलाशयों में जल-संग्रहण, 25 हेक्टेयर परती भूमि में पौधा-रोपण, लेह घाटी के लिए आलू के बीजों का उत्पादन, ग्रीन हाउस कृषि तथा उन्नत कृषि-प्रौद्योगिकी और मशीनरी की समन्वित गतिविधियों को कार्यान्वित किया गया। चित्र संख्या 3.5 और 3.6

◆ **बड़े पैमाने पर वनरोपण**

सदियों में घाटी बर्फ से ढकी रहती है
लेकिन गरमियों में हरी-भरी रहती है

◆ **ताजी सब्जियाँ**

कृषकों के कोऑपरेटिव घाटी तथा
सशस्त्र बलों को सब्जियों की आपूर्ति करते हैं

- जमानेवाली सर्दी के दौरान लेह बाजार की हरियाली (ग्रीनहाउस पत्तेदार सब्जियाँ)

◆ **अतिरिक्त उत्पादन**

चित्र संख्या 3.5 : लेह घाटी को हरा-भरा बनाना

इस पहाड़ी क्षेत्र में पौधा-रोपण तथा कृषि के लिए अपनाए गए विभिन्न उपायों को दरशाते हैं।

उपर्युक्त समन्वित प्रयासों के परिणामस्वरूप दो वर्षों के अंदर कृषकों ने अपनी वार्षिक आय को 2,200 रुपए प्रति परिवार से बढ़ाकर 4,400 रुपए प्रति परिवार कर लिया। यह इसलिए संभव हुआ, क्योंकि कृषकों ने पूरे वर्ष ताजा

नांग (4000 मीटर) लद्दाख, जम्मू तथा कश्मीर

फील्ड रिसर्च लेबोरेटरी (डिफेंस रिसर्च एंड डेवलपमेंट ऑर्गेनाइजेशन) तथा इंडियन काउंसिल ऑफ एग्रिकल्चरल रिसर्च ने साथ मिलकर ग्रामीण कोऑपरेटिव प्रयासों का इस्तेमाल किया

◇ **गतिविधियाँ**

✓ जल संग्रहण (तीन जलाशय)
✓ 25 हेक्टेयर बंजर भूमि में वनरोपण
✓ लेह घाटी के लिए आलू के बीजों का उत्पादन
✓ ग्रीनहाउस कृषि
✓ बेहतर कृषि-प्रौद्योगिकी तथा मशीनरी

चित्र संख्या 3.6 : ठंडा मरुस्थल : आत्मनिर्भर गाँव

सब्जियों की आपूर्ति के लिए एक कोऑपरेटिव संघ बनाया। इस प्रयोग को हमारे देश के सभी पहाड़ी क्षेत्रों में किया जा सकता है।

प्रोफेसर नॉर्मन बोरलॉग का गेहूँ उत्पादन का विजन

कुछ समय पहले भारत की पहली हरित क्रांति के साथ जुड़े रहे नोबल पुरस्कार से सम्मानित प्रो. नॉर्मन बोरलॉग ने नई दिल्ली के विज्ञान भवन में भाषण दिया। उन्होंने अगले दो दशकों के लिए विश्व की जनसंख्या के लिए गेहूँ उत्पादन के अपने विजन को स्पष्ट किया। आज विश्व की जनसंख्या 6 अरब है। बीस वर्षों में बढ़कर यह 8 अरब हो जाएगी। इस बढ़ती संख्या के लिए खाद्य उत्पादन को दुगुना करना होगा; परंतु उतनी ही उपलब्ध भूमि तथा पानी के साथ, या हो सकता है, उससे भी कम के साथ। केवल प्रौद्योगिकी तथा सक्षम प्रबंधन से ही विद्यमान कृषि व्यवहारों में सुधार लाकर तथा जल और जैवीय एवं अजैविक उर्वरकों का उपयुक्त तरीके से लाभ उठाते हुए खाद्य उत्पादन को दुगुना किया जा सकता है। **जैव-प्रौद्योगिकी से कीट-प्रतिरोधी बीज विकसित करने में भी मदद मिलेगी, जिससे उत्पादकता में 10 प्रतिशत की वृद्धि होगी।**

दूसरी हरित क्रांति

इस प्रस्तावित दूसरी हरित क्रांति (चित्र संख्या 3.1) की मुख्य अवधारणाएँ हैं, बीजों के अनुकूल भूमि विशिष्टीकरण, हाइब्रिड बीज विकसित करना तथा उपयुक्त बीज चयन, उपयुक्त उर्वरक, जल प्रबंधन, कृषक प्रशिक्षण, फसल प्रबंधन, पोस्ट हारवेस्ट (कटाई के बाद) प्रबंधन, खाद्य प्रसंस्करण तथा विपणन। इस लक्ष्य में सफलता शोध वैज्ञानिकों, जल प्रबंधन प्राधिकरणों तथा कृषकों के सहयोगी प्रयासों द्वारा प्राप्त की जा सकती है। कृषकों को नए प्रयोगों के प्रति खुली मानसिकता रखनी होगी और सभी संबद्ध क्षेत्रों में उन्नत प्रौद्योगिकी तथा प्रशिक्षण के प्रति ग्रहणशील होना होगा।

कृषि उत्पादन तथा प्रौद्योगिकी के अधिक प्रतिफल

इस स्वप्न को कार्य रूप में परिणत करने के लिए सरकार ने सन् 2000 के बजट में कृषि, उच्च शिक्षा, औद्योगिक क्षेत्रों, विविध ग्रामीण संबद्धता, ऊर्जा तथा उन्नत क्षेत्रों में प्रायोगिक विकास कार्यों के लिए आर्थिक सहायता का प्रावधान किया है। हम विशिष्ट क्षेत्रों में कुछ अनुभवों तथा परिणामों की चर्चा करना

चाहेंगे। ये शुगर, फ्लाई ऐश तथा कंपोजिट्स के क्षेत्रों में हमारे पूर्व मिशन अनुभवों पर आधारित हैं।

बिहार परियोजना

इंडियन एग्रिकल्चर रिसर्च इंस्टीट्यूट तथा टी.आई.एफ.ए.सी. के पूर्व निदेशक और प्रसिद्ध कृषि वैज्ञानिक स्वर्गीय प्रो. एस.के. सिन्हा ने मध्य बिहार तथा पूर्वी भारत में कृषि उत्पादकता बढ़ाने की एक परियोजना आरंभ की। पटना की आई.सी.ए.आर. इकाई ने इसमें भागीदारी की और सन् 1998 की खरीफ की फसल के दौरान आर.पी.चैनल 5 के छह तथा मझौली डिस्ट्रीब्यूटरी के नौ गाँवों को चुना गया। सिस्टम एप्रोच में भूमि विश्लेषण, बीज चयन, कृषि ऋतु, उर्वरक चुनाव तथा कृषकों का प्रशिक्षण (खासकर रिमोट सेंसिंग डाटा के इस्तेमाल में) शामिल था।

वैज्ञानिकों तथा कृषकों के इस विस्तृत सहयोग के परिणामस्वरूप गेहूँ उत्पादन में लगभग पाँच टन प्रति हेक्टेयर की वृद्धि हुई (चित्र संख्या 3.7 तथा 3.8)। यह प्रयास अब अन्य क्षेत्रों में तेजी से विस्तृत हो रहा है और अब इस कार्यक्रम में लगभग दो सौ गाँव भागीदारी कर रहे हैं। हमने कुछ गाँवों का दौरा किया जहाँ इस सिस्टम एप्रोच का इस्तेमाल किया जा रहा है और पाया कि उत्पादन तथा अपनी आय दोनों के बढ़ने से कृषक उत्साहित हैं। स्वाभाविक रूप से यह त्वरित कटाई के लिए उपकरण, भंडारण, विपणन तथा बैंकिंग प्रणालियों का परिणाम है। हम खुश हैं कि वे अपनी समस्याओं के समाधानों के प्रस्ताव लेकर आ रहे हैं और साथ काम करने तथा सुविधाएँ बाँटने की भी तैयारी कर रहे हैं।

फसल	कुल वितरक		कुल गाँव		कुल क्षेत्र (हेक्टेयर)		उत्पादन		
	1999	2000	1999	2000	1999	2000	पारंपरिक उत्पादन (टन प्रति हेक्टेयर)	1999 प्रदर्शित उत्पादन (टन प्रति हेक्टेयर)	2000 प्रदर्शित उत्पादन (टन प्रति हेक्टेयर)
धान	2	–	5	178	40	432	1.4	5.8	5.9
गेहूँ	2	–	11	200	16	~ 1000	1.5	4.5	5.0

चित्र संख्या 3.7 : पूर्ण सिस्टम एप्रोच प्रौद्योगिकी के परिणाम

चित्र संख्या 3.8 : गाँव संग्रामपुर (आर.पी.चैनल 5 डिस्ट्रीब्यूटरी) में कटने के लिए तैयार धान की फसल

उत्तर प्रदेश के कुछ भागों में पर्यावरणीय रूप से निम्न कोटि की भूमि में रिमोट सेंसिंग (दूर संवेदी) इस्तेमाल करने की एक अन्य अत्यंत सफल परियोजना रही है। चुने गए क्षेत्र में उच्च तीव्रतावाली सोडियम-युक्त भूमि है। यह जलमग्न भूमि में अधिक है तथा आंशिक रूप से ऐसे क्षेत्रों में है, जिनके जलमग्न होने की संभावना है। उत्तर प्रदेश के कुछ अन्य विभागों के साथ उत्तर प्रदेश दूर संवेदी विभाग ने एक विश्व बैंक समर्थित परियोजना के तहत उस क्षेत्र का अध्ययन किया (चित्र संख्या 3.9)। सोडियम-युक्त भूमि को कृषि योग्य बनाने में अत्यंत सफलता

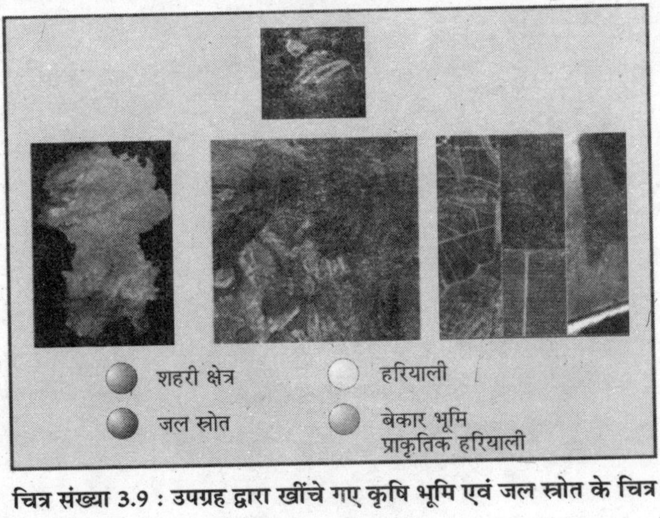

चित्र संख्या 3.9 : उपग्रह द्वारा खींचे गए कृषि भूमि एवं जल स्रोत के चित्र

मिली है। सुधार उपायों की सफलताओं तथा विफलताओं के अध्ययन के लिए भी रिमोट सेंसिंग का इस्तेमाल किया जा रहा है। एक अध्ययन संकेत करता है कि सोडियम-युक्त भूमि के सुधार की अवस्था विभिन्न हाइड्रोजियोलॉजिकल (जल-भू-वैज्ञानिक) अवस्थाओं में परिवर्तनशील होती है। इस परियोजना से मिले ऐसे सबक सुधार प्रयासों को बढ़ाने में उपयोगी हैं।

समापन टिप्पणियाँ

भारत का आर्थिक विकास अब भी बड़े पैमाने पर कृषि पर आधारित है। कृषि तथा कृषि-खाद्य उद्योग के साथ आधुनिक प्रौद्योगिकियों का समन्वय इस क्षेत्र में क्रांति ले आएगा और बड़े पैमाने पर रोजगार तथा आर्थिक विकास को प्रेरित करेगा। कहा जाता है कि 'जब उपभोक्ता, कार्यान्वयक तथा ज्ञान व कौशल धारक एक-दूसरे से जुड़े होते हैं तो सफलता प्रभावपूर्ण तरीके से और कई रूपों में मिलती है।'

कृषकों को प्रशिक्षण तथा प्रौद्योगिकी के साथ दूसरी हरित क्रांति कृषि उत्पादन को वर्ष 2020 तक 360 मिलियन टन तक बढ़ा देगी। स्टोरेज तथा वितरण में सुधार और पोस्ट हारवेस्ट प्रबंधन रणनीति द्वारा नुकसान में कमी से गरीबी को समाप्त करके प्रत्येक नागरिक को भोजन उपलब्ध कराना संभव होगा। हमें विश्वास है कि हमारे युवा इस चुनौती को स्वीकार करने के लिए तैयार हैं। अब ज्ञान युग में निर्माण क्षेत्र का विश्लेषण करते हैं।

□

4

बौद्धिक युग में निर्माण

परिचय

यह अध्याय सूचना तथा संचार प्रौद्योगिकी के आविष्कार के साथ हालिया सफलताओं की रोशनी में निर्माण क्षेत्र में हुई प्रगति पर प्रकाश डालता है। कंप्यूटर ऐडेड डिजाइन (सी.ए.डी.) तथा कंप्यूटर ऐडेड मैन्युफैक्चरिंग (सी.ए.एम.) ने निर्माण क्षेत्र में क्रांति ला दी है और तीव्र प्रारूपी प्रौद्योगिकियों तथा उपभोक्तापरक निर्माण को प्रेरित किया है। ऑटोमेटिक मैटीरियल्स हैंडलिंग (ए.एम.एच.) प्रणाली, ऑटोमेटेड गाइडेड वेइकल्स, इंडस्ट्रियल रोबोट, फ्लेक्सिबल मैन्युफैक्चरिंग सिस्टम (लचीली निर्माण प्रणाली) जैसी तकनीकों को लगातार प्रयोग में लाया जा रहा है। अंत में भारत में औद्योगिक स्थिति पर चर्चा की गई है, जिसमें लघु स्तरीय उद्योगों द्वारा निभाई जा रही महत्त्वपूर्ण भूमिका पर विशेष जोर दिया गया है।

'निर्माण क्षेत्र को प्रौद्योगिकियों, पूँजी तथा नवीन विपणन व्यवहारों के इस्तेमाल द्वारा हमारे पारंपरिक कौशल तथा ज्ञान के बल पर विकसित किया जा सकता है।'

निर्माण तथा सूक्ष्म इलेक्ट्रॉनिकी में प्रगति

विद्युत् तथा अन्य नई तकनीकों के आविष्कार के कारण पिछले एक सौ पचास वर्षों में निर्माण क्षेत्र में तीव्र बदलाव देखा गया है। यह क्रांति न्यूमेरिकली कंट्रोल्ड रोबोटिक्स के प्रवेश के साथ जारी रही। अब सॉफ्टवेयर तथा डिजाइन

उपकरणों के विकास के साथ हम इसमें नए रुझान महसूस कर रहे हैं। हालाँकि औद्योगिक रूप से उन्नत देशों की तुलना में भारत काफी पीछे था, अब सॉफ्टवेयर, डिजाइन तथा वर्चुअल रियलिटी के इस्तेमाल में उसकी सक्षमताओं का लाभ उठाने का समय आ गया है। वर्ष 2020 तक निर्माण में इस्तेमाल होनेवाली डिजिटल प्रौद्योगिकियों, इंटेलिजेंट प्रणालियों, माइक्रो रोबोट तथा नैनो इलेक्ट्रॉनिक प्रणालियों में उल्लेखनीय प्रगति देखने को मिलेगी (चित्र संख्या 4.1)।

वर्तमान	मुख्य प्रौद्योगिकी	वर्ष 2020
• माइक्रो-इलेक्ट्रॉनिक उपकरण ♦ सीमित उत्पादन • पारंपरिक डिसप्ले • लैब-लेवल रोबोटिक्स • आयातित सेंसरों के साथ • पारंपरिक सेंसर/प्रणालियाँ	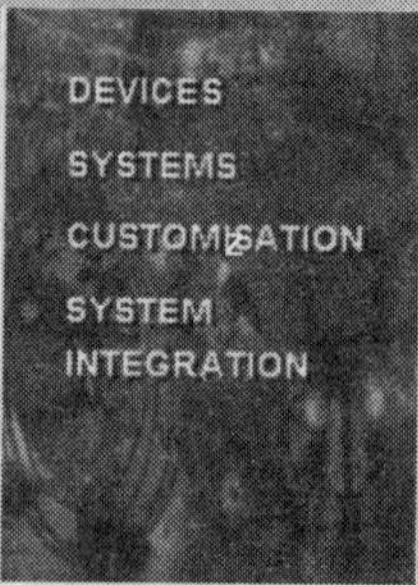 	• माइक्रो-इलेक्ट्रॉनिक जस्ट-इन-टाइम उपकरण ♦ सबमाइक्रॉन उपकरण ♦ इलेक्ट्रॉनिक उपकरण • उन्नत सिस्टम्स डिजाइन तथा उत्पादन • सुरक्षित इलेक्ट्रॉनिक व्यवहार • कंवर्जेंट डिजिटल प्रौद्योगिकियाँ ♦ शिक्षा ♦ ई-कॉमर्स ♦ मनोरंजन • सार्वभौमिक पुस्तकालय (स्थान, समय व भाषा से स्वतंत्र) • सूचना सुरक्षा • उत्तम संवेदक • क्रियात्मक रूप से नियुक्त रोबोटिक्स • लचीला निर्माण

चित्र संख्या 4.1 : इलेक्ट्रॉनिक्स तथा सेंसर्स मैन्युफैक्चरिंग

पिछले छह दशकों के दौरान माइक्रो-इलेक्ट्रॉनिक्स में प्रगति उल्लेखनीय रही है और इसने निर्माण में एक नया आयाम जोड़ दिया है। चित्र संख्या 4.2, '70 के दशक में माइक्रो-प्रोसेसर से 2000 में एम.ई.एम.एस. (माइक्रो-इलेक्ट्रो मैकेनिकल सिस्टम्स) तथा नेनो प्रौद्योगिकी तक की प्रगति को स्पष्ट करता है। भविष्य नेनो फेब्रिकेशन, बायो-कंप्यूटिंग, मॉलीकुलर कंप्यूटिंग तथा क्वेंटम कंप्यूटिंग का है।

स्मार्ट सिस्टम टेक्नोलॉजी

संवेदकों (सेंसर्स) के विकास में, माइक्रो-इलेक्ट्रो मैकेनिकल सिस्टम्स

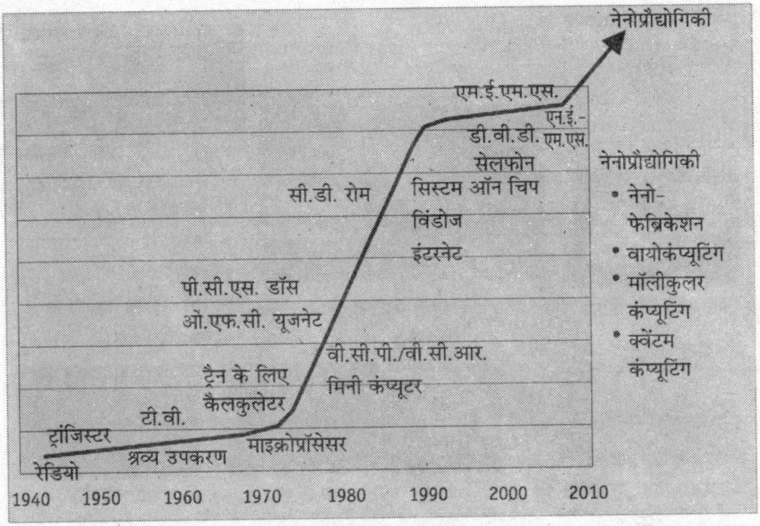

चित्र संख्या 4.2 : माइक्रो-इलेक्ट्रॉनिक्स में प्रगति

(एम.ई.एम.एस.) का गहरा प्रभाव रहा है, खासकर इलेक्ट्रॉनिक्स के लघु रूपण (मिनिएचराइजेशन) के साथ। लघु रूपण न केवल क्रियात्मक प्रणालियों के आकार को घटा देता है बल्कि उसमें गति, प्रदर्शन, विश्वसनीयता, क्षमता तथा प्रगति को बढ़ाते हुए लागत को कम करने की बड़ी क्षमता होती है (चित्र संख्या 4.3)। एक और प्रगति है, नेनो-प्रौद्योगिकियों का विकास, जो लघु रूपण तथा अत्यंत सक्षम प्रणालियों के विकास को प्रेरित कर रही हैं।

नेनो प्रौद्योगिकी का अर्थ है अणुओं के पुनर्व्यवस्थापन द्वारा उत्पादों का निर्माण तथा उत्पाद के गुणधर्म इस बात पर निर्भर करते हैं कि उन अणुओं को किस प्रकार व्यवस्थित किया गया है। ज़ब एक नेनो कण या फाइबर बनाया जाता है तो उसके आकार के कारण उनमें न्यूनतम त्रुटियाँ होती हैं और यह उसकी मजबूती तथा मापांक बढ़ाता है।

संरचनात्मक पदार्थों के क्षेत्र में नेनो कणों ने एक महत्त्वपूर्ण भूमिका निभाई है। जब इन कणों को पोलीमेट्रिक (बहुमापीय) साँचे में प्रबलित किया जाता है तो वे यांत्रिक गुणधर्मों को कई गुना बढ़ा देते हैं। नेनो ट्यूब स्टील से सौ गुना अधिक मजबूत तथा साठ गुना अधिक हलके होते हैं। इलेक्ट्रॉनिक प्रयोगों के लिए विभिन्न संवेदकों तथा नेनो स्केल मशीनों के विकास में नेनो ट्यूब काम आते हैं। भारत में एक शैक्षिक संस्थान ने नेनो इलेक्ट्रॉनिक जंक्शन विकसित किया है। अधिक सक्षमता

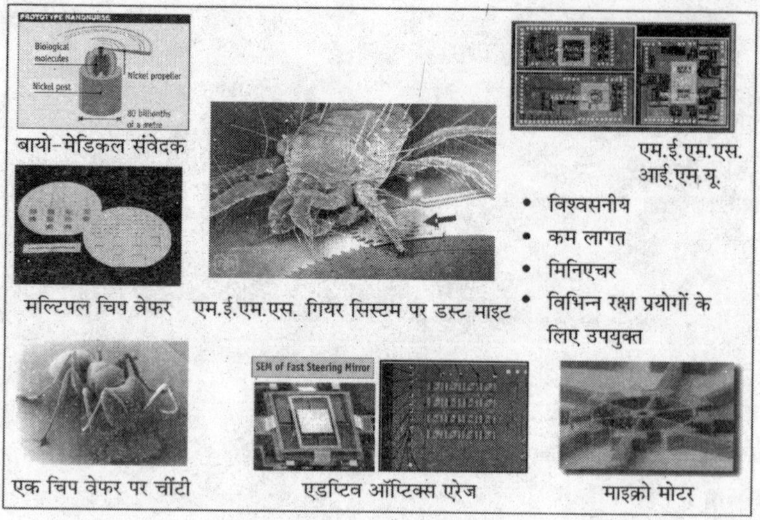

चित्र संख्या 4.3 : माइक्रो-इलेक्ट्रो मैकेनिकल सिस्टम्स (एम.ई.एम.एस.)

तथा सघनता के लिए नेनो इलेक्ट्रो-मैकेनिकल सिस्टम्स (एन.ई.एम.एस.) विकसित करने के लिए अनुसंधान तथा विकास प्रक्रिया चल रही है, ताकि वह एम.ई.एम.एस. का स्थान ले सके।

कंप्यूटर इंटीग्रेटेड मैन्युफैक्चरिंग (सी.ए.एम.)

कंप्यूटिंग क्षमता (हार्डवेयर तथा सॉफ्टवेयर दोनों) में प्रगति के कारण अब किसी नए उत्पाद के अध्ययन के लिए फैक्टरी या प्रयोगशाला में प्रोटोटाइप (प्रारूप) बनाना आवश्यक नहीं रह गया है। कई उत्पादों को कंप्यूटरों पर डिजाइन किया जा सकता है और उनके व्यवहार को सिस्टम में अनुकृत किया जा सकता है।

ऐसी अनुकृतियों के द्वारा एक अनुकूलतम डिजाइन चुनकर कंप्यूटर प्रोग्राम निर्माण प्रक्रियाओं को सीधे प्रेरित कर सकता है। इन प्रक्रियाओं को सामान्यत: कंप्यूटर ऐडेड डिजाइन (सी.ए.डी.) तथा कंप्यूटर ऐडेड मैन्युफैक्चरिंग (सी.ए.एम.) कहते हैं।

ये क्षमताएँ उपभोक्ताओं द्वारा नई प्रकार की माँगों को प्रेरित कर रही हैं। हर उपभोक्ता को बहुत से विशेष विकल्पों का प्रस्ताव दिया जा सकता है। उपभोक्ताकृत उत्पाद (कस्टमाइज्ड प्रोडक्ट) डिजाइन तथा लचीला निर्माण (फ्लेक्सिबल मैन्युफैक्चरिंग) वर्तमान में कई विकसित देशों में प्रचलन में है।

आज निर्माण में प्रयुक्त होनेवाले उपकरणों में काफी वृद्धि हो चुकी है, लेजर और वाटर जेट का अधिक-से-अधिक प्रयोग किया जा रहा है। ऐरोस्पेस उद्योग में उन्नत निर्माण प्रक्रियाओं, जैसे फ्रिक्शन स्टिर वेल्डिंग, माइक्रोवेव वेल्डिंग तथा डिफ्यूजन बॉण्डिंग का प्रयोग किया जा रहा है। अब विशेषीकृत स्टील या सिरेमिक्स कटिंग टूल उद्योग पर एकाधिकार नहीं कर सकते। इसपर यकीन करना कठिन है कि लेजर को भारी स्टील प्लेट काटने तथा साथ ही आँखों की एक नाजुक सर्जरी के लिए इस्तेमाल किया जा सकता है।

क्या आप कल्पना कर सकते हैं कि जिस सादे पानी को आप घर में इस्तेमाल करते हैं, उसे स्टील काटने के लिए इस्तेमाल किया जा सकता है? उच्च दबाव पर पंप किया गया और जेट की तरह केंद्रित किया गया पानी स्टील को सफाई से काट सकता है। इस प्रौद्योगिकी में अंतर्जल प्रयोग के लिए संभावनाएँ हैं।

केंद्रित की गई तथा तीक्ष्णता से केंद्रित की गई कोई भी वस्तु एक अच्छा कटिंग उपकरण या वेल्डिंग स्रोत हो सकती है। लेजर एक केंद्रित तथा संबद्ध प्रकाश-स्रोत है। वाटर जेट एक तीक्ष्णता से निर्दिष्ट उच्च दबाव जेट होता है। **यदि हम भी एक देश तथा एक नागरिक के रूप में एकजुट होकर गरीबी समाप्त करने तथा संगत रूप में विकसित होने के लिए अपने प्रयासों को केंद्रित करें तो कोई भी अवरोध उस सामूहिक, संगत तथा केंद्रित इच्छा-शक्ति के प्रवाह के सामने टिकने में सक्षम नहीं होगा।**

कंप्यूटर तथा निर्माण प्रक्रिया को साथ चलाकर भारत बड़े पैमाने पर लाभ उठा सकता है। हमारी सफलता की कई कहानियाँ हैं, हालाँकि इसकी क्षमता की तुलना

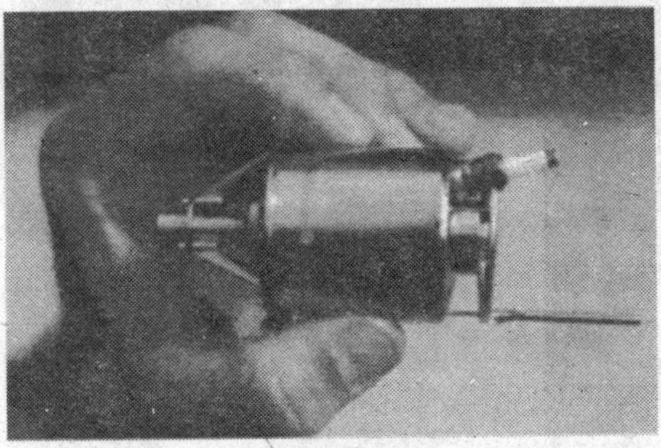

मिनिएचर इंजिन

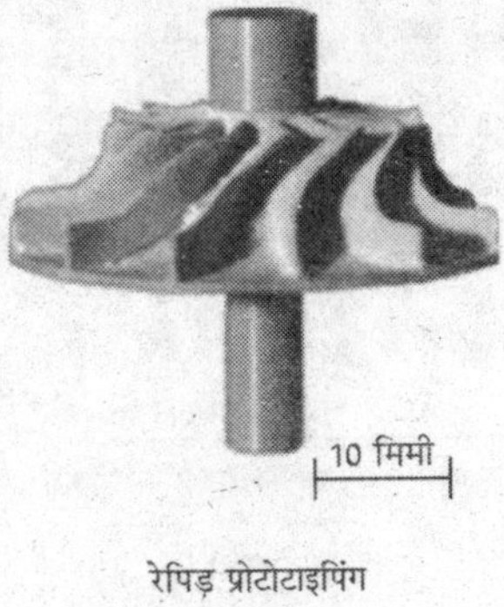

रेपिड़ प्रोटोटाइपिंग
द्वारा निर्मित नोदक

चित्र संख्या 4.4 : तीव्र प्रारूपण (रेपिड प्रोटोटाइपिंग)

में छोटी हैं, जो हमें इस कल्पना को साकार करने के लिए प्रोत्साहित करती हैं।

तीव्र प्रारूपण प्रौद्योगिकियाँ (या फ्री फॉर्म फेब्रिकेशन) बिना किसी अन्य मशीनरी के सीधे सी.ए.डी. इनपुट से जटिल थ्री-डी पुरजे बना सकती हैं (चित्र संख्या 4.4)।

निर्माण क्षेत्र

भारतीय निर्माण क्षेत्र को मोटे रूप में दो बड़ी श्रेणियों में वर्गीकृत किया जा सकता है—

1. लघु उद्योग,
2. मध्य तथा बड़े उद्योग।

लघु उद्योग

लघु स्तरीय उद्योग देश के विकास में एक महत्त्वपूर्ण भूमिका निभाते हैं और भारतीय अर्थव्यवस्था में सकल औद्योगिक मूल्य (ग्रॉस इंडस्ट्रियल वैल्यू) के लगभग 40 प्रतिशत का योगदान करते हैं।

यह अनुमान लगाया गया है कि लघु उद्योग क्षेत्र में दस लाख रुपए मूल्य की

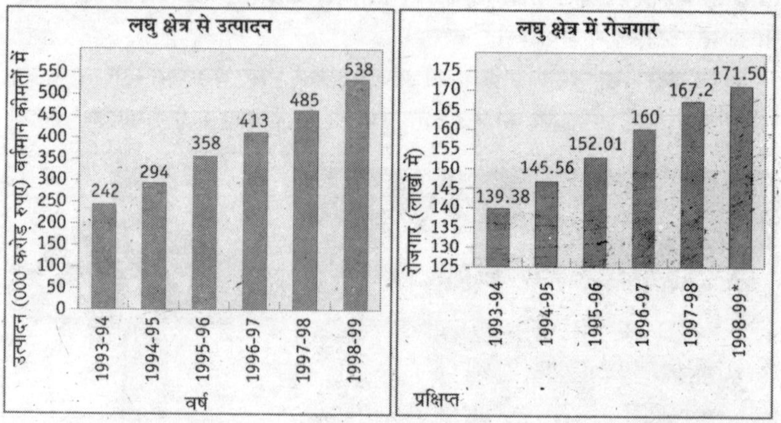

1999–2000 के आँकड़े

निर्यात	:	540 अरब
इकाइयाँ	:	32 लाख
बीमार इकाइयाँ	:	10 प्रतिशत से कम

चित्र संख्या 4.5 : लघु उद्योगों की विकास रूपरेखा

स्थिर संपत्तियों का निवेश भारी मूल्य-संवर्धन के साथ 46.2 लाख रुपए मूल्य के उत्पाद या सेवाएँ उत्पन्न करता है।

समय के साथ विभिन्न योजना अवधियों के दौरान लघु उद्योग क्षेत्र में प्रभावी विकास दरों के साथ तेजी से वृद्धि हुई है। लघु इकाइयों की संख्या सन् 1980-81 में अनुमानित 8.7 लाख से बढ़कर 2000 में 30 लाख से अधिक हो गई है।

भारत में लघु उद्योग क्षेत्र भारतीय जनसंख्या के लिए कृषि के बाद सबसे बड़ा रोजगार अवसर उत्पन्न करता है। यह भारतीय निर्यातों में लगभग 45-50 प्रतिशत का योगदान करते हुए भारत की वर्तमान निर्यात स्थिति में बड़ी भूमिका निभाता है। लघु उद्योग क्षेत्र से प्रत्यक्ष निर्यात कुल निर्यातों का लगभग 35 प्रतिशत है। प्रत्यक्ष निर्यातों के अलावा, अनुमान है कि लघु उद्योग अप्रत्यक्ष रूप से निर्यातों में लगभग 15 प्रतिशत का योगदान करते हैं। यह मर्चेंट एक्सपोर्टरों, ट्रेडिंग हाउसों तथा एक्सपोर्ट हाउसों के द्वारा होता है। यह बड़ी इकाइयों द्वारा निर्यात ऑर्डर के रूप में या निर्यात योग्य उत्पादों में इस्तेमाल होनेवाले पुरजों या घटकों के उत्पादन के रूप में भी हो सकता है। कइयों को यह जानकर आश्चर्य होगा कि लघु उद्योग निर्यातों में 95 प्रतिशत से अधिक गैर-पारंपरिक उत्पाद होते हैं।

निर्यात में जिन उत्पाद समूहों में लघु उद्योग क्षेत्र प्रभावशाली स्थिति में हैं, वे हैं खेल उत्पाद, रेडीमेड वस्त्र, ऊनी कपड़े तथा बुने हुए वस्त्र, प्लास्टिक उत्पाद, संसाधित खाद्य पदार्थ तथा चमड़े के उत्पाद। लघु उद्योग क्षेत्र अपनी निर्यात रणनीति को विश्व व्यापार संगठन द्वारा आरंभ नई व्यापार पद्धति की ओर निर्दिष्ट कर रहा है।

लघु उद्योग क्षेत्र में अवसर : पाँच वर्षों की अवधि में लघु उद्योग क्षेत्र में रोजगार अवसर 140 लाख से बढ़कर 170 लाख हो गए हैं। चित्र संख्या 4.5 में लघु उद्योगों की विकास रूपरेखा दी गई है। निम्नांकित कारणों से लघु उद्योग क्षेत्र में विशाल संभावनाएँ हैं—

★ कम पूँजी की आवश्यकता

★ सरकार द्वारा विस्तृत प्रोत्साहन तथा सहयोग

★ फंडिंग—वित्त तथा सब्सिडी

★ सरकार द्वारा अनन्य खरीद के लिए आरक्षण

★ निर्यात प्रोत्साहन।

लघु उद्योग क्षेत्र का प्रदर्शन अत्यंत अच्छा रहा है और उसने भारत को काफी हद तक औद्योगिक विकास तथा विविधीकरण का लक्ष्य प्राप्त करने में मदद की है। यह क्षेत्र प्रौद्योगिकियों, पूँजी तथा नवीन विपणन व्यवहारों के इस्तेमाल

द्वारा हमारी पारंपरिक दक्षता तथा ज्ञान के बल पर विकसित करने के लिए उपयुक्त है। यह लघु स्तरीय क्षेत्र में परियोजनाएँ गठित करने का अनुकूल समय है।

यह कहा जा सकता है कि यदि कुछ बातों का ध्यान रखा जाए तो रूपरेखा सकारात्मक और आशाजनक है। यह आशा भारतीय उद्योग की एक अनिवार्य विशेषता तथा माँग संरचनाओं पर आधारित है। उत्पादन प्रणालियों तथा माँग संरचनाओं में विविधता, उपभोक्ता उत्पादों/प्रौद्योगिकियों/प्रक्रियाओं की बहुस्तरीय माँग के दीर्घकालीन सह-अस्तित्व को सुनिश्चित करेगी। गुणवत्ता, मूल्य-संवर्धन तथा परिष्करण द्वारा विशिष्ट उसी उत्पाद/प्रक्रिया के लिए विकसित तथा सुस्थापित बाजार होंगे। भारतीय अर्थव्यवस्था की विशेषता विविध इकाइयों के पूरक अस्तित्व को प्रेरित करेगी।

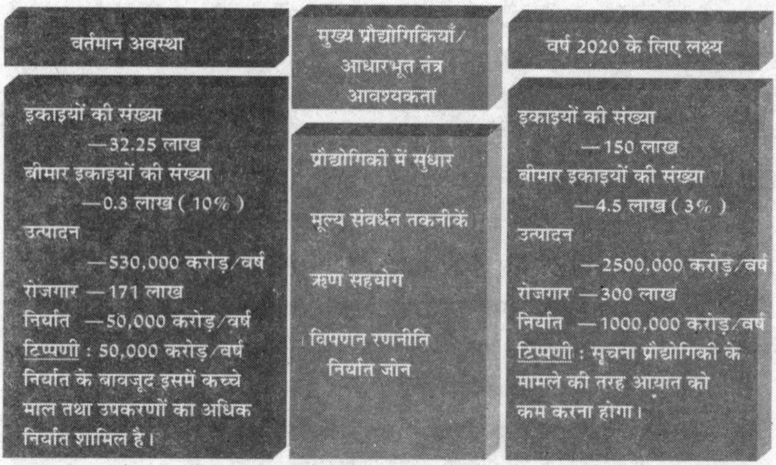

चित्र संख्या 4.6 : लघु स्तरीय उद्योगों में संभावना

सरकार की प्रेरक तथा सुरक्षात्मक नीतियों ने विविध प्रकार के उत्पादों, विशेषकर उपभोक्ता उत्पादों में इस क्षेत्र की उपस्थिति को सुनिश्चित बनाया है। बहरहाल, इस क्षेत्र की कमियों में पूँजी, प्रौद्योगिकी अपग्रेडेशन तथा विपणन की कमियाँ रही हैं। इसलिए उदारीकरण की प्रक्रिया इस क्षेत्र में इन तत्त्वों के समावेश को प्रेरित करेगी। चित्र संख्या 4.6 लघु उद्योग क्षेत्र में संभावना को दरशाता है।

मध्यम तथा बड़े उद्योग

आज उद्योग अधिकांशतः लाइसेंसिंग प्रौद्योगिकियों पर निर्भर हैं, इसलिए हम

आशा के अनुरूप औद्योगिकीकरण के लाभों को भुनाने की स्थिति में नहीं हैं। इस स्थिति से उबरने के लिए भारतीय उद्योगों को अनुसंधान तथा विकास प्रयोगशालाओं के साथ संगठित होकर अपनी प्रौद्योगिकियाँ विकसित करने के लिए मिलकर काम करना चाहिए तथा प्रौद्योगिकी उत्पादों का निर्यातक बनना चाहिए।

एक प्रासंगिक उदाहरण है नॉन फेरस मैटीरियल्स टेक्नोलॉजी डेवलपमेंट सेंटर (एन.एफ.टी.डी.सी.), जिसमें बड़े उद्योगों को कम मात्रा, उच्च लागतवाले उत्पादों के लिए एक उत्पादन प्रतिष्ठान में समन्वित किया गया है। उनकी अनुसंधान तथा शोध प्रयोगशालाओं में विकसित कई प्रौद्योगिकियों को साथ लाया जाता है। प्रबंधन विकेंद्रित है तथा अनुसंधान और विकास पर अधिक जोर दिया जाता है।

संपूर्ण आर्थिक विकास, हमारी जनता के भौतिक तथा सामाजिक कल्याण तथा राष्ट्रीय सुरक्षा के लिए हमें ऐसे वातावरण का निर्माण सुनिश्चित करना होगा जिसमें पूरी तरह भारतीय चीजों के प्रयोग को प्रोत्साहन मिले।

ऐसा आविष्कारी उत्साह हमारे दीर्घकालीन लाभों के लिए उपयोगी होगा।

हालाँकि इस क्षेत्र में बहुत से सकारात्मक तत्त्व हैं, बहुत सी प्रौद्योगिकीय कमजोरियाँ भी हैं। उदाहरण के लिए, हम गुणवत्ता-प्रधान उत्पादन के लिए आयातित मशीनरी पर निर्भर हैं। टी.आई.एफ.ए.सी. टास्क फोर्स टीमों ने इन पहलुओं पर ध्यान दिया है और वे आश्वस्त हैं कि भारत एक प्रमुख टेक्सटाइल उत्पादक देश हो सकता

वर्तमान स्थिति	मुख्य प्रौद्योगिकियाँ	वर्ष 2020 के लिए लक्ष्य
• बड़ी इकाइयों की संख्या और उत्पाद वर्ग सीमित • अर्ध-स्वचालन • स्वच्छ कार्य वातावरण • सीमित भू तथा तकनीकी टेक्सटाइल • सिंथेटिक डाई • मूल्यवर्धित शृंखला प्रवाह में विभिन्न तत्त्वों के भीतर निम्नस्तरीय क्षैतिज समन्वयन	• हाई-स्पीड मशीनें • कंप्यूटराइज्ड स्वचालन सी.ए.डी./सी.ए.एम./रोबोटिक्स • कृषि अनुसंधान : सूत की बेहतर उपज • इको-फ्रेंडली संसाधन तकनीकें और व्यर्थ पदार्थों का पुनर्संसाधन • डिजाइन क्षमता	• वस्त्र निर्माण के लिए समन्वित टेक्सटाइल मिलें • अत्यंत स्वचालित • घरेलू खपत तथा निर्यातों के लिए इको-फ्रेंडली टेक्सटाइल • बड़े पैमाने पर भू तथा तकनीकी टेक्सटाइल • नए सूत • भारत प्राकृतिक डाइयों का विश्व नेता • भारत फैशन डिजाइन में एक नेता

चित्र संख्या 4.7 : टेक्सटाइल उद्योग के लिए विजन-2020

है तथा विश्व बाजार में एक ऊँचा खिलाड़ी बन सकता है (चित्र संख्या 4.7)।

भारत कोयले का तीसरा सबसे बड़ा उत्पादक देश है तथा वैश्विक पहुँच रखता है। भूमिगत खनन में उत्पादकता को निकट भविष्य में 0.5 टन प्रति मानव-वर्ष से बढ़ाने की जरूरत है। साथ ही, हमें ग्लोबल वार्मिंग तथा पर्यावरणीय प्रदूषण के प्रभावों को दूर रखने के लिए क्लीन कोल प्रौद्योगिकी पर काम करना होगा। हम लंबे समय से इंटीग्रेटेड गैसीफिकेशन तथा कंबाइंड साइकिल टेक्नोलॉजी की चर्चा करते रहे हैं। एन.टी.पी.सी., बी.एच.ई.एल. तथा सी.एस.आई.आर. की प्रयोगशालाओं को इस परियोजना में मदद करनी चाहिए। इस परियोजना से परिणाम प्राप्त करने के लिए एक समयबद्ध कार्यक्रम होना चाहिए। आज सभी खनन कार्यों में विस्फोटकों का लगातार इस्तेमाल शामिल होता है, जिससे उच्च ध्वनि स्तर, कंपन, आघात और अधिक मात्रा में वायु प्रदूषण उत्पन्न होता है। इससे एक बड़ा क्षेत्र विस्फोटक सुरक्षा जोन तथा पर्यावरण सुरक्षा जोन के रूप में चला जाता है। हमारे अनुसंधानकर्ताओं को सुरक्षित, प्रदूषण-मुक्त तथा उपयुक्त खनन के लिए उच्च शक्तियुक्त लेजर प्रणालीवाली एक प्रौद्योगिकी विकसित करनी चाहिए।

हमें प्रौद्योगिकी अपग्रेडेशन, उत्पादकता सुधार, ऊर्जा संरक्षण, पर्यावरणीय सुरक्षा तथा गुणवत्ता सुधार के उपायों का इस्तेमाल करना चाहिए। इसमें सी.ए.डी./

वर्तमान स्थिति	मुख्य प्रौद्योगिकियाँ आधारभूत आवश्यकता	वर्ष 2020 के लिए लक्ष्य
• सीमित सी.एन.सी. मशीनें • प्रायोगिक लेजर वाटरजेट कटिंग • आधुनिकीकृत फोर्जिंग तथा कास्टिंग उद्योग • आयातित प्रौद्योगिकियों का मिश्रण और मशीनी उपकरणों तथा उत्तम बॉयलरों में सीमित योग्यता • भारत सॉफ्टवेयर उत्पादक के रूप में उभर रहा है • आयात निर्भरता	• माइक्रो मशीनिंग • उन्नत स्वचालन • सॉफ्टवेयर सहित प्रणालियाँ • सेंसर तथा एडप्टिव कंट्रोल • रोबोटिक्स और कृत्रिम बुद्धिमत्ता • मैकेट्रॉनिक्स • गुणवत्ता तथा विश्वसनीयता के लिए मापी तथा जाँच उपकरणों का विकास • विशेष सामग्री प्रौद्योगिकियाँ • डिजाइन क्षमता तथा वर्चुअल रियलिटी	• 80 प्रतिशत सी.एन.सी. मशीनों का उत्पादन • प्रबुद्ध निर्माण • भारत कास्टिंग तथा फोर्जिंग का प्रमुख उत्पादक व निर्यातक • उन्नत मशीनी उपकरणों तथा बॉयलर्स में आत्मनिर्भर • उन्नत सॉफ्टवेयर का लगभग 15 प्रतिशत भारतीय • वर्ष 2010 तक प्रौद्योगिकियों का निर्यातक

चित्र संख्या 4.8 : इंजीनियरिंग उद्योग-1 के लिए विजन-2020

सी.ए.एम., रोबोटिक्स, हाई–स्पीड मशीनों, मैटीरियल हैंडलिंग सिस्टम्स, इलेक्ट्रॉनिक इंस्ट्रूमेंटेशन तथा कंप्यूटराइज्ड ऑटोमेशन का प्रयोग शामिल होगा।

चित्र संख्या 4.8 इन विवरणों को सरल रूप में प्रस्तुत करने का प्रयास करता है, जिसमें पहला भाग वर्तमान स्थिति, तीसरा भाग सन् 2020 के लिए विजन तथा दूसरा भाग उत्कृष्टता हासिल करने योग्य मुख्य प्रौद्योगिकियों के बारे में बताता है। चित्र संख्या 4.9 इंजीनियरिंग उद्योग–2 के लिए विजन को दरशाता है।

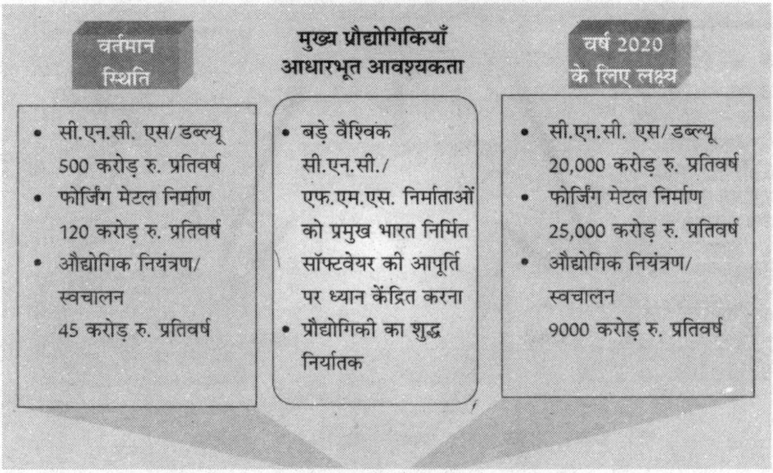

चित्र संख्या 4.9 : इंजीनियरिंग उद्योग–2 के लिए विजन–2020

निर्माण में सूचना प्रौद्योगिकी का प्रभाव

निर्माण में सूचना प्रौद्योगिकी के प्रयोग के तीन घटक हैं—डिजाइन तथा सॉफ्टवेयर इंजीनियरिंग के साथ प्रोसेस इंजीनियरिंग और उत्पादन क्षमता। यह उपभोक्ता उम्मीदों की समझ तथा गुणवत्ता प्रबंधन से जुड़ा होता है। प्रौद्योगिकी, जो निर्माण का एक महत्त्वपूर्ण घटक है, में एन.सी., सी.एन.सी., डी.एन.सी., सी.ए.डी./सी.ए.एम./कंप्यूटर ऐडेड प्रोसेस प्लानिंग (सी.ए.पी.पी.), ऑटोमेटेड गाइडेड वेइकल (ए.जी.वी.)/रोबोट/ऑटोमेटेड स्टोरेज एंड रिट्रीवल सिस्टम्स (ए.एस.आर.एस.)/फ्लेक्सिबल मैन्युफैक्चरिंग सिस्टम्स (एम.एम.एस.)/कंप्यूटर इंटीग्रेटेड मैन्युफैक्चरिंग (सी.आई.एम.) और रेपिड प्रोटोटाइपिंग तथा वेब–आधारित डिजाइन शामिल होता है।

उसे क्रियात्मक तथा प्रयोगात्मक बनाने के लिए प्रौद्योगिकी तथा इस्तेमाल

की जानेवाली क्रियाविधि हैं समकालिक इंजीनियरिंग, रोबस्ट डिजाइन, ग्रुप टेक्नोलॉजी (जी.टी.), जस्ट इन टाइम (जे.आई.टी.), मैन्युफैक्चरिंग रिसोर्स प्लानिंग (एम.आर.पी.-2), एंटरप्राइज रिसोर्स प्लानिंग (ई.आर.पी.)। यह देखा जा सकता है कि निर्माण में सूचना प्रौद्योगिकी का प्रयोग ज्ञान, कौशल, निर्माण, उपकरण, तकनीक तथा जन-शक्ति को समन्वित कर देता है (चित्र संख्या 4.10)।

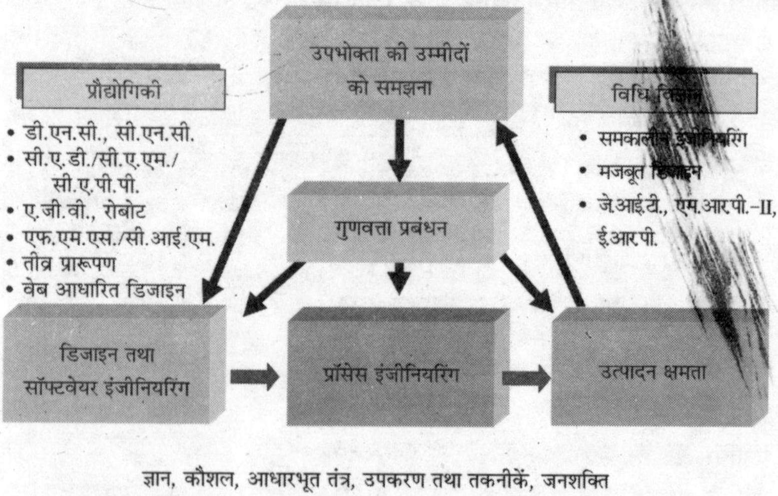

चित्र संख्या 4.10 : निर्माण में सूचना प्रौद्योगिकी का प्रयोग

रणनीतिक क्षेत्र में निर्माण

पिछले कुछ वर्षों में भारत में रणनीतिक क्षेत्र में निर्माण में काफी प्रगति हुई है। कंप्यूटरों के बढ़ते इस्तेमाल के साथ डिजाइन तथा प्रोसेस इंजीनियरिंग के क्षेत्रों में भी उल्लेखनीय प्रगति हुई है। सी.ए.डी./सी.ए.एम., एफ.एम.एस./सी.आई.एम., रेपिड प्रोटोटाइपिंग, वेब-आधारित डिजाइन तथा वर्चुअल रियलिटी जैसी नई प्रौद्योगिकियों के आविष्कार के साथ कॉन्करेंट इंजीनियरिंग जैसी नवीन प्रबंधन क्रियाविधियों ने कम लागत तथा समय में उच्च गुणवत्तावाले रक्षा उत्पादों के उत्पादन को संभव बनाया है। यह प्रक्रिया रोबोटिक्स तथा सी.एन.सी. मशीनों जैसे नए हार्डवेयर प्रणालियों के आविष्कार के साथ और तेज हुई है। समय के साथ इसरो द्वारा प्रक्षेपण यानों के अपने विकास कार्यक्रम, डी.आर.डी.ओ. द्वारा अपने मिसाइल कार्यक्रमों तथा ए.डी.ए. द्वारा अपनी एल.सी.ए. परियोजना में उल्लेखनीय

सफलता के साथ इन निर्माण प्रौद्योगिकियों का इस्तेमाल किया गया है।

सॉफ्टवेयर के क्षेत्र में उत्पाद तथा प्रोसेस डिजाइन में सी.ए.डी. (कंप्यूटर ऐडेड डिजाइन) दृष्टिकोण कंप्यूटर की असीम क्षमता का लाभ उठाता है। सी.ए.डी. में कई ऑटोमेटेड प्रौद्योगिकियाँ आती हैं, जैसे किसी उत्पाद के दृश्य गुणों की जाँच के लिए कंप्यूटर ग्राफिक्स तथा उसकी इंजीनियरिंग विशेषताओं का मूल्यांकन करने के लिए कंप्यूटर ऐडेड इंजीनियरिंग (सी.ए.ई.)। डिजाइन अब अधिक समय लेनेवाली क्रिया नहीं रह गई है। सी.ए.डी. तथा सी.ए.ई. को रेपिड प्रोटोटाइपिंग तथा वी.आर. जैसी तकनीकों तक विस्तृत किया गया है, जिससे डिजाइनरों का काम अधिक सरल हो गया है। सी.ए.डी. में मैन्युफैक्चरिंग प्रोसेस डिजाइन जिसे कंप्यूटर ऐडेड प्रोसेस प्लानिंग (सी.ए.पी.पी.) कहा जाता है, से संबंधित प्रौद्योगिकियाँ भी आती हैं। सी.ए.पी.पी. को कंप्यूटर नियंत्रित मशीनिंग उपकरणों के लिए निर्देशों के रूप में काम करनेवाले कंप्यूटर प्रोग्रामों को डिजाइन करने में प्रयुक्त किया जाता है। परिष्कृत सी.ए.डी. प्रणालियाँ ऑन-स्क्रीन जाँच करने में भी सक्षम होती हैं, जिससे प्रोटोटाइप टेस्टिंग तथा मोडिफिकेशन के आरंभिक चरणों की आवश्यकता नहीं होती। ऑटोमेटेड मैन्युफैक्चरिंग, प्लानिंग तथा कंट्रोल सिस्टम्स (एम.पी. एंड सी.एस.) कंप्यूटर आधारित सूचना प्रणालियाँ हैं, जो किसी निर्माण क्रिया की प्लानिंग, शिड्यूलिंग तथा मॉनिटरिंग में मदद करती हैं। वे लगातार कार्य अवस्था, सामग्री आगमन आदि के बारे में फैक्टरी से सूचना प्राप्त करते हैं तथा उत्पादन और बिक्री ऑर्डर जारी करते हैं।

इन सभी ऑटोमेटेड प्रौद्योगिकियों को सी.आई.एम. के अंतर्गत साथ लाया गया है। यह निर्माण प्रक्रिया का ऑटोमेटेड रूप है, जहाँ तीन बड़ी निर्माण क्रियाओं— उत्पाद तथा प्रोसेस डिजाइन, प्लानिंग तथा नियंत्रण और स्वयं निर्माण प्रक्रिया को उपर्युक्त ऑटोमेटेड प्रौद्योगिकियों द्वारा समन्वित किया जाता है। इसके अलावा मौखिक तथा लिखित संपर्क की पारंपरिक समन्वयन प्रणाली का स्थान कंप्यूटर प्रौद्योगिकी ने ले लिया है। ऐसे स्वचालित तथा समन्वित निर्माण को 'फैक्टरी ऑफ द फ्यूचर' भी कहा जाता है। तिरुचिरापल्ली में हैवी एलॉय पेनेट्रेटर प्लांट (एच.ए.पी.पी.) एक उदाहरण है, जहाँ एफ.एस.ए.पी.डी.एस. (फिन स्टेबलाइज्ड आर्मर पियर्सिंग डिसकेडिंग साबोट) के निर्माण के लिए इस संकल्पना का इस्तेमाल किया गया है। सन् 1988 में स्थापित इस फैक्टरी ने उत्पादन, निम्न अस्वीकृति दर तथा बड़ी उत्पादन मात्रा में स्थिरता, एकरूपता तथा निरंतरता को प्रेरित किया है (चित्र संख्या 4.11)। सामान्यतः जिस काम के लिए 600 कर्मचारियों की

आवश्यकता होती, उसे 80 सदस्यीय टीम के साथ तीव्र गति तथा वांछित गुणवत्ता के साथ किया जा रहा है।

निर्माण में इस्तेमाल होनेवाली हार्डवेयर प्रणालियाँ, विशेषकर कंप्यूटरों के आविष्कार के साथ, अत्यंत उन्नत हो गई हैं। पुराने समय की मशीनों को धीरे-धीरे बाहर किया जा रहा है और उनके स्थान पर उन्नत मशीनरी का प्रयोग किया जा रहा है। अब एफ.एम.एस. (फ्लेक्सिबल मैन्युफैक्चरिंग सिस्टम), मशीनिंग सेंटरों तथा ऑटोमेटिक मैटीरियल्स हैंडलिंग सिस्टम्स द्वारा मशीनी उत्पादन किया जाता है। एन.सी. (न्यूमेरिकली कंट्रोल्ड) मशीनें एक सिंगल मशीन उपकरण तथा एक कंप्यूटर से बनी होती हैं, जो मशीन पर प्रदर्शित प्रक्रियाओं के क्रम को नियंत्रित करता है। मशीनिंग सेंटर ऑटोमेशन के अधिक स्तर को प्रस्तुत करते हैं। वे न केवल मशीन का ऑटोमेटिक नियंत्रण प्रदान करते हैं, बल्कि उसमें कई उपकरण भी होते हैं जिन्हें ऑपरेशन के अनुसार परिवर्तित किया जा सकता है। इसके अलावा सामग्रियों के परिवहन, स्टोरेज तथा सुधार की कार्यक्षमता में वृद्धि करने वाली ऑटोमेटेड मैटीरियल्स हैंडलिंग (ए.एम.एच.) प्रणालियों के साथ मैटीरियल्स हैंडलिंग के क्षेत्र में भी सुधार हुआ है। इसके उदाहरण हैं, कंप्यूटराइज्ड ढुलाई तथा ऑटोमेटिक स्टोरेज एंड रिट्रीवल सिस्टम्स (ए.एस.आर.एस.), जिसमें कंप्यूटर ऑटोमेटिक लोडरों को सामग्रियाँ उठाने तथा रखने का निर्देश देते हैं।

ऑटोमेटेड गाइडेड वेइकल्स (ए.जी.वी.) प्रणालियाँ प्लांट में विभिन्न स्थानों तक चालक-विहीन यानों को निर्दिष्ट करने के लिए एंबेडेड फ्लोर वायर का

भविष्य की फैक्टरी

- सख्त सहनशक्ति (स्थिरता)
- निरंतरता और आवृत्ति
- निम्न अस्वीकृति दर

फिन स्टेबलाइज्ड आर्मर पियर्सिंग डिस्कार्डिंग सेबोट (एफ.एस.ए.पी.डी.एस.)

- विशाल उत्पादन मात्रा
- विविध रेंज
- सख्त गुणवत्ता मानदंड

चित्र संख्या 4.11 : हैवी एलॉय पेनेट्रेटर प्लांट (एच.ए.पी.पी.)

शतरंज खेलनेवाला स्कारा रोबोट

- कार्य करने का तेज, बेहतर और सस्ता तरीका
- विभिन्न प्रकार के कार्यों के लिए प्रोग्राम योग्य स्वचालन

केंद्र बिंदु ➡

- मनुष्य जैसी बुद्धिमत्ता
- अनुभव से सीखना
- स्वाभाविक आदान–प्रदान

फाइव बार डायरेक्ट ड्राइव रोबोट

रोबोट का इस्तेमाल :
भारतीय संदर्भ

- खतरनाक ऑपरेशन (रसायन, विस्फोटक, परमाणु रिएक्टर)
- औद्योगिक उत्पादकता तथा प्रतिस्पर्धात्मकता बढ़ाना
- अंतरिक्ष संबंधी निर्माण

स्वचालित अवरोध परिहार के लिए आई.आर. सेंसरों के साथ ए.जी.वी.

उभरते रोबोट इस्तेमाल
अंतरराष्ट्रीय संदर्भ

- घरेलू रोबोट
- माइक्रो मेडिकल रोबोट
- कृषि रोबोट
- युद्ध में लड़नेवाले रोबोट

चित्र संख्या 4.12 : रोबोटों के कुछ प्रयोग

इस्तेमाल करती हैं। इंफ्रा रेड (आई.आर.) संवेदकों के साथ ए.जी.वी. को ऑटोमेटिक ऑब्सटेकल एवॉयडेंस (स्वत: अवरोध बचाव) के लिए इस्तेमाल किया जा रहा है। मैटीरियल्स हैंडलिंग के अलावा कई खतरनाक, गंदे या अरुचिकर आवृतीय शारीरिक कार्यों तथा कार्यभारों के लिए श्रमिकों के स्थानापन्न के रूप में औद्योगिक रोबोटों का इस्तेमाल किया जा रहा है। रोबोट द्वारा किया गया कार्य जल्दी, बेहतर तथा सस्ता होता है (चित्र संख्या 4.12)। रोबोट एक प्रोग्रामेबल बहुक्रियात्मक मशीन होती है, जिसे एक एंड इफेक्टर के साथ लैस किया जा सकता है। एंड इफेक्टरों के उदाहरणों में चीजों को उठाने के लिए एक ग्रिपर या रेंच, वेल्डर या पेंट स्प्रेयर जैसा उपकरण हो सकता है। दृष्टि, बुद्धिमत्तापूर्ण अनुभूति तथा नजदीकी समन्वय की विशेषताओं के लिए रोबोटों में उन्नत क्षमताएँ डिजाइन की गई हैं। साथ ही, कुछ मॉडलों को त्रिआयामी प्रारूपों में गति का एक क्रम सिखाया जा सकता है। जटिल हृदय सर्जरी के लिए रोबोटों का इस्तेमाल करके रोबो–सर्जरी ने सर्जरी के क्षेत्र में एक नई क्रांति ला दी है। ऐसी कार्य–पद्धतियों में एंडोस्कोपिक कैमरों तथा 'एंडोरिस्ट्स' कहे जानेवाले रोबोटिक अंगुलियोंवाले उपकरणों का प्रयोग किया जा सकता है, जो माइक्रोस्कोपिक उपकरण होते हैं और उन्हें एक सामान्य सर्जन की सभी गतिविधियों, जैसे काटना, सीना, घूमना आदि के लिए निर्दिष्ट किया जा सकता है। यह रोगी की सुरक्षा में वृद्धि के साथ ही पारंपरिक सर्जरी से कम महँगा पाया गया है।

ऑटोमेशन के स्वतंत्र भागों को जोड़कर एक पूरी तरह ऑटोमेटेड मशीन सिस्टम एफ.एम.एस. (फ्लेक्सिबल मैन्युफैक्चरिंग सिस्टम) बनाया जा सकता है, जो ऑटोमेटेड लोडिंग तथा अनलोडिंग के साथ मशीन सेंटर, मशीन के बीच भागों के परिवहन के लिए ए.जी.वी. प्रणाली तथा अन्य ऑटोमेटेड तत्त्वों से बना होता है।

एक नेटवर्क तथा इंटीग्रेटेड डाटाबेस का इस्तेमाल करते हुए सभी सी.आई.एम. (कंप्यूटर इंटीग्रेटेड मैन्युफैक्चरिंग) प्रौद्योगिकियों को साथ लाया जाता है। उदाहरण के लिए, डाटा इंटीग्रेशन सी.ए.डी. प्रणालियों को सी.ए.एम. से जोड़ना संभव बनाता है, जबकि एन.सी. (न्यूमेरिकली कंट्रोल्ड) पार्ट्स प्रोग्राम तथा मैन्युफैक्चरिंग प्लांनिग एंड कंट्रोल्ड सिस्टम्स को ए.एम.एच. प्रणालियों से जोड़ा जा सकता है। इस प्रकार एक पूर्ण समन्वित प्रणाली में डिजाइन, परीक्षण (टेस्टिंग), रचना (फेब्रिकेशन), योजन (असेंबली), जाँच (इंस्पेक्शन) तथा मैटीरियल्स हैंडलिंग न केवल स्वचालित होते हैं बल्कि एक-दूसरे से तथा निर्माण-क्रियाओं के साथ समन्वित होते हैं।

उत्पाद मूल्य-संवर्धन

चित्र संख्या 4.13 में कुछ देशों की तुलना में भारत में किसी उत्पाद में प्रति श्रमिक मूल्य-संवर्धन के लिए संभावना दरशाई गई है। भारत को अपने निर्माण उद्योगों में मूल्य-संवर्धन तकनीकों में, अपनी दक्ष जन-शक्ति की क्षमता के अधिकतम इस्तेमाल में, कच्चा माल प्राप्त करने में तथा उपकरणों को उन्नत करने में मेहनत करने की आवश्यकता है।

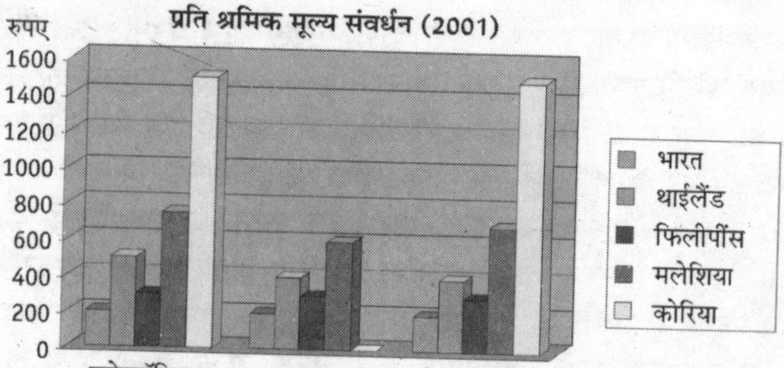

चित्र संख्या 4.13 : भारत में मूल्य-संवर्धन संभाव्यता

निर्माण क्षेत्र को भूमंडलीकरण की उभरती चुनौतियों से लड़ने में सक्षम बनाने के लिए हमें एक सुरक्षित वातावरण बनाना होगा। इसमें निम्नांकित उपाय शामिल हो सकते हैं—

- ★ पहले अध्याय में प्रौद्य
- ★ मौजूद इकाइयों के आधुनिकीकरण तथा प्रौद्योगिकी अपग्रेडेशन पर विशेष बल
- ★ छोटे तथा ग्रामीण उद्यमों को प्रोत्साहन देने तथा उनके विकास के लिए विशेष पैकेज
- ★ डिजाइन विकास के लिए भारतीय अनुसंधान तथा विकास प्रयोगशालाओं और उद्योगों का संकाय
- ★ प्रौद्योगिकी सहयोग
- ★ विपणन सहयोग
- ★ ऋण सहयोग
- ★ उद्यमता विकास
- ★ स्व-रोजगार को प्रोत्साहन
- ★ आधारभूत तंत्र
- ★ सरलीकरण

समापन टिप्पणियाँ

ग्रामीण विकास तथा रोजगार प्रावधान में विशाल संभावना के कारण हमने लघु उद्योग क्षेत्र पर विस्तार से चर्चा की। बड़े उद्योग छोटे उद्योगों के जनक हैं और वे राष्ट्रीय विकास में मदद करते हैं। एक विकसित भारत बनाने के लिए हमारे पास प्रचुर मात्रा में उपलब्ध संसाधनों तथा मानवशक्ति के अलावा हमें युवा नेतृत्व की आवश्यकता है, जो बदलाव को प्रेरित कर सके। नेता नए उत्कृष्ट संगठनों के निर्माता हैं। अच्छे नेता चुंबक की तरह हैं, जो संगठन के लिए टीम बनाने में बेहतरीन लोगों को आकर्षित करेंगे तथा विपरीत परिस्थितियों के दौरान भी प्रेरक नेतृत्व प्रदान करेंगे। और वे जोखिम से नहीं डरते। निर्माण क्षेत्र की तरह स्वास्थ्य के क्षेत्र में भी क्रांति देखी जा रही है।

□

5

स्वास्थ्य क्रांति

परिचय

इस अध्याय में भारत में स्वास्थ्य क्षेत्र को सशक्त बनाने के लिए आवश्यक विभिन्न प्रणालियों तथा वर्ष 2020 तक 'सभी के लिए स्वास्थ्य' सुनिश्चित करने के बारे में चर्चा की गई है। प्रौद्योगिकी-प्रेरित स्वास्थ्य प्रणालियों के महत्त्व तथा रक्षा प्रौद्योगिकियों से लाभ उठाने के संबंध में भी चर्चा की गई है। चूँकि भारत जैव-विविधता में समृद्ध है, पारंपरिक उपचार तथा जड़ी-बूटियों से औषधियाँ बनाने पर भी बल दिया गया है। इसके अलावा स्वास्थ्य सेवाओं में सुधार के क्षेत्र में जैव प्रौद्योगिकी की आशाजनक भूमिका के बारे में बताया गया है। पोषण, स्वास्थ्य सुविधाओं तथा हाइजीन जागरूकता बढ़ाने के उपायों पर प्रकाश डाला गया है।

★ भविष्य में स्वास्थ्य आपूर्ति संस्थानों को किस प्रकार आकार दिया जाएगा?

★ वे रुझान तथा बदलाव कौन से हैं जो आगामी वर्षों में हमें दिखाई देंगे?

★ हम प्रौद्योगिकी, प्रबंधन तथा चिकित्सा को मिलाकर एक व्यावहारिक तथा आर्थिक रूप से स्वीकार्य गठबंधन किस प्रकार बनाएँगे?

★ हमारे रास्ते में निश्चित रूप से आनेवाले अवरोध कौन से हैं और हम उन पर विजय कैसे पा सकते हैं?

★ वे अनुसंधान विषय कौन से हैं, जिन पर हमें ध्यान देना चाहिए?

'प्रौद्योगिकियों को समाज की पीड़ा कम करनी चाहिए।'

स्वास्थ्य के लिए प्रौद्योगिकी विजन 2020

भारत विविध जलवायु अवस्थाओं तथा बहुत अधिक जनसंख्यावाला एक विशाल देश है। अपर्याप्त स्वास्थ्य सुविधाओं, जागरूकता के अभाव तथा कुपोषण के कारण बहुत सी बीमारियाँ पैदा होती हैं।

जनसंख्या तथा स्वास्थ्य

पिछले चार दशकों में देश में विभिन्न स्तरों पर किए गए उल्लेखनीय विकास प्रयासों के परिणामस्वरूप कई राज्यों में एक अत्यंत सुस्पष्ट जनसांख्यिकी संक्रांति देखने को मिली है। कुछ राज्यों में वर्तमान एकअंकीय मृत्यु दर कई यूरोपीय देशों के बराबर है और प्रतिवर्ष 8 व्यक्ति प्रति 1000 व्यक्तियों पर स्थिर हो रही है।

भारत और अमेरिका में तुलना

जनसंख्या विवरण	भारत	अमेरिका
जन्म दर	25–30	14.7
मृत्यु दर	8	4.7
जनसंख्या वृद्धि दर	17	10

(इकाई : संख्याएँ प्रति हजार प्रति वर्ष)

चित्र संख्या 5.1 : जनसंख्या वृद्धि दर

वर्तमान जन्म–दर 25–30 प्रति हजार प्रतिवर्ष है और बिहार, उत्तर प्रदेश तथा मध्य प्रदेश में यह शेष भारत से अधिक है, जिससे प्रतिवर्ष 17 व्यक्ति प्रति हजार की दर से राष्ट्रीय जनसंख्या वृद्धि हो रही है। यह देखा गया है कि उच्च स्त्री शिक्षा वाले राज्यों में जन्म–दर नियंत्रित है। इसलिए महिलाओं की शिक्षा पर जोर दिया जाना चाहिए।

स्वास्थ्य विजन 2020

स्वास्थ्य के लिए प्रौद्योगिकी विजन 2020 देश के विभिन्न भागों से चुने गए स्वास्थ्य सेवा विशेषज्ञों के एक पैनल द्वारा तैयार किया गया था। इस टीम ने हमारे संपूर्ण समाज के लिए उचित मूल्यवाली, सुलभ तथा अच्छी स्वास्थ्य सेवाओं के

लक्ष्य के साथ वर्तमान स्वास्थ्य सेवा-प्रणाली की केंद्रीय क्षमताओं, उभरती समस्याओं तथा स्वास्थ्य सेवाओं में सुधार के तरीकों का अध्ययन किया।

इस टीम ने अगले दशक तक तीन बड़ी बीमारियों—तपेदिक, एच.आई.वी./एड्स तथा जल से उत्पन्न बीमारियों के उन्मूलन के उपायों पर विचार किया है। कई अन्य बीमारियाँ भी हैं जिन पर ध्यान दिए जाने की आवश्यकता है; जैसे—कार्डियोवेस्कुलर रोग, न्यूरो-साइकिएट्रिक विकार, गुरदे की बीमारियाँ तथा उच्च रक्तचाप, गैस्ट्रो-इंटेस्टाइनल विकार, नेत्र विकार, आनुवंशिक रोग तथा दुर्घटनाएँ व सदमा। यह भी महसूस किया गया है कि दंत स्वास्थ्य को भी स्वास्थ्य विजन में शामिल किया जाना चाहिए।

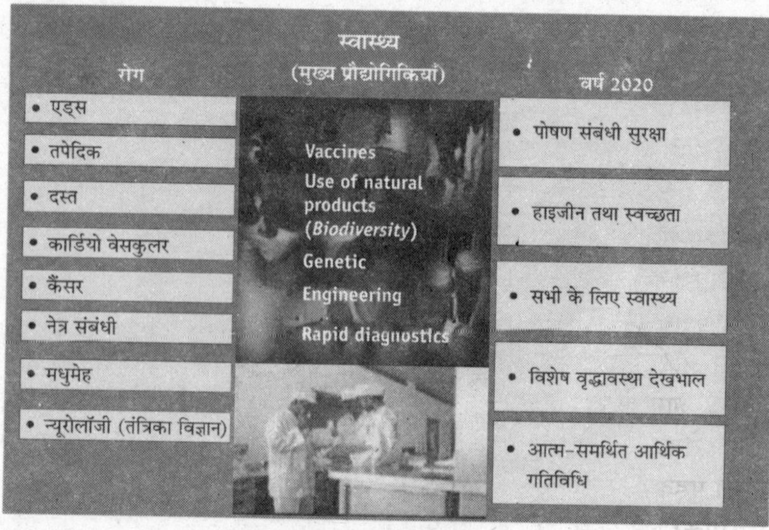

चित्र संख्या 5.2 : स्वास्थ्य सेवाएँ

हमें ऐसी समस्याओं से निपटने के क्रम में देश में स्वास्थ्य सेवा-प्रणाली में सुधार के लिए प्रौद्योगिकी का लाभ उठाना चाहिए। ऐसे प्रयासों से एक लागत-सक्षम चिकित्सा प्रौद्योगिकी और सभी के लिए उपलब्ध व सुलभ उपकरण बनाने में मदद मिलेगी। चित्र संख्या 5.2 सभी को स्वास्थ्य उपलब्ध कराने के लिए आवश्यक केंद्रीय प्रौद्योगिकियों को दरशाता है।

हमारे देश में स्वास्थ्य सेवा आपूर्ति की प्लानिंग के प्रति एक समन्वित दृष्टिकोण रखने की अत्यंत आवश्यकता है। पारंपरिक मेडिकल शिक्षा तथा शोध कार्यक्रमों के अलावा, क्लीनिकल प्रौद्योगिकियों में पोलीक्लीनिक स्तर के कार्यक्रमों

पर अवश्य जोर दिया जाना चाहिए। महँगे नैदानिक (डायग्नोस्टिक) तथा उपचारात्मक उपकरणों को लागत-सक्षम (कॉस्ट-इफेक्टिव) बनाने के लिए उनका स्वदेशीकरण तथा स्वदेशी कौशल और अतिरिक्त पुरजों का इस्तेमाल करते हुए चिकित्सीय उपकरणों की एक राष्ट्रीय अनुरक्षण (मेंटेनेंस) प्रणाली की स्थापना भी उतनी ही महत्त्वपूर्ण है।

एलोपैथिक मार्ग के अलावा वैज्ञानिक तरीके से हर्बल औषधियाँ विकसित करके तथा क्लीनिकल डाटाबेस द्वारा उनकी सक्षमता को विधि मान्य बनाकर दवाओं की कीमत को कम करने की आवश्यकता है। प्रौद्योगिकी को स्वास्थ्य सेवाओं के साथ समन्वित प्रयास करने से भारत के हर कोने में इच्छित परिणाम प्राप्त किए जा सकते हैं।

स्वदेशी मेडिकल प्रौद्योगिकी, उपकरणों तथा प्रणालियों की आवश्यकता

न केवल गरीबी रेखा के नीचे स्थित 26 प्रतिशत भारतीय जनसंख्या के लिए, बल्कि मध्यम आय समूह के लिए भी चिकित्सा सुविधाएँ खरीदना कठिन है। भारतीय स्वास्थ्य आपूर्ति प्रणाली की एक बड़ी समस्या नैदानिक तथा रोगोपचारक उपकरणों तथा मशीनों के आयात पर लगभग पूर्ण निर्भरता है। हर वर्ष 5,000 करोड़ रुपए से अधिक धन मेडिकल उपकरणों तथा मशीनों के आयात पर व्यय होता है। हालाँकि आम आदमी शायद ही कोई आयातित वस्तु खरीदता है, लेकिन उसे स्वास्थ्य सेवाओं के लिए आयातित उपकरणों को खरीदना या उनका आंशिक मूल्य चुकाना पड़ता है। **यह स्पष्ट रूप से इस तथ्य पर बल देता है कि हमें उपलब्ध प्रौद्योगिकी पर आधारित या अपने देश में प्रौद्योगिकी विकसित करके कम लागत पर स्वदेशी चिकित्सीय उपकरण, उपभोग्य वस्तुएँ तथा मशीनें उत्पादित करने में सक्षम एक आधारभूत तंत्र का निर्माण करने की आवश्यकता है।**

स्वदेशी स्वास्थ्य सेवाओं के लिए प्रौद्योगिकी स्पिन-ऑफ

सोसाइटी फॉर बायोमेडिकल टेक्नोलॉजी (एस.बी.एम.टी.) की स्थापना स्वास्थ्य सेवाओं को आम आदमी की पहुँच तक लाने के उद्देश्य से प्रौद्योगिकी स्पिन-ऑफ तथा अनुसंधान का लाभ उठाने के लिए की गई थी। रक्षा प्रौद्योगिकियों के कुछ स्पिन-ऑफ (उप-उत्पाद) हैं, एफ.आर.ओ., कार्डिएक स्टेंट 'अनामिका' एसफेरिक लेंस 'दृष्टि' टाइफायड टेस्ट किट, साइटोस्कैन, डेंटल इंप्लांट, हिप

प्लांट, 'संजीवनी' आदि (चित्र संख्या 5.3)।

पोलियो प्रभावित बच्चों के लिए चलने में मदद करनेवाले उपकरण फ्लोर रिएक्शन ऑर्थोसिस (एफ.आर.ओ.) को विभिन्न स्टैंडर्ड आकारों में एक मॉड्यूलर रूप में विकसित किया गया था। उत्कृष्ट सम्मिश्र सामग्रियों तथा प्रक्रियाओं के इस्तेमाल ने एफ.आर.ओ. को टिकाऊ, मजबूत, हलका (300 ग्राम) और कम महँगा (300 रुपए) बनाया, जबकि पारंपरिक कैलिपर का वजन 3,000 ग्राम तथा कीमत 1,000 रुपए है। फिलहाल एफ.आर.ओ. का उत्पादन सामाजिक न्याय तथा अधिकारिता मंत्रालय द्वारा स्टैंडर्ड आकारों में किया जा रहा है और पोलियो प्रभावित बहुत से बच्चे इसका इस्तेमाल कर रहे हैं।

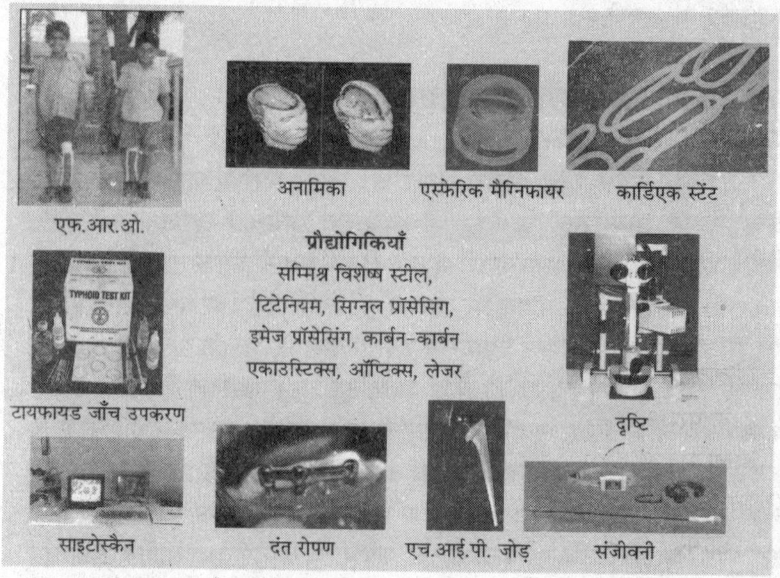

चित्र संख्या 5.3 : रक्षा प्रौद्योगिकियों के इस्तेमाल से बने उपकरण

कोरोनरी आर्टरी स्टेंट अब तक ऊँची कीमत पर आयातित किए जाते थे। रक्षा परियोजनाओं में इस्तेमाल होनेवाली सामग्रियों से बने स्वदेशी स्टेंटों ने लागत को कम करने में मदद की। क्लीनिकल परीक्षणों के बाद इस प्रौद्योगिकी को सामूहिक उत्पादन के लिए एक निजी उद्यमी को हस्तांतरित कर दिया गया तथा आयातित स्टेंट की एक-तिहाई कीमत पर इसका उत्पादन किया जा रहा है।

'अनामिका' इमेज प्रॉसेसिंग प्रौद्योगिकी का एक स्पिन-ऑफ है। यह 2डी

एम.आर.आई./सी.टी. स्केन तसवीरों को 3डी रूप में परिवर्तित करने के लिए इस्तेमाल किया जानेवाला मेडिकल विजुअलाइजेशन सॉफ्टवेयर है, जिससे चिकित्सकों द्वारा अपने कंप्यूटरों पर सर्जरी को अनुकृत करना संभव होता है। यह सॉफ्टवेयर वास्तविक सर्जरी से पहले ट्यूमर को अच्छी तरह परखने में मदद करता है, जिससे सर्जरी के दौरान मौत की संभावना कम हो जाती है।

एसफेरिक मैग्निफायर दृष्टि-दोष के पीड़ित लोगों में दृष्टि के सुधार में उपयोगी है। दृष्टि-1064 के नाम से जाना जानेवाला ऑपथेलमिक लेजर फोटो डिसरप्टर 'दृष्टि' कैप्सूलोटॉमी तथा आइरिडोटॉमी के लिए इस्तेमाल किया जाता है। इसे आयातित उपकरण की एक-तिहाई लागत पर विकसित किया गया।

टायफाइड टेस्ट किट को किसी भी स्थान पर टायफाइड संक्रमण की जाँच के लिए इस्तेमाल किया जाता है। साइटोस्कैन (कैंसर के आरंभिक निदान के लिए), कार्डिएक पेसमेकर, टिटेनियम डेंटल इंप्लांट तथा हिप ज्वॉइंट रक्षा प्रौद्योगिकी के ही उप-उत्पाद हैं।

'संजीवनी' भूकंप, भूस्खलन जैसी प्राकृतिक आपदाओं में जीवन-रक्षक है। इसे गुजरात में हुए भूकंप के दौरान मलबों में दबे लोगों के जीवन को बचाने में इस्तेमाल किया गया था।

ग्रामीण भारत के लिए प्रौद्योगिकी-प्रेरित समन्वित स्वास्थ्य सेवा

एक परमाणु भौतिक-विज्ञानी प्रो. एम.आर. राजू ने अमेरिका के लॉस अल्मोस प्रयोगशाला से रेडिएशन ऑन्कोलॉजी में विशेषज्ञता प्राप्त की। अमेरिका में पैंतीस वर्ष रहने के बाद वह आंध्र प्रदेश के पश्चिमी गोदावरी जिले में स्थित अपने पैतृक गाँव पेड्डामिरम लौटे। गाँवों को आत्मनिर्भर बनाने के सामाजिक मिशन के उद्देश्य से उन्होंने अपने गाँव के पाँच किलोमीटर के अंदर रहनेवाले सभी लोगों का एक कंप्यूटराइज्ड डाटा बैंक बनाया। मुख्य रूप से स्वास्थ्य पैरामीटरों पर आधारित यह आधार सामग्री अन्य सामाजिक, आर्थिक तथा प्रशासनिक विवरण भी उपलब्ध कराती है, जो स्वास्थ्य सेवा की आपूर्ति के लिए अनिवार्य हैं। डाटा बैंक बनाने के अलावा प्रो. राजू जरूरतमंद ग्रामीणों को समन्वित स्वास्थ्य सेवाएँ उपलब्ध करा रहे हैं।

हमें लगता है कि ग्रामीण क्षेत्र में प्रो. राजू के प्रयोग के परिणामों को विस्तृत करना चाहिए। विभिन्न संगठनों को इस मिशन में सक्रिय सहयोगी बनना चाहिए।

जीव-विज्ञान प्रयोगशालाओं का बड़ा कार्य किसी भी पर्यावरणीय अवस्था में, चाहे वह ऊँचाई, रेगिस्तान, अंतर्जल या ऐरोस्पेस वातावरण हो, में इच्छित स्वास्थ्य, जूझने की क्षमता तथा ऑपरेशनल सक्षमता सुनिश्चित और विकसित करना है। भारतीय स्वास्थ्य सेवा प्रणाली के विभिन्न पहलुओं—निदान, आरोग्यकर विधि, ड्रगथैरेपी, बचाव औषधि, जन-स्वास्थ्य आपूर्ति, स्वदेशी दवा तथा क्लीनिकल शोध—को सूचना प्रौद्योगिकी के द्वारा समन्वित करने का सही समय आ गया है।

कुछ भारतीय अस्पतालों में हाल में एक समन्वित मेडिकल इन्फॉरमेटिक्स सिस्टम विकसित तथा स्थापित किया गया है। मेडिकल इमेजों के डिजिटाइजेशन तथा मेडिकल विशेषज्ञों द्वारा निदान के लिए वर्तमान संचार आधार-तंत्र के द्वारा उनका संचरण करने पर कार्य आरंभ हो चुका है। राष्ट्रीय स्तर पर अपनी मेडिकल प्रौद्योगिकी विकसित करके इन प्रयोगों को अधिक उन्नत रूप देना हमारी जनता के उपचार के लिए एक मजबूत आधार प्रदान करेगा।

ग्रामीण क्षेत्रों में चल (मोबाइल) क्लीनिक

उत्तरांचल सरकार तथा बिड़ला इंस्टीट्यूट ऑफ साइंटिफिक रिसर्च के साथ मिलकर टी.आई.एफ.ए.सी. ने अल्मोड़ा में एक सचल क्लीनिक स्थापित किया है, ताकि पहाड़ी क्षेत्रों के सुदूर कोनों में रहनेवाले लोगों को चिकित्सा सुविधा उपलब्ध कराई जा सके। इस गतिशील क्लीनिक में आधुनिक चिकित्सा सुविधाएँ, जैसे—एक्स-रे, ई.सी.जी., अल्ट्रासाउंड, रक्त की जाँच तथा अन्य नैदानिक उपकरण तथा चिकित्सकों, रेडियोलॉजिस्टों तथा चिकित्सक सहायकों की एक टीम होती है। साथ ही, इस सचल वैन में ग्रामीण लोगों को शिक्षित करने के लिए दृश्य-श्रव्य स्वास्थ्य सुविधाएँ भी होती हैं। ऐसे मोबाइल क्लीनिकों को सेटेलाइट टर्मिनलों के द्वारा इलेक्ट्रॉनिक कनेक्टिविटी उपलब्ध कराते हुए शहरी अस्पतालों से जोड़ना चाहिए। यह ग्रामीण जनसंख्या के लिए एक वरदान होगा, जो सुदूर क्षेत्रों में रहते हैं तथा मूलभूत चिकित्सा सुविधाओं का खर्च भी नहीं उठा सकते।

औषधीय (फार्मास्युटिकल) रुझान

भारतीय फार्मा क्षेत्र ने आयातित औषधियों से सूत्रों के निर्माण तथा पुनःपैकिंग से अपना कार्य आरंभ किया; परंतु अब देश के भीतर 400 से अधिक औषधियों के उत्पादन की क्षमता के साथ वह एक विदेशी मुद्रा अर्जक बन गया है। मात्र संसाधक उद्योग से वह उन्नत निर्माण प्रौद्योगिकियों, आधुनिक उपकरणों, कड़े गुणवत्ता

नियंत्रण तथा उचित कीमतवाले उत्पादों के साथ एक प्रगतिशील क्षेत्र में परिणत हो गया है। फार्मा उद्योग के लिए दवाओं के उत्पादन में भारत को अगले दो दशकों में नंबर वन बनाने का स्वप्न साकार करने का समय आ गया है। फिलहाल वह मात्रा के संदर्भ में चौथे तथा महत्त्व के संदर्भ में तेरहवें स्थान पर है।

प्रौद्योगिकी तथा पारंपरिक जड़ी-बूटियाँ

पूरे विश्व में कई शताब्दियों तक विभिन्न वर्गों के लोगों द्वारा पारंपरिक औषधियों का प्रयोग किया जाता रहा है। पारंपरिक उपचार प्रणालियों, जैसे आयुर्वेद, सिद्ध आदि ने बचाव तथा उपचारात्मक चिकित्सा-विधियों का समर्थन और प्रयोग किया है। बचावकारी या रोगोपचारक प्रवृत्ति के लिए शरीर, मस्तिष्क, खाद्य पदार्थ तथा पर्यावरण को समग्र रूप से देखा गया। पारंपरिक औषधि-विज्ञान आधुनिक एलोपैथी से भिन्न है। लेकिन यदि हम दोनों विज्ञानों में पारस्परिक व्यवहार स्थापित कर सकें तो इसका सभी समाजों पर प्रभाव पड़ेगा।

नई प्रौद्योगिकियाँ, जैसे ह्यूमन जीनोम सीक्वेंसिंग, प्रोटेमिक्स, केमोजीनोमिक्स, अल्ट्रा-हाई थ्रूपुट स्क्रीनिंग दवा की खोज में क्रांति ला रहे हैं। औषधीय पौधे भी

एलोय वेरा (घृतकुमारी) पालादंश, जलन, जख्म

राउवोल्फिया सेर्पेंतिना (सर्पगंधा) शमनकारी तथा रक्तचाप-शामक प्रभाव

सेंतेल्ला आसिआतिका (मंडूकपर्णी) दर्द से राहत, मिर्गी, उन्माद से राहत

बाकोपा मोन्निएरी (ब्राह्मी) शांतिदायक प्रभाव

ताक्सुस बाक्काता (हिमालयी यू वृक्ष) कैंसररोधी

आर्तेमीसिआ आन्नुआ एंटी-ड्रग रेजिस्टेंट मलेरिया

कतारान्तुस रोसेउम (एक फूलदार पौधा) ल्यूकेमिया का उपचार

चित्र संख्या 5.4 : महत्त्वपूर्ण औषधीय पौधे

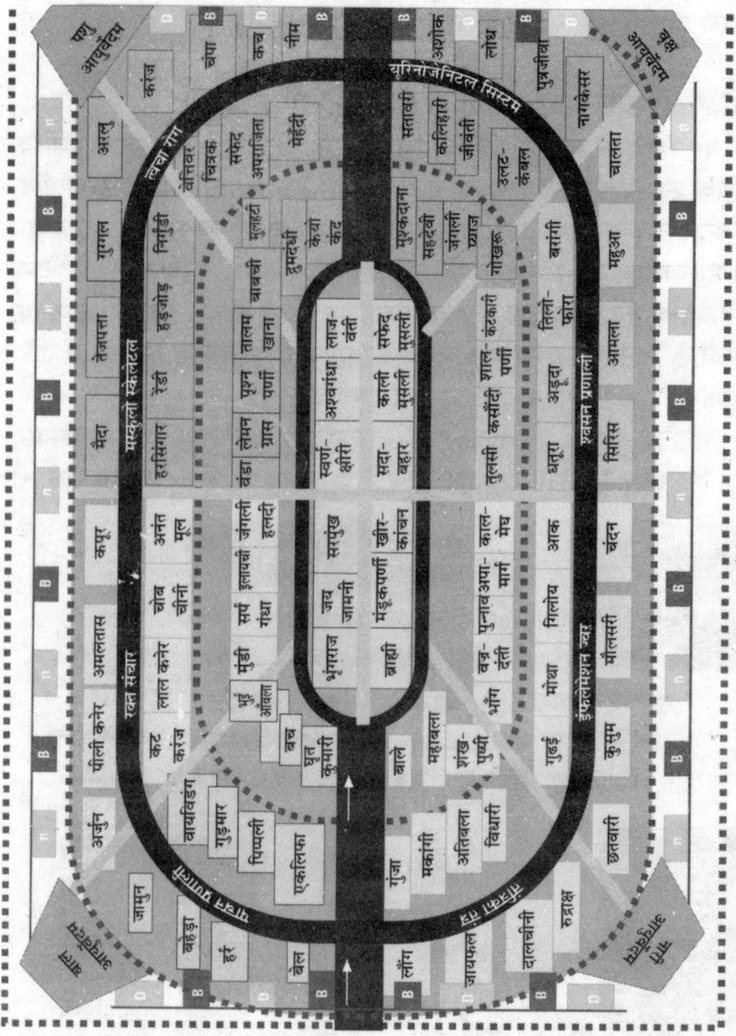

चित्र संख्या 5.5 : एक पारंपरिक हर्बल बगीचे की रूपरेखा

दवाओं के विकास के लिए काफी अवसर उपलब्ध कराते हैं। कैबिनेट की वैज्ञानिक सलाहकार समिति द्वारा शॉर्ट-लिस्ट किए गए सात औषधीय पौधों को चित्र संख्या 5.4 में दिखाया गया है। दवाओं में उनके प्रयोग तथा आर्थिक महत्त्व के अर्थों में ये औषधीय पौधे अत्यंत महत्त्वपूर्ण हैं। ऐसे औषधीय पौधों को हर्बल बगीचों में व्यवस्थित रूप से उगाया जा सकता है। एक पारंपरिक हर्बल बगीचे की प्रजाति आधारित रूपरेखा चित्र संख्या 5.5 में दी गई है। किसी औषधीय पौधे को एक औषधीय उत्पाद के रूप में प्रयुक्त करने से पहले उसकी विशिष्ट जैव क्रिया (बायोएक्टिविटी) को प्रमाणित करने के लिए जैव प्रौद्योगिकी के आधुनिक उपकरणों का प्रयोग किया जा सकता है (चित्र संख्या 5.6)। अन्ना विश्वविद्यालय में सेंटर फॉर बायोटेक्नोलॉजी विशिष्ट जैव क्रिया के लिए पारंपरिक औषधीय पौधों का एक डाटा बैंक तैयार करने का विचार किया है। सौ औषधीय पौधों की जाँच की गई है और नई दवाओं के विकास के लिए पहल कर दी गई है।

पारंपरिक चिकित्सकों को अपने उत्पादों को विधिमान्य बनाने के लिए आधुनिक तरीकों का प्रयोग करने के बारे में सोचना चाहिए, जो पारंपरिक चिकित्सकों के बारे में नकारात्मक विचार रखनेवाले लोगों के समूहों तक पहुँच बनाने में लाभदायक सिद्ध होगा। साथ ही, जैविक क्रिया का यह वैधीकरण एक विस्तृत जन-समूह तक उनके उत्पादों को पहुँचाने में अत्यंत लाभदायक होगा।

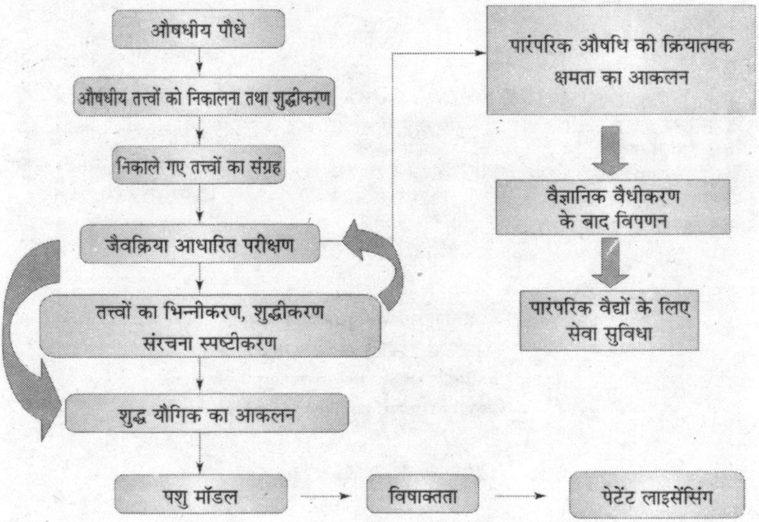

चित्र संख्या 5.6 : जैव क्रिया पर आधारित जाँच

इसके अतिरिक्त पारंपरिक चिकित्सकों द्वारा अपने उत्पाद के संरूपण (फॉर्मूलेशन) से पहले ही अपने विरचन (प्रिपेरेशन) की गुणवत्ता को नियंत्रित करने के लिए ऐसे उपकरणों का लाभ उठाया जा सकता है। यह ज्ञात तथ्य है कि औषधीय पौधों में मौसम, मिट्टी आदि के अनुसार जैव क्रिया में भिन्नता होती है, इसलिए जैसे ही उत्पाद तैयार किए जाते हैं, उनकी गुणवत्ता जाँच अनिवार्य है।

इस प्रकार, जैव प्रौद्योगिकी में इन जैव क्रिया पर आधारित जाँचों की उपलब्धता पारंपरिक चिकित्सकों के लिए अत्यंत बहुमूल्य हो सकती है।

जड़ी-बूटियों के क्षेत्र में चुनौतियाँ

हमारा दृष्टिकोण सामान्य कोशिकीय क्रियाओं में एक महत्त्वपूर्ण भूमिका अदा करनेवाले अणुओं पर आधारित ज्ञान का लाभ उठाने का होना चाहिए। इनमें से कई अणुओं जैसे सिग्नल स्विच, कोशिका सतहों पर ट्रांसपोर्टर, एड्हेसिव (चिपचिपा) अणु तथा अन्य क्रियात्मक सामान्य अणुओं, विशिष्ट एंजाइमों आदि का आणविक तथा कोशिका जैवीय तकनीकों (मॉलीक्यूलर एंड सेल बायोलॉजिकल टेकनीक्स) द्वारा अध्ययन किया गया है। इन्हें लक्ष्यों तथा जैव क्रिया के लिए

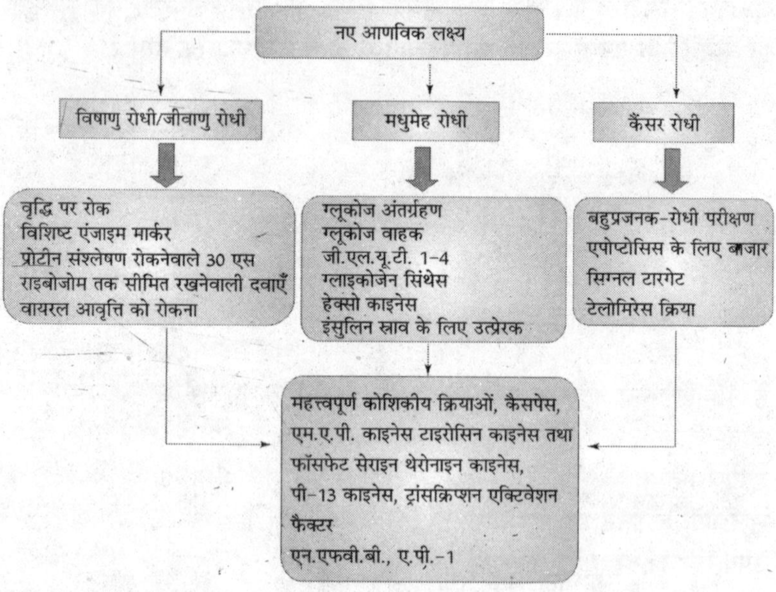

चित्र संख्या 5.7 : नए आणविक लक्ष्य

परीक्षण उपकरणों के रूप में भी इस्तेमाल किया जा सकता है (चित्र संख्या 5.7)। परीक्षण प्रारूप के रूप में क्रियात्मक जैव परीक्षणों को इस्तेमाल करने की यह प्रवृत्ति विशिष्ट जैवीय क्रिया का पता लगाने का बेहतरीन तरीका हो सकता है। आगे यह सक्रिय अणुओं के तीव्र पृथक्करण में मदद कर सकता है, जो संरचनात्मक स्पष्टीकरण को प्रेरित करेगा। इस प्रवृत्ति को सफल बनाने के लिए कोशिका जीव-विज्ञान, परीक्षणों तथा संरचनात्मक रसायन-विज्ञान के बीच पारस्परिक व्यवहार की आवश्यकता होगी।

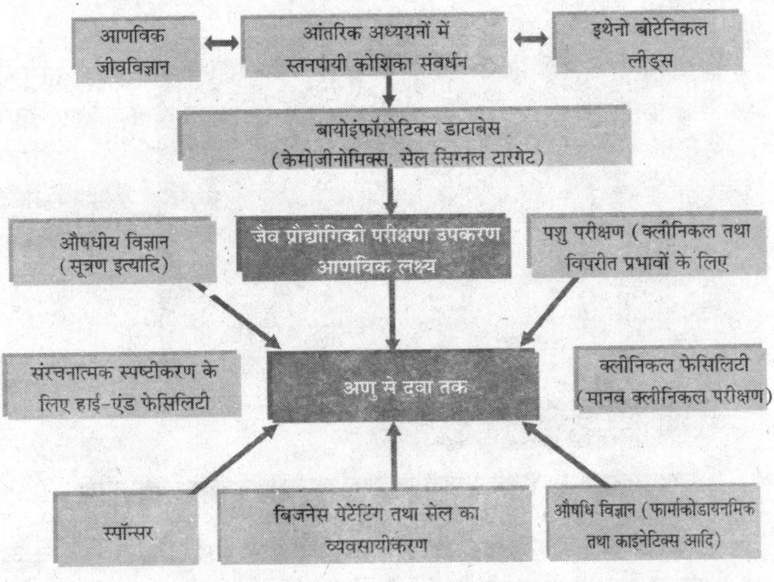

चित्र संख्या 5.8 : अणु से औषधि

एक अणु को दवा में बदलने के तरीके को चित्र संख्या 5.8 में दरशाया गया है। मैमेलियन सेल कल्चर (स्तनपायी कोशिका संवर्धन), आणविक तथा कोशिकीय जीव-विज्ञान तथा वानस्पतिक लाभों के अध्ययन के द्वारा बायो-इन्फॉरमेटिक्स पर डाटाबेस तैयार किया गया है। स्वास्थ्य सेवा से संबंधित किसी विशिष्ट समस्या को सुलझाने के लिए इस डाटाबेस से सूचना ली जाती है। जैव प्रौद्योगिकीय जाँच उपकरण का इस्तेमाल करते हुए इस समस्या की विस्तृत जाँच की जाती है और उसे आणविक स्तर पर स्थिर कर दिया जाता है। समस्या की पहचान तथा निर्धारण के बाद उसे सुलझाने के लिए एक उपयुक्त दवा तैयार की जाती है। फिर आणविक

स्तर पर दवा को तैयार करने के लिए अनुसंधान तथा विकास किया जाता है। इसमें औषधि-विज्ञानों में विशेषज्ञता, औषधि-विज्ञान विशिष्टीकरण सुविधा, परीक्षण सुविधा, क्लीनिकल सुविधा तथा विकास कार्य में आर्थिक मदद के लिए प्रायोजकों की आवश्यकता होती है।

इस दृष्टिकोण को अपनाते हुए अन्ना विश्वविद्यालय ने तीन नए कैंसर-प्रतिरोधी अणुओं तथा दो मधुमेह-प्रतिरोधी अणुओं की पहचान की है, जिनका विभिन्न स्तरों पर विश्लेषण किया जा रहा है और इससे महत्त्वपूर्ण दवाएँ बनाने में मदद मिल सकती है।

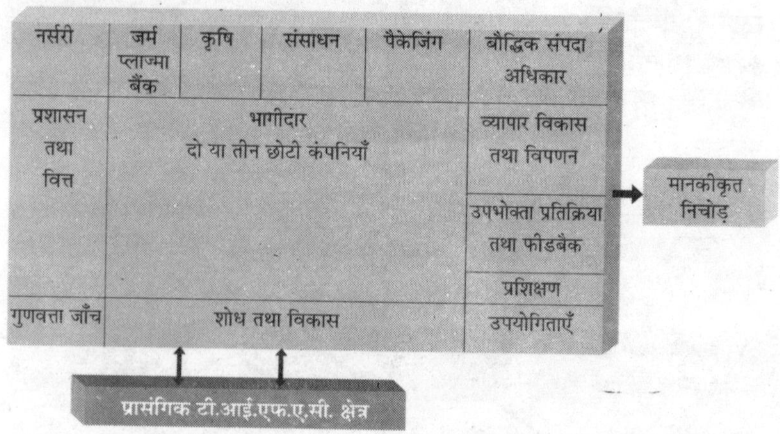

चित्र संख्या 5.9 : हर्बल उत्पादों के लिए इनक्यूबेशन सेंटर : एक नमूना

प्राकृतिक संसाधनों तथा ज्ञान को अर्थ-प्राप्ति के लिए उपयोग में लाने के एक उदाहरण के रूप में हर्बल उत्पादों के लिए इनक्यूबेशन सेंटर (आई.सी.) का एक नमूना विकसित किया गया है (चित्र संख्या 5.9)। यह एस.ए.सी.सी. (साइंटिफिक एडवाइजरी कमेटी टू द कैबिनेट) यानी मंत्रिमंडल की वैज्ञानिक सलाहकार समिति के सुझावों पर अनुवर्ती काररवाई के परिणाम के रूप में विकसित हुआ। इनक्यूबेशन सेंटर भारतीय हर्बल उद्योगों को विश्व बाजार में अपना स्थान बनाने के प्रयासों में मदद करेंगे। इन इनक्यूबेशन सेंटरों को भारतीय हर्बल उद्योगों को व्यावसायिक संसाधन उपलब्ध कराने तथा प्रौद्योगिकी सहयोग के क्षेत्र में प्रोफेशनल सेवाएँ उपलब्ध कराने के लक्ष्य से बनाया गया है। इस प्रकार इन सेंटरों के उत्पाद अर्ध-पूर्ण प्रकृति के होंगे और प्रौद्योगिकी संबंधी उत्पादों, जैसे ऊतक संवर्धित पौधों, कृषि तकनीक तथा प्रोटोकॉल, निकाले गए पदार्थों के मानकीकरण

आदि के रूप में अधिक होंगे। इसलिए इनक्यूबेशन सेंटरों का उद्देश्य है औद्योगिक भागीदारी के माध्यम से हर्बल क्षेत्र में मूल्य-संवर्धन की तकनीकों को कृषकों तक पहुँचाना।

याद रखने योग्य एक अनुभव : हर्बल औषधि

यहाँ पर हम एक घटना का उल्लेख करना चाहेंगे कि किस प्रकार समर्पित स्वास्थ्य सेवा तथा देशी हर्बल प्रणाली ने पूरी तरह से हिमदाह (फ्रॉस्टबाइट) का उपचार करने में मदद की। हिमाचल प्रदेश की ऊपरी पहाड़ियों में स्नो एंड एवलेंच स्टडी इस्टेब्लिशमेंट (एस.ए.एस.ई.) नामक डी.आर.डी.ओ. की एक प्रयोगशाला है। इस प्रतिष्ठान की 15,000 तथा 19,000 फीट की ऊँचाइयों पर आउट स्टेशन वेधशालाएँ (ऑब्जर्वेटरी) हैं। हाल में वैज्ञानिकों का एक समूह एक स्थान से दूसरे स्थान की ओर जा रहा था, जब वे एक बर्फीले तूफान में घिर गए। हालाँकि अधिकांश वैज्ञानिकों को कोई क्षति नहीं हुई, लेकिन उनमें से एक वैज्ञानिक बर्फ में फँस गया। जब दो दिनों बाद उसे निकाला गया तो उसे पैरों तथा बाँहों में गंभीर ग्रेड 4 हिमदाह हो गया था।

स्थानीय अस्पताल के चिकित्सकों ने प्रभावित भागों को काटने की सलाह दी। इसके बाद दिल्ली स्थित डी.आर.डी.ओ. प्रयोगशाला, डिफेंस इंस्टीट्यूट ऑफ फिजियोलॉजी एंड एलाइड साइंसेज (डी.आई.पी.ए.एस.) को एलोपैथी उपचार के साथ एक भारतीय हर्बल उत्पाद एलो वीरा के इस्तेमाल के द्वारा चिकित्सा उपलब्ध कराने की जिम्मेदारी सौंपी गई। डी.आई.पी.ए.एस. ने इसे एक चुनौती के रूप में लिया और रोगी का उपचार आरंभ किया। इस प्रयास का नतीजा सकारात्मक निकला और इसके परिणामस्वरूप बिना कोई अंग काटे पैंतालीस दिनों के उपचार के अंदर ही रोगी पूर्ण स्वस्थ हो गया। भारतीय हर्बल प्रणाली पर किया गया भरोसा कायम रहा!

यह अनुभव विभिन्न बीमारियों से लड़ने में भारतीय हर्बल प्रणाली की असीम क्षमता तथा रोगी-चिकित्सक संबंध को भी उजागर करता है। हम कहना चाहेंगे कि चिकित्सक तथा मेडिकल विशेषज्ञ रोगियों को समन्वित मनुष्य या मानसिक-शारीरिक सत्ता के रूप में देखते हैं और जिनके लिए उपचार को बहुपक्षीय होना चाहिए। रोगी की अवस्था के अनुसार, कुछ रोगों को केवल भारतीय प्रणाली द्वारा ही ठीक किया जा सकता है, जबकि अन्य में भारतीय तथा एलोपैथी प्रणालियों के मिश्रण की आवश्यकता हो सकती है।

जैव प्रौद्योगिकी

जैव प्रौद्योगिकी ने विशेषकर डी.एन.ए. तकनीकों, कोशिका तथा ऊतक संवर्धन, इम्युनोलॉजी, एंजाइमोलॉजी, बायोप्रोसेस इंजीनियरिंग तथा वेक्सीनोलॉजी के क्षेत्रों में काफी प्रगति की है। डी.एन.ए. की खोज तथा वयस्क स्तनपायियों के क्लोनिंग में उसके इस्तेमाल ने एक नया क्षेत्र खोल दिया है। नए जैव प्रौद्योगिकीय उपकरणों की उपलब्धता तथा बेहतर प्रकृतियोंवाले रोगाणुओं (माइक्रोब), पौधों और जानवरों के उत्पादन ने बेहतरीन उत्पादों तथा प्रक्रियाओं के लिए अवसर खोल दिए हैं। इस क्षेत्र की उल्लेखनीय उपलब्धियों में इम्युनो डायग्नोस्टिक्स शामिल हैं, जो विभिन्न प्रकार के संचारी तथा असंचारी रोगों की आरंभिक पहचान के लिए नैदानिक उपकरणों का विकास है।

★ फसल जैव प्रौद्योगिकी (क्रॉप बायोटेक्नोलॉजी)—कृषि उत्पादकता को बढ़ाने के उद्देश्य से जीन अलगाव, ट्रांसफॉरमेशन आदि के लिए जेनेटिक इंजीनियरिंग।

★ पशु जैव प्रौद्योगिकी (एनिमल बायोटेक्नोलॉजी)—अनुसंधान के प्रमुख क्षेत्र हैं भ्रूण अंतरण प्रौद्योगिकी (एंब्रयो ट्रांसफर टेक्नोलॉजी), स्वास्थ्य देख-रेख तथा निदान, पोषण, जेनेटिक रिसोर्स कंजर्वेशन, चर्म जैव प्रौद्योगिकी तथा जैव उत्पादों का विकास।

मजबूतियाँ	अवसर
बौद्धिक संसाधन	ज्ञान नेटवर्क
जैव विविधता	बौद्धिक संपदा तथा व्यवसाय
सूचना प्रौद्योगिकी क्षमता	बायोइंफॉरमेटिक्स
वित्तपोषक	डी.बी.टी./डी.एस.टी./टी.डी.बी.
नीति	राज्य सरकार की ओर से पहल

चित्र संख्या 5.10 : भारत में जैव प्रौद्योगिकी

★ जलकृषि—चारा विकास, ट्रांसजेनिक मछली का उत्पादन, जैव-सक्रिय यौगिकों को निकालना, भ्रूणों का क्रायो संरक्षण तथा रोग नैदानिकों का विकास।

★ जैव उर्वरक—पौधों के कीटों, बीमारियों तथा खर-पतवार का जैविक नियंत्रण।

★ औद्योगिक जैव प्रौद्योगिकी (इंडस्ट्रियल बायोटेक्नोलॉजी)—जीन क्लोनिंग, अयस्कों के संवर्धन के लिए जैव प्रौद्योगिकीय विधियाँ तथा खाद्य मशरूमों की उत्पादन प्रक्रियाएँ।

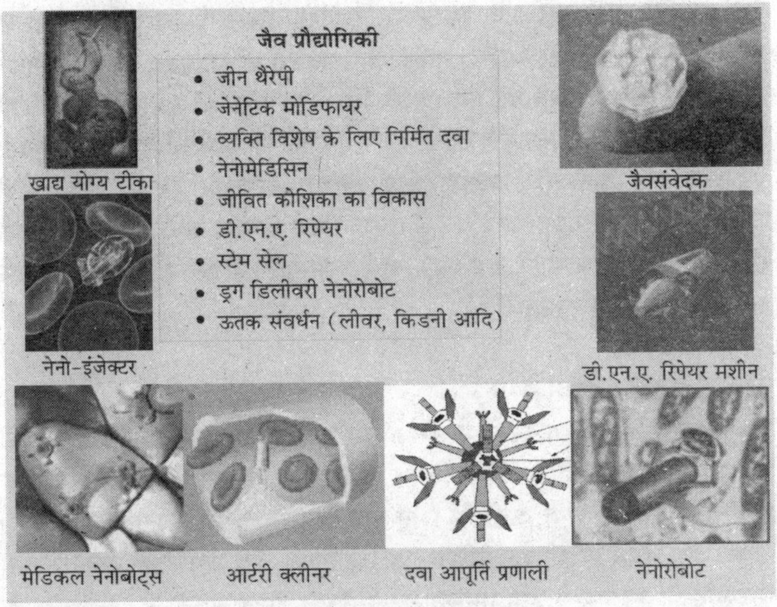

चित्र संख्या 5.11 : जैव प्रौद्योगिकी

भारत में जैव प्रौद्योगिकी के विकास का नेतृत्व जैव प्रौद्योगिकी विभाग कर रहा है और कुछ राज्यों ने 'विजन ग्रुप फॉर बायोटेक्नोलॉजी' की स्थापना की पहल की है और जैव प्रौद्योगिकी परियोजनाओं के लिए सरल क्लीयरेंस प्रक्रिया सुनिश्चित कर रहे हैं। भारत में जैव प्रौद्योगिकी के क्षेत्र में क्षमताओं तथा अवसरों को चित्र संख्या 5.10 में दरशाया गया है।

एक और क्षेत्र जो उभरकर सामने आया है, वह है बायोइन्फॉरमेटिक्स या ह्यूमन जीमोन परियोजना, जीनोमिक्स तथा ड्रग केमिस्ट्री से उत्पन्न बड़ी मात्रा में

जैविक आँकड़ों के विश्लेषण, तुलना तथा प्रबंध के लिए सूचना प्रौद्योगिकी का इस्तेमाल। इस क्षेत्र में हुए हालिया प्रयासों में जैव प्रौद्योगिकी विभाग द्वारा पूरे देश में 52 जैव सूचना केंद्र (बायोइन्फॉरमेशन सेंटर) स्थापित करना तथा टी.आई.एफ.आर. द्वारा बंगलौर के निकट बायोइन्फॉरमेटिक सेंटर की स्थापना शामिल है।

भविष्य में सूक्ष्म जैव रसायनों तथा औषधियों के उत्पादन के लिए जैविक रूप से उत्प्रेरित प्रक्रियाएँ महत्त्वपूर्ण होंगी। हानिकारक व्यर्थ पदार्थों को हटाने के लिए तथा महत्त्वपूर्ण उप-उत्पादों को उत्पन्न करने के लिए बायो-इंजीनियरिंग प्रणालियों का इस्तेमाल किया जाएगा। और, जेनेटिक इंजीनियरिंग के परिणामस्वरूप, कई प्राकृतिक उत्पाद, जिनके स्थान पर सिंथेटिक विकल्पों का प्रयोग किया जा रहा था, वे फिर से नजर आएँगे। पर्यावरणीय प्रदूषण की पड़ताल, रक्त-विश्लेषण या किसी फल के पकने की पहचान के लिए जैव संवेदकों (बायोसेंटर) के भी विस्तृत पैमाने पर इस्तेमाल होने की संभावना है। नेनोमेडिसिन जेनेटिक मोडिफायर्स, एडवांस्ड ड्रग डिलीवरी सिस्टम्स, टिशू कल्चर, डी.एन.ए. रिपेयर आदि भावी चुनौतियाँ हैं (चित्र संख्या 5.11)। इन्हें सफल बनाने में काम आनेवाली प्रौद्योगिकियाँ हैं—जैव-उत्प्रेरण (बायोकैटेलाइसिस), बायोइंजीनियरिंग प्रणालियाँ, बायोमॉलीक्यूलर सामग्रियाँ तथा जैव सामग्रियाँ।

जैव संवेदक (बायोसेंसर)

अन्ना विश्वविद्यालय में मानसिक रूप से विकलांग बच्चों के मस्तिष्क की लगभग सामान्य क्रिया सुनिश्चित करने के उद्देश्य से एक सॉफ्टवेयर/हार्डवेयर समन्वित समाधान प्राप्त करने के लिए एक अनुसंधान परियोजना चल रही है। सूचना तथा संचार प्रौद्योगिकी, मेडिकल इलेक्ट्रॉनिक्स, जैव प्रौद्योगिकी तथा गणितीय अनुकृति के मिश्रण से इस समस्या का समाधान मिल सकता है। मस्तिष्क के क्षतिग्रस्त हिस्से की क्रियाओं को मस्तिष्क के सामान्य भाग में स्थापित करके तथा एक बायो-चिप लगाकर इस समस्या का समाधान किया जा सकता है। इसपर शोध अभी जारी है।

स्टेम सेल रिसर्च

स्टेम सेल गुणधर्मों के साथ प्रजनक की पहचान तथा विशिष्टीकरण ने नई राहें खोल दी हैं, जो विशिष्ट कोशिका संख्या की मौत के कारण हुई क्रियात्मक क्षति के उपचार में उपयोगी हो सकते हैं। स्टेम सेल क्षतिग्रस्त कोशिकाओं को पुनः

उत्पन्न करके और उन्हें आगे और ह्रास होने से बचाकर कुछ दोषपूर्ण अंगों की क्रिया को बहाल करने में मदद कर सकते हैं। यह हृदय रोगों, कैंसर, अंधता तथा मानसिक विकलांगता के लिए मेडिकल उपचार में एक क्रांति को प्रेरित करेगा। एक समन्वित राष्ट्रीय स्टेम सेल रिसर्च प्रोग्राम आरंभ करना जरूरी है।

आनेवाले वर्षों में कृषि क्षेत्र में भी जैव प्रौद्योगिकी प्रमुख प्रौद्योगिकी होगी। ध्यान देने योग्य महत्त्वपूर्ण प्रौद्योगिकियों में एक ट्रांसजेनिक पौधों, यानी इच्छित प्रकार के जीन के ट्रांसफर द्वारा इच्छित लक्ष्य को प्राप्त करने के लिए तैयार किए गए पौधों का विकास।

भारत में बायोटेक्नोलॉजी तथा बायोइन्फॉरमेटिक्स के विकास के अच्छे मौके हैं, जिसमें नए रासायनिक तत्त्वों के लिए हाई थ्रूपुट स्क्रीनिंग, जीनोमिक्स तथा फार्मेको-जीनोमिक्स, जीन थैरेपी, डायग्नोस्टिक किट्स, बायो-पेस्टीसाइड तथा बायो-फर्टिलाइजर, इंडस्ट्रियल एंजाइम तथा पर्यावरणीय बायोटेक उत्पाद।

टीके का विकास

उत्कृष्ट स्वास्थ्य सेवाओं को प्रेरित करनेवाला एक क्षेत्र है एड्स और मलेरिया जैसे घातक रोगों के लिए टीकों का विकास करने के लिए शोध। एड्स का कारण एच.आई.वी. वायरस खतरनाक स्तर तक पहुँच गया है और वर्तमान समय में भारत में लगभग चालीस लाख लोगों के इस वायरस से प्रभावित होने का अनुमान है। भारत में कैंडिडेट वायरस का एक प्रारूप विकास की अवस्था में है और प्री-क्लीनिकल टॉक्सिकोलॉजिकल अध्ययनों के लिए तैयार है।

ध्यान देने की आवश्यकतावाला एक अन्य क्षेत्र है मलेरिया रोग, जो विश्व में प्रत्येक वर्ष दस लाख से अधिक लोगों की मौत का कारण बनता है। डबल डोज के एक तरीके को अपनाते हुए एक टीका विकसित करने के लिए शोध जारी है, जिसमें पहले मलेरिया परजीवी के लिए टीकाकरण किया जाएगा, फिर भिन्न मलेरिया डी.एन.ए. वाले हानिरहित वायरस का एक डोज दिया जाएगा। पाया गया है कि इस प्रकार से 5 से 10 गुना मलेरिया-प्रतिरोधी टी-कोशिकाएँ उत्पन्न होती हैं, जो वायरस को समाप्त कर सकती हैं।

स्वास्थ्य सेवा को पुनर्रूपांकित तथा रूपांतरित करना

विश्व स्तर पर स्वास्थ्य सेवा आपूर्ति के क्षेत्र में लगभग दैनिक आधार पर तीव्र प्रगति हो रही है। नई क्रांतिकारी प्रौद्योगिकियों, उन्नत प्रबंधन व्यवहारों तथा

मेडिसिन की उभरती राजनीतिक तथा सामाजिक जलवायु के मिश्रित प्रभाव ने स्वास्थ्य आपूर्ति के तरीके तथा माध्यमों को प्रभावित करते हुए बहुत से बदलावों को प्रेरित किया है। स्वास्थ्य संस्थानों की पुनः डिजाइनिंग भी स्वास्थ्य आपूर्ति के मुख्य माध्यम के रूप में अस्पताल के पुनः रूपायन को प्रेरित कर रही है। स्वास्थ्य सेवा क्षेत्र के अन्य संस्थान भी नवीन परिवर्तनों से गुजर रहे हैं। यह सब 'प्रौद्योगिकी, स्वास्थ्य तथा प्रबंधन को साथ लाने में' शोधकर्ताओं तथा चिकित्सकों के लिए चुनौतियाँ तथा अवसर उत्पन्न कर रहे हैं (चित्र संख्या 5.11)। हमें ऐसे शोधकर्ताओं को, जो भविष्य पर नजर रखते हुए स्वास्थ्य आपूर्ति के तीन घटकों (रोग से बचाव, निदान तथा उपचार) को साथ लाने का प्रयास कर रहे हैं तथा इन विषयों में रुचि रखनेवाले चिकित्सकों को एकत्र करना होगा।

रोग से बचाव	**निदान प्रौद्योगिकी**	**उपचार प्रौद्योगिकी**
• स्वच्छता • पेयजल • शिक्षा • टीकाकरण • संक्रामक रोग के लिए जनता की जाँच	• **रक्त छवि तथा रक्तचाप के लिए उपकरण** • **शरीर की इमेजिंग** एक्स-रे, अल्ट्रासाउंड तथा कलर डॉपलर, सीटी स्कैन, एनएमआरआई, फंक्शनल एनएमआरआई, पीईटी (पोजीट्रॉन एमिशन टोमोग्राफी) न्यूक्लीयर इमेजिंग + वीडियो इमेजिंग, एंजियोग्राफी	❑ **आविष्कार प्रौद्योगिकियाँ** शरीर के भीतर प्रवेश : एंजियोप्लास्टी और कार्डिएक स्टेंट ❑ **ब्रेकिथैरेपी** • विकिरण द्वारा अंगों को लक्षित करना • बिना काटे लेप्रोस्कोपी ऑपरेशन • रोबोटिक्स सर्जरी : ऑपरेशन का रिमोट कंट्रोल ❑ **कृत्रिम अंग रोपण** हृदय वाल्व/दंत रोपण जैसे अंग प्रत्यारोपण (ऑर्थोडॉन्टिक्स) ❑ प्रतिरक्षा प्रणालियाँ, जिन पर अनुसंधान जारी है

चित्र संख्या 5.11 : स्वास्थ्य सेवा के लिए प्रौद्योगिकीय आवश्यकताएँ

भविष्य में स्वास्थ्य के क्षेत्र में निम्नलिखित विषय महत्त्वपूर्ण होंगे—

1. **स्वास्थ्य आपूर्ति संगठनों में प्रौद्योगिकी प्रबंधन :** स्वास्थ्य आपूर्ति में कार्य की प्रकृति तथा कौशल; प्रक्रियाएँ तथा प्रदर्शन; स्वास्थ्य आपूर्ति में ज्ञान प्रबंधन; अस्पतालों में प्रौद्योगिकी स्थापना के लिए रणनीतियाँ; व्यवस्थित देख-रेख तथा लागत नियंत्रण; प्राथमिक चिकित्सा में प्रौद्योगिकी के प्रयोग; उपकरण; आधारभूत तंत्र तथा भविष्य के अस्पताल की संरचना।

2. **स्वास्थ्य आपूर्ति संगठनों में सूचना प्रौद्योगिकी का प्रबंध तथा व्यवस्था :** स्वास्थ्य आपूर्ति में सूचना प्रौद्योगिकी के कार्यान्वयन तथा प्रसार की प्रक्रियाएँ; संचार तथा व्यवस्था में मानकों की भूमिका; सूचना प्रौद्योगिकी के द्वारा नेटवर्किंग; कंप्यूटराइज्ड मेडिकल रिकॉर्ड।
3. **उभरती मेडिकल प्रौद्योगिकियों, ई-हेल्थ, टेलीहेल्थ तथा टेलीमेडिसिन की व्यवस्था, प्रबंधन और प्रयोग :** इन उभरती प्रौद्योगिकियों की भूमिका; इन प्रौद्योगिकियों के कार्यान्वयन तथा अंगीकरण की प्रक्रियाएँ, अवरोध तथा व्यवस्थात्मक मुद्दे।

   संचार प्रौद्योगिकी के आविष्कार ने टेलीमेडिसिन को उपचार का एक प्रसिद्ध माध्यम बना दिया है। टेलीमेडिसिन के प्रयोग द्वारा सुदूर गाँवों को बड़े अस्पतालों से जोड़ना संभव है, जिसमें डॉक्टर द्वारा अस्पताल में रोगी की अवस्था का निदान किया जाता है और उसके मतों को संचार कड़ी द्वारा प्रेषित किया जाता है। ऐसी एक प्रणाली हैदराबाद में केयर अस्पताल में स्थापित की गई है, जिसे महबूब नगर जिले में एक गाँव से जोड़ा गया है (चित्र संख्या 5.12)।
4. **मेडिकल प्रौद्योगिकियाँ तथा रोगी उपयोगिता :** रोगी के लिए मेडिकल प्रौद्योगिकियों की उपयोगिता; प्रौद्योगिकीय प्रगति को देखते हुए रोगी

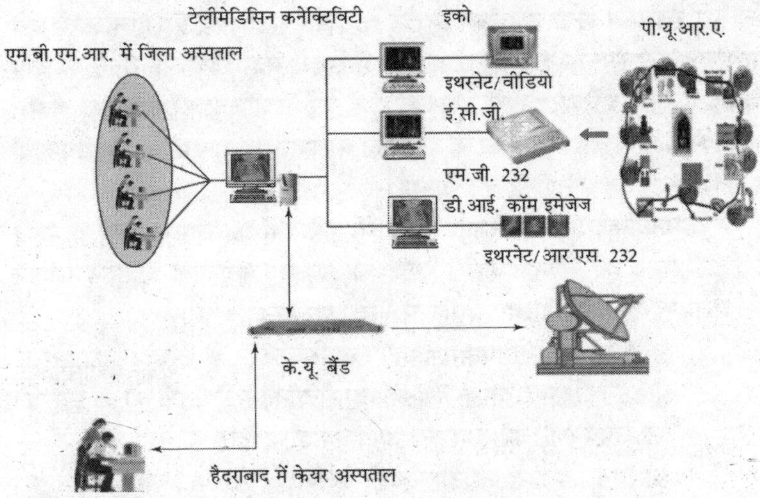

चित्र संख्या 5.12 : टेलीमेडिसिन

गोपनीयता की भूमिका; नैतिक मुद्दे; स्वास्थ्य आपूर्ति प्रौद्योगिकियाँ तथा चिकित्सीय परिणाम; मानकों, नियमों, सरकार की भूमिका तथा मेडिकल प्रौद्योगिकियों पर उनका प्रभाव और रोगियों को लाभ।

5. **मेडिकल प्रौद्योगिकियाँ तथा आपातकालीन औषधियाँ :** स्वास्थ्य आपूर्ति तथा मेडिकल प्रौद्योगिकियाँ किस प्रकार आपातकालीन मेडिसिन के क्षेत्र में योगदान करती हैं और करती रहेंगी; संकटकालीन स्वास्थ्य आपूर्ति; विपत्तिकारक स्थितियों में स्वास्थ्य देख-रेख।

1990 के दशक में हुए नवीन प्रयोगों ने बहुत प्रभाव उत्पन्न किए, जिनमें मेडिसिन में जारी प्रौद्योगिकीय प्रगति से और वृद्धि होगी। स्वास्थ्य के क्षेत्र में टेलीमेडिसिन, टेलीहेल्थ, कंप्यूटराइज्ड मेडिकल रिकॉर्ड, ई-हेल्थ तथा बी2बी और बी2सी प्रयोगों में इंटरनेट का इस्तेमाल कुछ ऐसे महत्त्वपूर्ण पड़ाव हैं, जो स्वास्थ्य के परिदृश्य में सुधार ला रहे हैं। इस प्रकार, चुनौती तथा बदलाव के इस युग में एक प्रमुख तत्त्व है, स्वास्थ्य के आदर्श आपूर्तिकर्ता के रूप में अस्पताल का पुनर्रूपांकन (रिडिजाइन)। पहले ही मेडिकल तथा स्वास्थ्य प्रौद्योगिकियों में नवीन प्रयोग अस्पतालों के प्रचालन, डिजाइन तथा लक्ष्य को रूपांतरित कर रहे हैं।

स्वास्थ्य उद्योग

स्वास्थ्य उद्योग एक बड़ी विकास प्रक्रिया की द्वार पर है जो उचित मूल्य पर स्वास्थ्य सेवा उपलब्ध कराने के लिए सभी नई प्रौद्योगिकियों को आत्मसात् कर सकता है। वह सभी देशों में सबसे बड़ा नियोजक बनने के लिए प्रतिबद्ध है और न केवल सारी उपलब्ध पूँजी को नियोजित करेगा बल्कि कुशल कार्यशक्ति के एक बड़े हिस्से को भी इस्तेमाल में लाएगा। वह सभी नई प्रौद्योगिकियों का सबसे बड़ा उपभोक्ता भी बन जाएगा।

स्वास्थ्य उद्योग को आनेवाले समय में चुनौतियों का सामना करने के लिए नई प्रौद्योगिकियों को अपनाने के लिए खुद को अनुकूल बना लेना चाहिए। उसे इन सब चीजों को एक सुनियोजित तरीके से निर्देशित करना चाहिए—

1. इंप्लांट करनेवाले उपकरणों को विकसित करने के लिए माइक्रोप्रोसेसर प्रौद्योगिकी का इस्तेमाल, जिनकी दूर संवेदकों से निगरानी की जा सकेगी। इन उपकरणों को स्वास्थ्य आपूर्तिकर्ताओं द्वारा रोगियों के विभिन्न शारीरिक विकारों को ठीक करने के लिए इस्तेमाल किया जा सकेगा।
2. विभिन्न शारीरिक विकारों के उपचार या नियंत्रण के लिए आर्टिफिशियल

इंटेलिजेंस समर्थित सी.पी.यू. प्रेरित प्रौद्योगिकी का अधिक इस्तेमाल।

3. सही-सही, कम पीड़ादायक तथा कम हानिकारक सर्जरी के लिए ऑपरेटिंग कक्षों में रोबोटिक्स प्रौद्योगिकी का प्रयोग (रोबोटिक माइक्रोसर्जरी)।
4. ऑटोमेटेड तथा परिशुद्ध नैदानिक (डायग्नोस्टिक) अध्ययनों के लिए पारंपरिक प्रौद्योगिकियों के साथ प्रयोगशालाओं में रोबोटिक्स प्रौद्योगिकी का अधिक इस्तेमाल।
5. परिशुद्ध तथा कम पीड़ादायक और कम क्षति पहुँचानेवाली सर्जरी के लिए ऑपरेटिंग कक्ष के अंदर तथा बाहर लेजर प्रौद्योगिकी का अधिक इस्तेमाल।
6. रियल-टाइम डाटा प्राप्त करने तथा आवश्यक इलेक्ट्रो-फिजियोलॉजिकल हस्तक्षेप या जैव रासायनिक हस्तक्षेप प्रदान करने के लिए मेडिकल तथा सर्जिकल क्रियाओं में यंत्रीकरण (इंस्ट्रूमेंटेशन) का विकास तथा इस्तेमाल। यह सामान्य तथा पैथोलॉजिकल दोनों प्रकार के भौतिक विज्ञान पर असर डालेगा।
7. घातक जैविक क्रियाओं के नियंत्रण के लिए संवर्धित ऊतकों का विकास तथा इस्तेमाल।
8. जाँच कक्षों, उपचार कक्षों, ऑपरेशन कक्षों तथा डायग्नोस्टिक रिपोर्टिंग कक्ष की नेटवर्किंग के लिए सूचना प्रौद्योगिकी उपकरणों का इस्तेमाल।
9. दूर से उपकरणों तथा अन्य मशीनों के रख-रखाव के लिए माइक्रोप्रोसेसर प्रौद्योगिकियों तथा आर्टिफिशियल इंटेलिजेंस के प्रतिरूपकों के साथ सूचना प्रौद्योगिकी उपकरणों का इस्तेमाल, इससे शरीर-तंत्रीय तथा पैथोलॉजिकल प्रक्रियाओं के नियंत्रण के लिए दूर नियंत्रित इंस्ट्रूमेंटेशन का विकास संभव होगा।
10. विशिष्ट रोग संबद्ध डाटाबेसों की उत्पत्ति के लिए सूचना प्रौद्योगिकी उपकरणों का इस्तेमाल।

संस्थानों की नेटवर्किंग

सभी प्रौद्योगिकियों द्वारा लक्ष्य आधारित तरीके से 'सभी के लिए समन्वित स्वास्थ्य' के लिए कार्य करना आवश्यक है। इस मिशन में निम्नलिखित चीजें सम्मिलित हो सकती हैं—

★ विकलांगों तथा अशक्तों को सहायता उपलब्ध कराने जैसे महत्त्वपूर्ण क्षेत्रों में मेडिकल विश्वविद्यालयों, संस्थानों, अनुसंधान तथा विकास प्रयोगशालाओं, उद्योगों तथा सामाजिक संगठनों की नेटवर्किंग।

★ तपेदिक तथा कैंसर की बढ़ती घटनाओं को नियंत्रित करने के लिए जागरूकता और बचाव कार्यक्रम शुरू करना।

★ पोलियो तथा अन्य तापमान-संवेदनशील टीकों के लिए एक राष्ट्र स्तरीय कोल्ड स्टोरेज शृंखला का निर्माण।

★ राज्य तकनीकी शैक्षिक संस्थानों में मेडिकल प्रौद्योगिकी रख-रखाव पर अस्पताल से जुड़े डिप्लोमा कोर्स चलाना।

★ चिकित्सीय उपकरणों के रख-रखाव तथा अपग्रेडेशन के लिए एक उद्योग-समर्थित प्रणाली की स्थापना।

★ चयनित सहयोगी उपकरणों जैसे हियरिंग ऐड तथा मेडिकल उत्पादों जैसे इलेक्ट्रोड, कैथर्टर तथा लेड का उत्पादन।

समापन टिप्पणियाँ

विकसित भारत के स्वप्न में स्वास्थ्य सेवा एक महत्त्वपूर्ण क्षेत्र है, जो जैव विविधता, बौद्धिक संसाधनों, सूचना प्रौद्योगिकी व ज्ञान नेटवर्क, बायोइन्फॉरमेटिक्स तथा अंतरिक्ष, रक्षा और परमाणु प्रौद्योगिकियों के लाभों को सामाजिक उद्देश्यों के लिए इस्तेमाल करने के असीम अवसर प्रदान करता है।

पिछले कुछ दशकों में विकसित स्वास्थ्य प्रौद्योगिकी ने निदान तथा उपचार में अप्रत्याशित सहयोग दिया है। सरकार तथा गैर-सरकारी एजेंसियों को ज्ञान प्राप्ति, प्रसार तथा लोगों द्वारा उसे आत्मसात् किए जाने के लिए एक सुस्थापित प्रक्रिया विकसित करना चाहिए। बौद्धिक समाज अपनी परतें खोलकर मानव अज्ञानता तथा गलत व्यवहार के अँधेरे कोनों को प्रकाशित कर रहा है। ज्ञान आधारित अर्थव्यवस्था तथा समाज में शिक्षा, स्वास्थ्य तथा उपयुक्त रोजगार के साथ जिम्मेदारी नागरिकता जन्म लेती है। यह एक स्थिर जनसंख्या के साथ एक समृद्ध राष्ट्र के लिए रास्ता साफ करेगा। औद्योगिक भागीदारों तथा सामाजिक संगठनों के साथ विभिन्न विभागों द्वारा ग्रामीण विकास का समन्वित लक्ष्य भी आवश्यक है।

भारत समृद्ध जैव-विविधतावाले कुछ देशों में ऊपर की श्रेणी में है। हर्बल क्षेत्र में, पोषण, रोगों के बचाव तथा उपचार के लिए विभिन्न उत्पाद विकसित करने की काफी संभावनाएँ हैं। 61 खरब अमेरिकी डॉलर के वैश्विक हर्बल उत्पाद

बाजार में चीन का लगभग 6 खरब अमेरिकी डॉलर का हिस्सा है, जबकि भारत का हिस्सा 1 खरब अमेरिकी डॉलर का भी नहीं है। इस क्षेत्र में प्रगति के लिए विशाल अवसर हैं।

पुष्प कृषि तथा जल कृषि को भी बड़े पैमाने पर बढ़ाने के लिए भारत में ऐसी ही क्षमताएँ हैं। इन प्राकृतिक संसाधनों के लिए ज्ञान आधारित मूल्य-संवर्धन का अर्थ होगा, केवल कच्चे माल की अपेक्षा मूल्य-संवर्धित उत्पादों का निर्यात। व्यवसायीकरण तथा विपणन के लिए सूचना प्रौद्योगिकी का इस्तेमाल हमारी पहुँच तथा गति को अत्यंत तीव्र कर सकता है।

बिजनेस हाउसवाले भारतीय जैव प्रौद्योगिकीविदों के पास उपलब्ध जीनोमिक डाटा के विश्लेषण का अवसर होगा, जो स्वास्थ्य देख-रेख तथा उपचार के लिए दवाओं के उत्पादन को प्रेरित करेगा। प्रौद्योगिकी में रूपांतरित होता जैव अनुसंधान कृषि उत्पादों के उच्च उत्पादन में मदद करेगा। उत्पादकता बढ़ाने के लिए जेनेटिकली संशोधित बीजों के साथ कीट-मुक्त कृषि उत्पादन प्रदान करने में जैव प्रौद्योगिकी के क्षेत्र में अत्यंत संभावनाएँ हैं।

किसी भी समाज के सभी स्तरों पर स्वास्थ्य आपूर्ति उद्योग के विकास को राजनीतिक इच्छा-शक्ति तथा सामाजिक बोध द्वारा सहयोग मिलना चाहिए। इसलिए उसे मानव जीवन का स्तर सुधारनेवाले प्रकार से 'कॉस्ट इफेक्टिव' स्वास्थ्य सेवा उपलब्ध कराते हुए उभरती चुनौतियों का सामना करना चाहिए। लक्ष्य है—वर्ष 2020 तक सभी के लिए स्वास्थ्य। विभिन्न ग्राम समूहों के लिए मोबाइल क्लीनिक आरंभ करके गैर-सरकारी संगठन इसमें सहयोग दे सकते हैं। स्वास्थ्य के क्षेत्र की तरह रणनीतिक प्रौद्योगिकियों में क्रांति ने मानव जीवन तथा देशों की सुरक्षा पर कई उल्लेखनीय प्रभाव डाले हैं।

□

6

रणनीतिक क्षेत्र में प्रगति

परिचय

प्रौद्योगिकी नाजुक प्रणालियों के विकास में एक महत्त्वपूर्ण भूमिका निभाती है। यह अध्याय वैमानिकी, अंतरिक्ष, रक्षा तथा परमाणु ऊर्जा समेत संपूर्ण रणनीतिक क्षेत्र में वर्तमान प्रौद्योगिकी स्तर अब तक हुई प्रगति तथा भविष्य में प्रभावी होने वाली प्रणालियों पर प्रकाश डालता है। यह विभिन्न ऐरोस्पेस कार्यक्रमों के क्रम में भारत द्वारा विकसित विभिन्न उत्कृष्ट प्रौद्योगिकियों की भी चर्चा करता है। वर्ष 2020 के लिए भावी ऐरोस्पेस प्रोफाइल जैसे पैसेंजर एयरक्राफ्ट, उन्नत जी.एस.एल.वी. तथा पी.एस.एल.वी., अतिध्वनिक (हाइपरसोनिक) रियूजेबल (पुनः इस्तेमाल किए जाने योग्य) यानों, ग्रहों के मिशन इत्यादि के विषय में भी चर्चा की गई है।

'अपनी सुरक्षा सुनिश्चित करने तथा एक स्वतंत्र विदेश नीति बनाने की किसी देश की क्षमता, रक्षा तथा रक्षा-प्रणालियों में उसकी आत्मनिर्भरता के स्तर पर निर्भर करती है।'

युगों के दौरान युद्ध

भारतीय सभ्यता को सदियों तक आंतरिक संघर्षों तथा बाहरी आक्रमणों को झेलना पड़ा है। कुछ आक्रमणकारी यहाँ से हमारी धन-संपदा ले गए, कुछ हमारी संस्कृति ले गए तथा कुछ ने नई संस्कृतियाँ हम पर थोपीं। यह एक आश्चर्यजनक बात है कि भारतीय सभ्यता इन सभी युद्धों से जूझते हुए गतिशीलता से अपना पुनरुत्थान करती रही है। यह भारतीय समाज की महानता रही है कि भारत विविध

जीवन-शैलियों तथा विचारधाराओं को अपनाता रहा है। तीन हजार वर्षों के हमारे इतिहास में ऐसा कोई भारतीय सम्राट् नहीं रहा है जिसने दूसरे देशों पर चढ़ाई करके उन पर शासन किया हो। भारत ने किसी देश को अपने अधीन नहीं किया।

इस संबंध में दो विचारधाराएँ हैं, कि ऐसा क्यों नहीं हुआ ? एक पक्ष कहता है कि भारतीय सहिष्णु हैं और उन्होंने दूसरी संस्कृतियों को आत्मसात् किया। दूसरा पक्ष मानता है कि ऐसा हमारी विचारधारा में कमियों के साथ उत्कृष्ट हथियारों की अपर्याप्तता के कारण हुआ।

वर्तमान में अन्य देशों द्वारा कई रूपों में—व्यावसायिक रूप से प्रेरित सूचना माध्यम के द्वारा—भारत का दमन जारी है। हमें यह सोचने की आवश्यकता है कि क्या हमें एक भिन्न विचारधारा को अपनाना चाहिए ? कोई युद्ध जीतना और देश की सुरक्षा, रणनीतिक विचारधारा तथा शस्त्रों से प्रत्यक्ष रूप से संबंधित हैं (चित्र संख्या 6.1)।

इस स्थिति में भारत जैसा देश बाजार के भूमंडलीकरण तथा प्रौद्योगिकी नियंत्रणों से लैस पेटेंट पद्धतियों का सामना कर रहा है। यह विकसित विश्व की ओर से नए प्रकार का आक्रमण है। इसका एकमात्र उत्तर है प्रौद्योगिकीय क्षमता तथा एक जैसे विचारवाले देशों का एक संगठन।

कारक	मानव युद्ध	शस्त्र युद्ध	आर्थिक युद्ध 
उत्प्रेरक	धर्म/इलाका	विचारधारा/ प्रभुत्व	प्रौद्योगिकीय श्रेष्ठता
युद्ध क्षेत्र	भूमि, समुद्र	वायु अंतरिक्ष, जल के अंदर	अंतरराष्ट्रीय बाजार साइबरस्पेस 
प्रभुत्व के माध्यम	मानवीय तथा पशु शक्ति 	शस्त्रों की शक्ति तथा संख्यात्मक श्रेष्ठता 	प्रौद्योगिकीय एकाधिकार बाजारों का भूमंडलीकरण कमजोर देशों की आर्थिक क्षमता

चित्र संख्या 6.1 : युगों के दौरान युद्ध

युद्ध अस्त्रों का विकास

आधुनिक युद्ध में रॉकेट का विकास भारत से आरंभ हुआ बताया जाता है।

चित्र संख्या 6.2 : युद्ध हथियारों का उद्‌भव

प्रो. आर. नरसिम्हा ने इस विषय पर एक छोटी तथा प्रामाणिक पुस्तक लिखी है। सन् 1792 के श्रीरंगपटन युद्ध पर उनके शोध से यह पता चलता है कि ब्रिटिश घुड़सवार सेना को हराने के लिए युद्ध रॉकेटों का इस्तेमाल किया गया था (चित्र संख्या 6.2)। अब इसरो तथा डी.आर.डी.ओ. द्वारा भारतीय रॉकेट विज्ञान ने काफी प्रगति कर ली है।

सन् 1920-90 के बीच नए मंचों तथा उच्च प्रौद्योगिकी-संपन्न व स्वायत्त प्रणालियों के साथ युद्ध अस्त्रों में उल्लेखनीय प्रगति हुई। यह प्रौद्योगिकी या प्रगति के प्रति प्रेम के कारण नहीं, बल्कि अमेरिका और मित्र देशों द्वारा समर्थित लोकतंत्र तथा पूर्व सोवियत संघ द्वारा समर्थित साम्यवाद के बीच वैचारिक टकराव के कारण हुआ। इस अवधि के दौरान जल के अंदर, वायु, अंतरिक्ष तथा जमीनी लड़ाई के लिए सबसे बेहतरीन प्रौद्योगिकियाँ सामने आईं।

यह ध्यान देने योग्य तथ्य है कि यूरोपीय देश सौ वर्षों तक एक-दूसरे से लड़े और दो विश्व युद्ध भी हुए। द्वितीय विश्व युद्ध के दौरान जापान के दो शहरों पर परमाणु हथियारों से हमला किया गया, जिसमें लाखों लोग मारे गए तथा लाखों स्थायी रूप से विकलांग हो गए। शीत युद्ध के दौरान बड़े पैमाने पर परमाणु मुखाग्रों (वारहेड) वाली परमाणु पनडुब्बियाँ तथा मिसाइल बनाई गईं। दुर्भाग्यवश विश्व को यह मालूम नहीं है कि परमाणु मुखाग्रों को पूरी तरह कैसे समाप्त किया जाए।

कुछ देशों द्वारा प्रौद्योगिकी में श्रेष्ठता हासिल करने की तीव्र इच्छा और आर्थिक विकास ने प्रौद्योगिकी देने से इनकार तथा नियंत्रण पद्धतियों को प्रेरित किया। देशों को 'विकसित', 'विकासशील' तथा 'अविकसित' श्रेणियों में बाँट दिया गया। अब विश्व एक नए प्रकार के युद्ध का सामना कर रहा है—धार्मिक संघर्षों, वैचारिक मतभेदों तथा अर्थ-बाजार युद्ध से उभरती एक समन्वित स्थिति।

सन् 1990-2000 के दौरान एक बदलाव आया, जिसमें प्रौद्योगिकी एक उपकरण के रूप में उभरने लगी, जिसे देश के विकास तथा सुरक्षा के लिए इस्तेमाल किया जा सकता है। यह स्पष्ट है कि प्रौद्योगिकी ने विभिन्न क्षेत्रों में अपनी राह बना ली है।

आर्थिक मोरचे पर प्रौद्योगिकी स्वास्थ्य, खाद्य उत्पादन, सूचना प्रौद्योगिकी तथा निर्माण को रूपांतरित करेगी। अंतरिक्ष में नए क्षेत्रों के अन्वेषण के लिए अंतरराष्ट्रीय ग्रह-संबंधी उड़ानें भी देखने को मिलेंगी। भावी युद्धों में एंटी-बैलिस्टिक मिसाइल प्रणालियाँ तथा अंतरिक्ष-आधारित प्रणालियाँ हावी होंगी। पूर्व सोवियत संघ के पतन तथा दक्षिण-पूर्व एशियाई आर्थिक संकट का संबंध प्रत्यक्ष रूप से

एकमात्र महाशक्ति के जन्म और विश्व बाजार में डॉलर प्रभुत्व से है। विश्व स्तर पर केवल दो महाशक्तियाँ उभर रही हैं—प्रौद्योगिकीय आधार के साथ औद्योगिक रूप से मजबूत जापान और प्रौद्योगिकी पर जोर के साथ उद्योगों के संगठन की अवधारणा स्थापित करने पर बल तथा अपनी यूरो मुद्रा के साथ एकीकृत यूरोपीय संघ।

भारत का परमाणु कार्यक्रम

भारत के परमाणु ऊर्जा कार्यक्रम के दो घटक हैं। एक है, सुरक्षा खतरों के मद्देनजर देश को मजबूत बनाने के लिए योग्यता प्राप्त करना। दूसरा है, परमाणु ऊर्जा को विकसित करना और बिजली उत्पत्ति, कृषि, मेडिसिन, उद्योग तथा अन्य क्षेत्रों में उसका उपयोग करना।

भारत के परमाणु कार्यक्रम की अगुआई डॉ. एच.जे. भाभा ने की। उन्होंने अपने आस-पास कई क्षेत्रों से युवा वैज्ञानिकों व इंजीनियरों की एक प्रतिभाशाली टीम गठित की। जब पाँच दशक पहले भारत का पहला परमाणु अनुसंधान रिएक्टर 'अप्सरा' बनाया गया तो भारत ने परमाणु युग में प्रवेश किया। डॉ. एच.जे. भाभा द्वारा ऊर्जा क्षेत्र के लिए तैयार किया गया तीन चरणवाला कार्यक्रम संसाधनों के साथ परमाणु ऊर्जा स्थापित करने की ओर लक्षित था, जिसमें निम्नलिखित मार्ग-निर्देशक शामिल थे—

(अ) पहला चरण—दबावयुक्त हैवी वाटर रिएक्टरों में प्राकृतिक यूरेनियम का इस्तेमाल और ऊर्जा तथा प्लूटोनियम का उत्पादन।

(ब) दूसरा चरण—फास्ट ब्रीडर रिएक्टरों में उत्पन्न प्लूटोनियम के साथ पहले चरण के पुनर्संसाधित ईंधन का इस्तेमाल।

(स) तीसरा चरण—एक उन्नत ईंधन चक्र में थोरियम-233 का इस्तेमाल।

पहले चरण की अधिकतम क्षमता 10,000 मेगावाट तथा दूसरे चरण की अधिकतम क्षमता 3,50,000 मेगावाट होने का अनुमान है। तीसरे चरण की क्षमता काफी अधिक होती है। यह दूसरे चरण से लगभग छह गुनी होती है।

पहले चरण का कार्यक्रम

वर्तमान में पहले चरण का कार्यक्रम जारी है और परिपक्वता के स्तर पर पहुँच चुका है। वर्तमान परमाणु ऊर्जा उत्पादन लगभग 3,000 मेगावाट है। 14 रिएक्टर सक्रिय हैं, जिसमें दो बॉयलिंग वाटर रिएक्टर (बी.डब्ल्यू.आर.) तथा 12 प्रेशराइज्ड हैवी वाटर रिएक्टर (पी.डब्ल्यू.एच.आर.) शामिल हैं, जैसा कि नीचे

की सारणी में दिया गया है :

स्थिति	प्रकार/क्षमता
तारापुर	बी.डब्ल्यू.आर./2×160
राजस्थान	पी.एच.डब्ल्यू.आर./1×100, 1×100 मेगावाट तथा 2×220 मेगावाट
कलपक्कम	पी.एच.डब्ल्यू.आर./2×170 मेगावाट
नरौरा	पी.एच.डब्ल्यू.आर./2×220 मेगावाट
काकरापारा	पी.एच.डब्ल्यू.आर./2×220 मेगावाट
कैगा	220 मेगावाट की 2 पी.एच.डब्ल्यू.आर. इकाइयाँ

वर्तमान समय में परमाणु कार्यक्रम में आठ पावर रिएक्टर निर्माणाधीन हैं, जिनकी कुल क्षमता है 3960 मेगावाट। नीचे दी गई सारणी निर्माणाधीन पावर रिएक्टरों की जानकारी देती है—

स्थिति	प्रकार/क्षमता	अनुमानित पूर्णता तिथि
तारापुर (3 और 4)	पी.एच.डब्ल्यू.आर./ 2 × 540 मेगावाट	• इकाई 3 – जुलाई 2006 • इकाई 4 – अक्तूबर 2005
कैगा (3 और 4)	पी.एच.डब्ल्यू.आर./ 2 × 220 मेगावाट	• इकाई 3 – दिसंबर 2006 • इकाई 4 – जून 2007
राजस्थान (5 और 6)	पी.एच.डब्ल्यू.आर./ 2 × 220 मेगावाट	• इकाई 5 – मई 2007 • इकाई 6 – नवंबर 2007
कुडनकुलम, तमिलनाडु	एल.डब्ल्यू.आर./ 2 × 1000 मेगावाट	• इकाई 1 – 2007 • इकाई 2 – 2008

दूसरे तथा तीसरे चरण के कार्यक्रम

दसवीं योजना में 500 मेगावाट पी.एफ.बी.आर. (प्रोटोटाइप फास्ट ब्रीडर रिएक्टर) के निर्माण की मंजूरी के साथ दूसरे चरण के कार्यक्रम में एक शुरुआत कर दी गई है। इसके बाद कई एफ.बी.आर. का निर्माण होने की उम्मीद है। जब एफ.बी.आर. की क्षमता उपयुक्त स्तर तक पहुँच जाएगी तो तीसरे चरण में थोरियम का इस्तेमाल आरंभ हो जाएगा और यह दीर्घकाल में पूरा किया जाएगा। बहरहाल, विद्युत् उत्पत्ति के लिए थोरियम के उपयोग के प्रौद्योगिकी प्रदर्शन के रूप में दसवीं योजना में एक 300 मेगावाट एडवांस्ड हैवी वाटर रिएक्टर (ए.एच.डब्ल्यू.आर.)

के निर्माण का प्रस्ताव है। इसके साथ परमाणु ऊर्जा विभाग की वर्ष 2020 तक 20,000 मेगावाट की कुल स्थापित परमाणु ऊर्जा क्षमता प्रस्तुत करने की योजना है।

अनुसंधान तथा विकास

डॉ. होमी जहाँगीर भाभा ने परमाणु ऊर्जा में उन्नत अनुसंधान के लिए ट्रॉम्बे में टाटा इंस्टीट्यूट ऑफ फंडामेंटल रिसर्च (टी.आई.एफ.आर.) तथा एटॉमिक रिसर्च सेंटर की स्थापना की। बहुत से नेताओं ने उनका अनुसरण करके कई अनुसंधान केंद्र तथा परमाणु ऊर्जा स्टेशन स्थापित किए। परमाणु ऊर्जा विभाग का प्रमुख अनुसंधान केंद्र भाभा एटॉमिक रिसर्च सेंटर (बी.ए.आर.सी.) तीव्र स्वदेशीकरण के मामलों में एन.पी.सी. के साथ काम कर रहा है। बी.ए.आर.सी. ने ईंधन पुनर्संसाधन तथा व्यर्थ पदार्थों के प्रबंधन में उद्योगों के लिए विस्तृत प्रौद्योगिकी विकसित की है। एक अन्य बहुपक्षीय अनुसंधान एवं विकास केंद्र, इंदिरा गांधी सेंटर फॉर एटॉमिक रिसर्च फास्ट रिएक्टर प्रौद्योगिकी तथा संबद्ध ईंधन चक्र, मैटीरियल साइंसेज, ईंधन के पुनर्संसाधन तथा सोडियम प्रौद्योगिकी के लिए समर्पित है। हम एक बात कहना चाहेंगे कि भारतीय परमाणु कार्यक्रम प्रौद्योगिकियों में आत्मनिर्भर है।

स्पिन-ऑफ प्रौद्योगिकियाँ

भारतीय परमाणु कार्यक्रम से कई महत्त्वपूर्ण स्पिन-ऑफ प्रौद्योगिकियाँ प्राप्त हुई हैं, जैसे सुपर कंप्यूटिंग प्रणाली 'अनुपम', रोबोटिक उपकरण, कैंसर के उपचार के लिए रेडियो आइसोटोप, रेडियो फार्मास्युटिकल्स, वाटर ट्रीटमेंट प्लांट, बेहतर बीजों तथा फल-सब्जियों के संरक्षण के लिए इरेडिएशन, भूमिगत पाइपलाइनों में लीकेज की पहचान, स्कैनजेट डिजिटल स्कैनर इमेज कैप्चरिंग, प्रॉसेसिंग तथा डिस्प्ले सिस्टम आदि। इसके अलावा मेटलर्जी, जैव प्रौद्योगिकी तथा इलेक्ट्रॉनिक क्षेत्रों में उल्लेखनीय प्रौद्योगिकीय योगदान रहे हैं।

भारत के अंतरिक्ष मिशन

पिछले चालीस वर्षों के दौरान भारत ने अंतरिक्ष, मिसाइलों तथा विविध एयरक्राफ्ट कार्यक्रमों में काफी प्रगति की है। डॉ. विक्रम साराभाई तथा प्रो. सतीश धवन जैसे स्वप्नद्रष्टाओं ने भारत में अंतरिक्ष कार्यक्रम की मजबूत नींव रखी। जुलाई 1980 में एस.एल.वी.-3 (उपग्रह प्रक्षेपण यान) के सफल प्रक्षेपण के साथ भारत ने लो अर्थ ऑरबिटिंग सेटेलाइटों को कक्षा में स्थापित करने

के लिए स्वदेशी प्रक्षेपण क्षमता प्राप्त कर ली और अंतरिक्ष क्लब का एक अभिन्न सदस्य बन गया। इसके बाद ऑगमेंटेड सेटेलाइट लॉञ्च वेइकल (ए.एस.एल.वी.) ने वैज्ञानिक प्रयोगों के लिए बड़े उपग्रहों को कक्षा में स्थापित करने की योग्यता को बढ़ाया। प्रक्षेपण यान प्रौद्योगिकी में एक और बड़ी सफलता पोलर सेटेलाइट लॉञ्च वेइकल (पी.एस.एल.वी.) के साथ मिली, जो विभिन्न देशों के लिए एक मिशन में कई उपग्रहों के प्रक्षेपण में सक्षम है।

चित्र संख्या 6.3 : अंतरिक्ष प्रौद्योगिकी के प्रयोग

जियोसिंक्रोनस सेटेलाइट लॉञ्च वेइकल (जी.एस.एल.वी.) के प्रक्षेपण ने अंतरिक्ष के क्षेत्र में भारत की योग्यता को प्रमाणित कर दिया है। भारतीय दूर संवेदी (इंडियन रिमोट सेंसिंग, आई.आर.एस.) उपग्रह श्रृंखला उच्च-विभेदन (हाई-रिजॉल्यूशन) छवियाँ उत्पन्न करते हैं, जो प्राकृतिक संसाधनों के प्रबंधन के लिए आवश्यक हैं। दूर संवेदकों के कई प्रयोग हैं, जैसे कि चित्र संख्या 6.3 में दिए गए हैं। आई.आर.एस. के चित्र अर्बन प्लानिंग, कृषि, तटीय भूमि प्रयोग, फिशिंग जोन, भू-जल संसाधन, भूमि संरक्षण, खनिज अन्वेषण, वन तथा पर्यावरण सुरक्षा आदि

के लिए आवश्यक विवरण प्रदान करते हैं। दि इंडियन नेशनल सेटेलाइट (इनसेट) शृंखला भी देश की संचार, टेलीविजन तथा मौसम विज्ञान की आवश्यकताओं की पूर्ति करता है। पी.एस.एल.वी. के क्रियाशील होने तथा जी.एस.एल.वी. के आकार लेने की प्रक्रिया के साथ इसरो ने न केवल प्रक्षेपण तथा उपग्रह क्षमता में आत्मनिर्भरता प्राप्त कर ली है, बल्कि वह कॉस्ट इफेक्टिव प्रक्षेपण सेवाएँ देने तथा विभिन्न देशों के लिए उपग्रह बनाने में भी सक्षम है। देश के विकास के लिए अंतरिक्ष प्रौद्योगिकी के इस्तेमाल का डॉ. साराभाई का सपना एक वास्तविकता बन गया है।

सामाजिक रूपांतरण में अंतरिक्ष प्रयोगों की एक बड़ी भूमिका है। इनमें टेलीएजुकेशन, टेलीमेडिसिन तथा इंटीग्रेटेड हेल्थकेयर, सामुदायिक विकास के लिए कनेक्टिविटी, ऊर्जा उत्पत्ति के लिए सौर ऊर्जा उपग्रह तथा समुद्री संसाधनों से पानी का खारापन दूर करना तथा अंतरिक्ष यात्रा शामिल हैं। वर्ष 2020 में अंतरिक्ष प्रौद्योगिकी द्वारा 20 लाख वी-सैट टर्मिनल के साथ 10 करोड़ फोन कनेक्शन, वर्चुअल ऑर्गेनाइजेशन, रियल टाइम यूनिवर्सल लैंग्वेज ट्रांसलेशन इत्यादि प्राप्त होने की उम्मीद है (चित्र संख्या 6.4)।

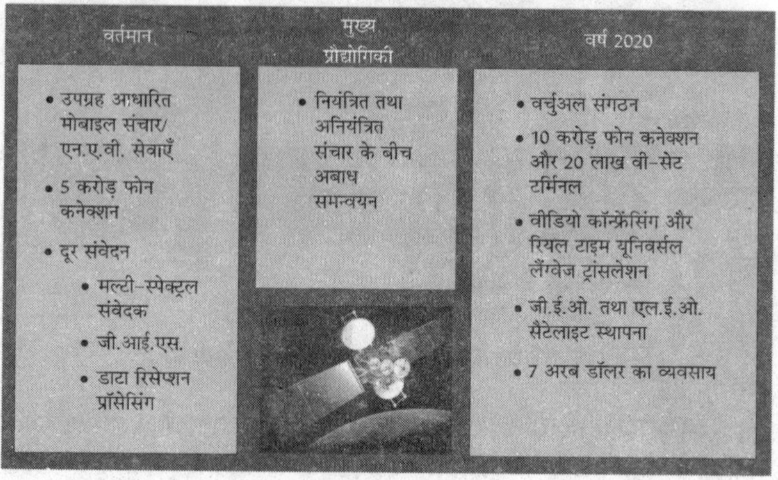

चित्र संख्या 6.4 : अंतरिक्ष संचार तथा दूर संवेदन

वैमानिकी

एन.ए.एल. ने एक छोटे एयरक्राफ्ट 'हंसा' का उड़ान परीक्षण किया तथा एच.ए.एल. ने उन्नत हलके हेलीकॉप्टर (ए.एच.एल.) का उड़ान परीक्षण किया।

ए.एल.एच. एक अनूठा, बहुपक्षीय, उत्कृष्ट, कॉस्ट-इफेक्टिव हेलीकॉप्टर है और आनेवाले वर्षों में भारतीय उड्डयन का हिस्सा बनेगा। इसकी संरचना संयोजित है, जिसमें इलास्टोमीटरिक बेयरिंग सहित कब्जा-रहित संयोजित मुख्य घूर्णक, एक बेयरिंग-रहित सम्मिश्र पिछला घूर्णक तथा दीर्घ जीवन और निम्न जीवन-चक्र लागत सुनिश्चित करनेवाले क्रैशवर्दी सम्मिश्र एयरफ्रेमवाला है।

चित्र संख्या 6.5 : वैमानिकी तथा अंतरिक्ष मिशन

डी.आर.डी.ओ. के 'लक्ष्य' तथा 'निशांत' मानवरहित हवाई यान हैं, जिन्हें क्रमशः लक्ष्य तथा गहन सर्वेक्षण के लिए इस्तेमाल किया जाता है। उपलब्ध मिग विमानों को उड्डयन प्रणालियों तथा नए हथियारों से अपग्रेड किया गया है, जिससे एक कॉस्ट-इफेक्टिव तरीके से उसका जीवनकाल दस वर्ष बढ़ गया है। वैमानिकी समुदाय के लिए वास्तविक मील का पत्थर था हलके लड़ाकू विमान (एल.सी.ए.) के प्रारूपों की सफल प्रदर्शन उड़ान। एच.ए.एल. द्वारा आई.जे.टी. की हालिया सफलता एक उल्लेखनीय सफलता है। आज हमारे देश के पास नागरिक, ट्रेनर तथा सैन्य विमानों की डिजाइन तथा विकास क्षमता है। कुल मिलाकर भारत के वायु आकाश प्रणाली कार्यक्रम ने उल्लेखनीय प्रगति की है, जैसा कि चित्र संख्या 6.5 में दरशाया गया है।

भारत का निर्देशित मिसाइल कार्यक्रम

मिसाइल कार्यक्रम में भारत ने रणनीतिक मिसाइल प्रणालियों के रूप में 'पृथ्वी' तथा 'अग्नि' को बनाया है। 'पृथ्वी' एक कम दूरी की जमीन से जमीन पर मार करनेवाली मिसाइल है, जिसे एक गतिशील प्रक्षेपक से प्रक्षेपित किया जाता है और इसमें द्रव नोदक (लिक्विड प्रोपेलेंट) रॉकेट इंजन, हलके वजन के एयरफ्रेम, हाई एक्यूरेसी स्ट्रैपडाउन इनर्शियल गाइडेंस सिस्टम तथा इलेक्ट्रोहाइड्रोलिक नियंत्रण प्रणाली इस्तेमाल की जाती है। 'पृथ्वी' को भारतीय सेना में शामिल किया जा चुका है। जल्द ही 'पृथ्वी' को वायुसेना में भी शामिल कर लिया जाएगा। 'पृथ्वी' के नौसैनिक प्रतिरूप 'धनुष' का एक जहाज से सफल प्रक्षेपण किया गया। 'अग्नि' एक मध्यम दूरी की बैलिस्टिक मिसाइल है। विशेष रूप से विकसित कार्बन संयोजित पुनःप्रवेश यान संरचना (कार्बन कंपोजिट रि-एंट्री वेइकल स्ट्रक्चर), पुनःप्रवेश निर्देशन तथा नियंत्रण (रि-एंट्री गाइडेंस एंड कंट्रोल), ठोस नोदक (सॉलिड प्रोपेलेंट) रॉकेट मोटर, उन्नत निर्देशन परिकलन-प्रक्रिया (एडवांस्ड गाइडेंस एलगोरिद्म्स) आई.आर.बी.एम. की कुछ विशेषताएँ हैं। 'अग्नि' अब सेना में शामिल किए जाने के चरण में है।

हमने हाल में मिसाइल प्रणाली में एक नई सफलता हासिल की जब फरवरी

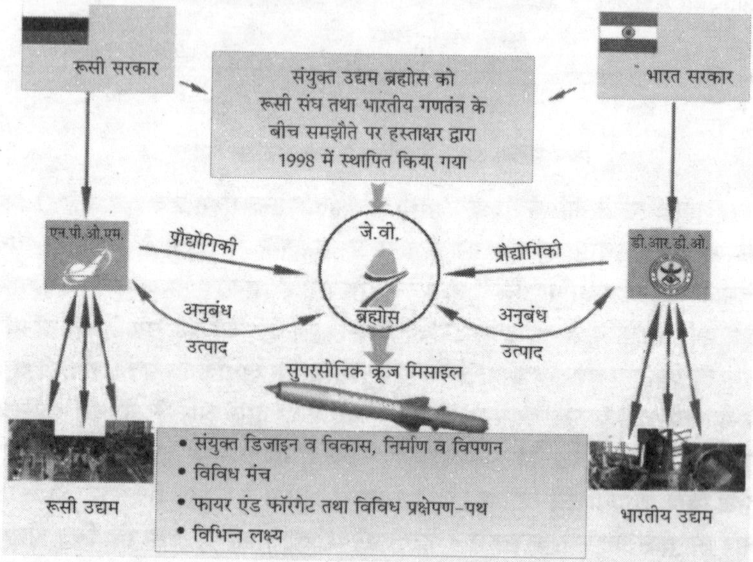

चित्र संख्या 6.6 : संयुक्त उद्यम 'ब्रह्मोस'

2003 में एक इंडो-रूसी संयुक्त उद्यम सुपरसोनिक क्रूज मिसाइल 'ब्रह्मोस' को एक भारतीय युद्धपोत से सफलतापूर्वक प्रक्षेपित किया गया। यह परियोजना रूसी संस्थानों के साथ भारतीय मिसाइल प्रौद्योगिकियों की क्षमताओं का लाभ उठाती है और दुनिया के आगे यह प्रमाणित करती है कि उन्नत प्रौद्योगिकी में एक संयुक्त उद्यम कम-से-कम समय में दूरगामी योग्यता के साथ एक उच्च क्षमतावाले उत्पाद को जन्म दे सकता है। भारत तथा रूस को छोड़कर किसी अन्य देश ने इस स्तर का सुपरसोनिक क्रूज मिसाइल विकसित नहीं किया है। इस प्रकार, भारत ने इस संयुक्त उद्यम के द्वारा एक उत्तम प्रौद्योगिकी प्रणाली प्राप्त की है (चित्र संख्या 6.6)।

वायु आकाश प्रौद्योगिकी क्षमता

विभिन्न वायुआकाश कार्यक्रमों के क्रम में भारत ने विभिन्न उत्तम प्रौद्योगिकियाँ विकसित कीं (चित्र संख्या 6.7)। एडवांस्ड सॉफ्टवेयर कोडों तथा सुपर कंप्यूटिंग क्षमता के साथ कंप्यूटेशनल फ्लूड डायनेमिक्स (सी.एफ.डी.) भारत के लिए एक केंद्रीय क्षमता के रूप में उभरता है। सी.एफ.डी. में विशेषज्ञता डिफेंस रिसर्च एंड डेवलपमेंट लेबोरेटरी (डी.आर.डी.एल.), विक्रम साराभाई स्पेस सेंटर (वी.एस.एस.सी.), नेशनल ऐरोनॉटिकल लेबोरेटरी (एन.ए.एल.), ऐरोनॉटिकल डेवलपमेंट एजेंसी (ए.डी.ए.) तथा इंडियन इंस्टीट्यूट ऑफ साइंस में उपलब्ध है। सी.ए.डी./सी.ए.एम. वायुआकाश प्रणालियों के लिए महत्त्वपूर्ण हो गए हैं। ए.डी.ए. ने वर्चुअल रियलिटी के लिए अनूठी सॉफ्टवेयर क्षमता स्थापित की है, जो डिजाइन तथा प्रोडक्ट रियलाइजेशन समय को 40 प्रतिशत तक घटा देती है। फाइबर ऑप्टिक्स तथा बेहतरीन परिशुद्धताओं के साथ रिंग लेजर जाइरोस, माइक्रोप्रोसेसर, माइक्रोवेव उपकरण तथा घटक, फेज शिफ्टर, ऑनबोर्ड कंप्यूटर तथा सिलिकॉन की उपलब्धता और वी.एल.एस.आई एवं एम.एम.आई.सी. घटकों के लिए गैलियम आरसेनाइड ढलाई कारखानों ने विकसित देशों पर भारत की निर्भरता को कम करने में मदद की है।

सूचना प्रौद्योगिकी में चुनौतियाँ हैं, विशेषकर सॉफ्टवेयर सुरक्षा के संबंध में। भारत स्वामित्व समाधानों में यकीन करता है। एक प्रतिस्पर्धात्मक वातावरण में इन स्वामित्व समाधानोंवाले बिजनेस प्रैक्टिस में किसी छोटे परिवर्तन के कारण सूचना प्रौद्योगिकी के प्रसार तथा ऐरोस्पेस प्रणालियों में उसके प्रभाव का हानिकारक असर हो सकता है। इस प्रकार, भारत को ओपन सोर्स कोड का आश्रय लेना चाहिए, ताकि वायु आकाश समुदाय अपनी सुरक्षा परिकलन-प्रक्रिया बना सके।

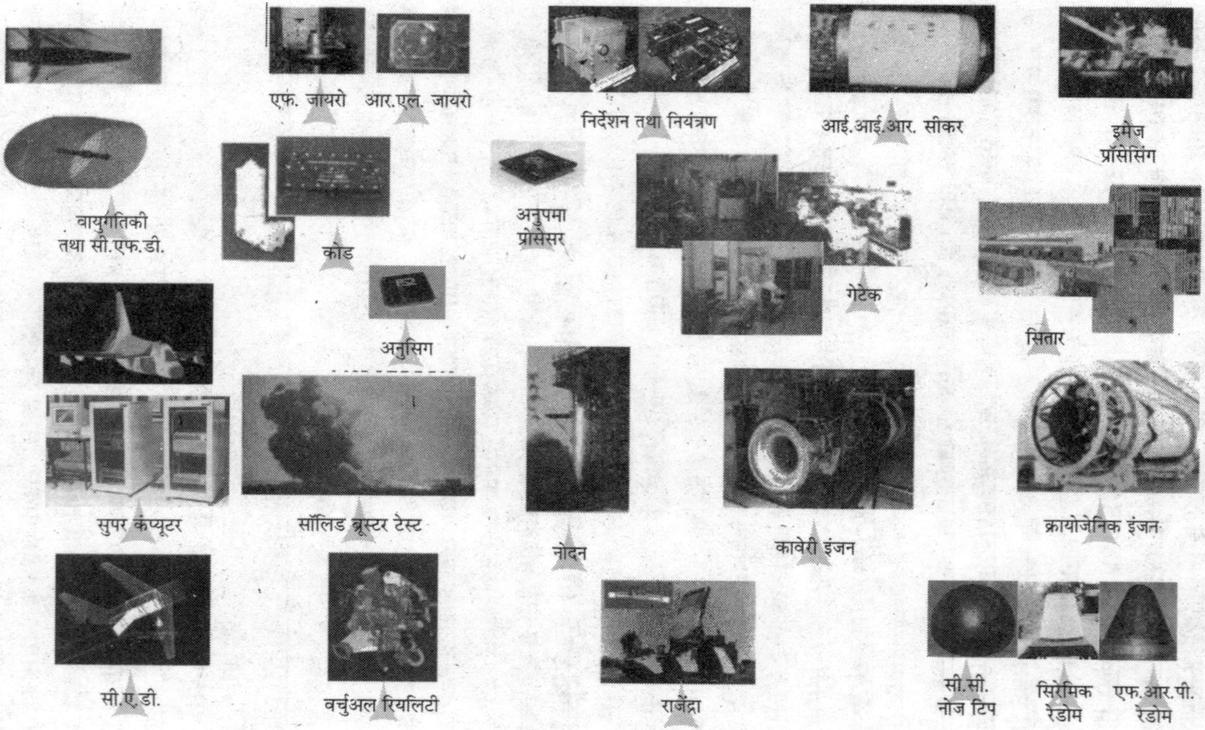

चित्र संख्या 6.7 : वायु शक्ति

नोदन के क्षेत्र में 500 टन प्रणोद उपलब्ध करानेवाले विशाल ठोस नोदक रॉकेट मोटर, डी.आर.डी.एल. तथा लिक्विड प्रोपल्शंस सिस्टम सेंटर (एल.पी.एस.सी.) में द्रव नोदन और 'कावेरी' तथा क्रायोजेनिक इंजनों के विकास प्रयास ने एक मजबूत आधार स्थापित किया है। इसके अतिरिक्त 'आकाश' के लिए ठोस नोदक रामजेट के विकास तथा 'ब्रह्मोस' में द्रव रामजेट प्रौद्योगिकी का उद्भव, उच्च सक्षम नोदन प्रणालियों के विकास में अत्यंत महत्त्वपूर्ण हैं।

कावेरी एक 80 के.एन. थ्रस्ट क्लास, ट्विन-स्पूल, लो-बाइपास, ऑगमेंटेड टर्बो फैन इंजन है। इस इंजन में फ्लैट रेटिंग विंशेषताएँ होती हैं, जिससे उच्च परिवेशी तापमान/फॉरवर्ड गति के कारण सामान्य थ्रस्ट ड्रॉप की क्षतिपूर्ति उपयुक्त स्वचालित नियंत्रण प्रणाली विशेषताओं द्वारा हो जाती है जो आवश्यकतानुसार टरबाइन एंट्री तापमान को बढ़ाने की अनुमति देता है। इसमें ड्राइ इंजन ऑपरेशन, आफ्टरबर्नर ऑपरेशन तथा नॉजल एरिया ऑपरेशन को नियंत्रित करने के लिए एक फुल अॅथोरिटी डिजिटल इंजन कंट्रोल सिस्टम (एफ.ए.डी.ई.सी.एस.) भी होता है। वायुसेना तथा नौसेना के लिए हलके लड़ाकू विमान में उन्नत एफ.ए.डी.ई.सी.एस. प्रयोग के साथ कावेरी इंजन की सफलता, यात्री विमान में प्रयोग का अन्वेषण करते हुए प्रगति के अवसर को प्रेरित करेगी। मध्यम लड़ाकू विमान तथा इससे अधिक की आवश्यकताओं को पूरा करने के लिए एक वेक्टर्ड नोजल जोड़ा जा सकता है।

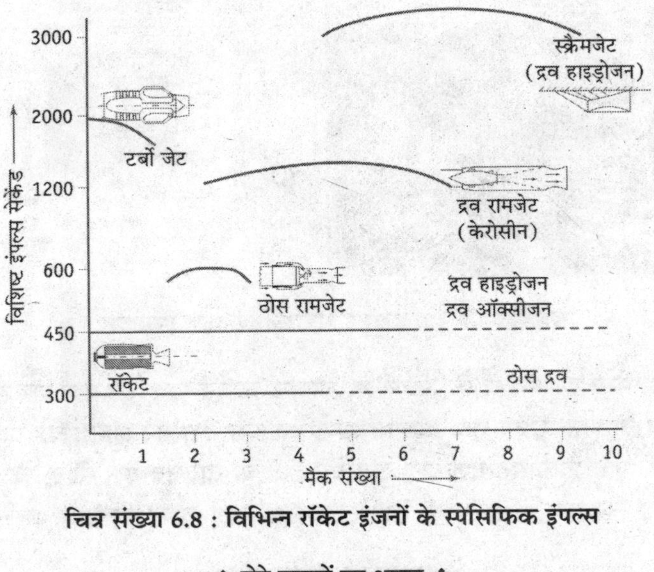

चित्र संख्या 6.8 : विभिन्न रॉकेट इंजनों के स्पेसिफिक इंपल्स

'पृथ्वी' के द्रव नोदक इंजन ने विभिन्न पेलोडों के साथ विभिन्न रेंजों के लिए प्रदर्शन में उच्च विश्वसनीयता स्थापित की। प्रत्येक नोदन प्रणाली के लिए ऊर्जा स्तर को स्पेसिफिक इंपल्स (सेक) में मापा जाता है। ठोस तथा द्रव नोदक स्पेसिफिक इंपल्स का 300 सेक, क्रायोजेनिक्स 450 सेक, ठोस रामजेट 600 सेक और द्रव रामजेट 1200 सेक प्रदान करते हैं, जैसा कि चित्र संख्या 6.8 में दरशाया गया है। साथ ही मैक संख्या में प्रणाली की संभावित गति प्रदान करते हैं।

इस प्रकार, 'ब्रह्मोस' में इस्तेमाल किया गया द्रव रामजेट इंजन ठोस नोदकों की ऊर्जा स्तर का चार गुना है, साथ ही उसमें कम वजन, कम मात्रा, उत्कृष्ट ईंधन अर्थव्यवस्था तथा सुपरसोनिक क्रूज मोड में ऑपरेशन की विस्तृत ऊँचाई के फायदे हैं (चित्र संख्या 6.9)। इसके अलावा 'ब्रह्मोस' को विमान, जहाज, पनडुब्बी तथा तट सहित विविध मंचों से प्रक्षेपित किया जा सकता है।

Range – 290 km   W – 3000 kg   L – 8930 mm   D – 650 mm

मंच   उड़ान प्रक्षेपण-पथ

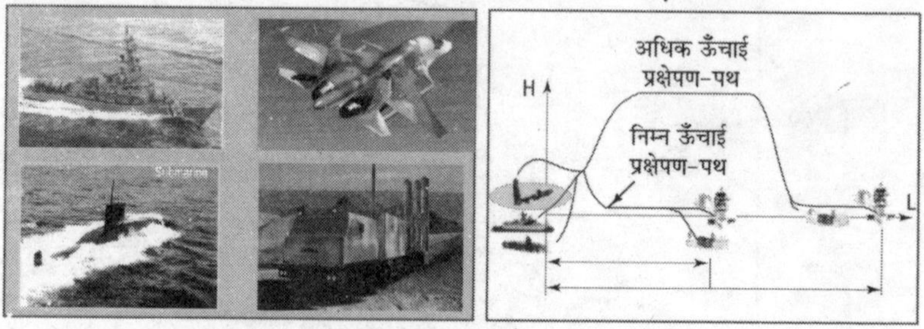

चित्र संख्या 6.9 : 'ब्रह्मोस' सुपरसोनिक क्रूज मिसाइल

सम्मिश्र प्रौद्योगिकी में 'अग्नि' का कार्बन-कार्बन नोज टिप तथा एल.सी.ए. के उच्च तापमान रेडोम तथा विशाल संयोजित पंख देश की क्षमता को प्रदर्शित करते हैं। एक विकसित देश द्वारा लगे प्रतिबंधों के बावजूद एल.सी.ए. के लिए विकसित नियंत्रण विधियों तथा डिजिटल फ्लाई-बाई-वायर नियंत्रण प्रणाली ने

विमान क्षेत्र में हमारी श्रेष्ठता को दिखाया। यह प्रौद्योगिकी क्षमता स्पष्ट रूप से दरशाती है कि भारत शैक्षिक संस्थानों, अनुसंधान तथा विकास संगठनों और उद्योग की नेटवर्किंग द्वारा विभिन्न प्रौद्योगिकियाँ प्राप्त कर सकता है। कुछ प्रौद्योगिकियों को प्राप्त करने में कुछ विलंब हो सकता है, परंतु भारत में रहने का निर्णय करने वाले भारतीय वैज्ञानिकों ने दिखाया है कि वे स्वदेशी प्रयासों से रणनीतिक प्रौद्योगिकियाँ विकसित कर सकते हैं और भारत को प्रौद्योगिकी देने से इनकार करनेवाले देशों के सामने यह प्रमाणित कर सकते हैं कि 'हम यह कर सकते हैं'। इस प्रकार, हम देखते हैं कि प्रौद्योगिकी निषेध तथा नियंत्रण पद्धतियों का हमारे वायु आकाश कार्यक्रमों पर प्रभाव नहीं पड़ा, जैसा कि अन्य देशों ने कल्पना की थी। भारत के मामले में प्रौद्योगिकी निषेध का अर्थ प्रौद्योगिकी प्राप्ति है।

वर्ष 2020 के लिए वायु आकाश रूपरेखा

आगे की ओर देखते हुए वायु आकाश प्रणालियों में केंद्रीय क्षमता प्राप्त होते हुए तथा बड़ी मात्रा में प्रतिभाशाली जनशक्ति के उपलब्ध होते हुए, हम स्वदेशी उड्डयन प्रौद्योगिकी के साथ वायु से वायु में मार करनेवाली मिसाइल 'अस्त्र' तथा एस.यू. 30 एम.के.आई. के साथ हलके लड़ाकू विमान को आकाश में उड़ते, उसके अस्त्र के रूप में 'ब्रह्मोस' मिसाइल का प्रक्षेपण, एन.ए.एल. द्वारा 'सारस' की परीक्षण उड़ान तथा डी.आर.डी.ओ. को अस्त्र डिलीवरी क्षमताओं के साथ

चित्र संख्या 6.10 : वायुआकाश भारत : वर्ष 2020 के लिए संभावित रूपरेखा

उन्नत यू.ए.वी. का सूत्रपात करते देखेंगे (चित्र संख्या 6.10)। हम इसरो को भारी उपग्रहों के साथ उन्नत जी.एस.एल.वी. तथा पी.एस.एल.वी. का प्रक्षेपण करते तथा चंद्र मिशन पर अपना ध्यान लगाते भी देखेंगे।

इसरो ने अकादमी की भागीदारी के साथ माइक्रो-सेटेलाइट विकसित करने के लिए एक कार्यक्रम आरंभ किया है। इसके आगे देखने पर हम हाइपरसोनिक रियूजेबल मिसाइल, भारत-निर्मित यात्री जेट तथा संभवतः हाइपरप्लेन के पहले रूप का प्रयोग देखेंगे। हाइपरप्लेन अधिक पेलोड सक्षमता प्राप्त करने के लिए एक उत्तम कृति है; अंतरिक्ष में 'मास एडिशन' की इस भारतीय अवधारणा को विश्व के विशेषज्ञों द्वारा उपयुक्त माना गया है। दुनिया जल्द ही देशों को अंतरिक्ष मिशनों में जैव प्रौद्योगिकी का उपयोग करते तथा ब्लेंडेंड विंग एयरक्राफ्ट डिजाइन करते भी देखेगी जो हजारों लोगों को एक उड़ान में ले जा सकेगा। अन्य महत्त्वपूर्ण प्रौद्योगिकियों में सिक्योर कम्युनिकेशन सिस्टम तथा हाई-पावर माइक्रोवेव और लेजर, मल्टी-सेंसर डाटा फ्यूजन आदि शामिल हैं।

यात्री विमान

भारत के विजन 2020 में विशेषज्ञों की समिति द्वारा किए गए एक अध्ययन ने भारत में विमान उत्पादन के लिए विशाल संभावना की ओर संकेत किया है। प्रौद्योगिकी विजन 2020 ने अनुमान लगाया है कि भारतीय बाजार में छप्पन 300 सीटोंवाले विमान, इकतीस 200 सीटोंवाले विमान, सत्तर 150 सीटोंवाले विमान तथा पैंसठ 100 सीटोंवाले विमान की माँग है। इसी प्रकार, निर्यात बाजार में, लगभग दो सौ अस्सी 100 सीटोंवाले विमानों की माँग है। इन खोजों से यह निष्कर्ष निकाला गया है कि भारत में 120 सीटोंवाले विमान का उत्पादन आर्थिक रूप से उपयुक्त होगा (चित्र संख्या 6.11)।

एल.सी.ए., ए.एल.एच., आई.जे.टी. तथा संयोजित संरचनावाली मिसाइलों, ब्रेक पैड, फ्लाई-बाई-वायर कंट्रोल सिस्टम, इनर्शियल नेविगेशन सिस्टम, कंट्रोल पैकेजों तथा स्पेशल मैटीरियल्स के द्वारा विकसित प्रौद्योगिकी हमारे अपने देश में उपलब्ध हैं। केवल इन प्रौद्योगिकियों को हलके परिवहन विमान के साथ समन्वित करने तथा 120 सीटोंवाले यात्री विमान को विकसित करने की आवश्यकता है। भारत तथा रूस द्वारा संयुक्त रूप से वायुआकाश उद्योगों तथा शैक्षिक संस्थानों के बीच प्रौद्योगिकी भागीदारी द्वारा हलके परिवहन विमान विकसित किए जा रहे हैं।

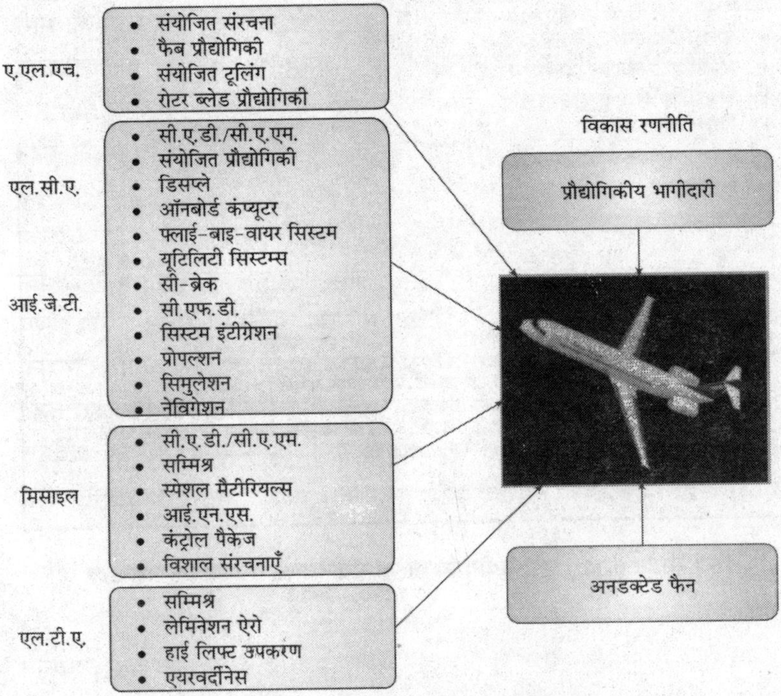

चित्र संख्या 6.11 : 120 सीटोंवाला यात्री विमान

अध्ययनों ने अनडक्टेड फैनों के प्रयोग द्वारा विशाल ईंधन कार्यक्षमता के लिए भी संभावना दरशाई है।

पराध्वनिक पुनः प्रयोग किए जा सकने वाले यान

हाइपरसोनिक प्रौद्योगिकी रामजेट तथा स्क्रैमजेट इंजन का प्रयोग अधिक गति प्राप्त करने के लिए एक उभरता क्षेत्र है। 30-40 किलोमीटर की ऊँचाई पर क्रूज मोड में 7 मैक पर 2,000 किलोमीटर की रेंज तक उड़ते तथा प्रक्षेपण बिंदु तक वापस लौटते वायु प्रक्षेपित रियूजेबल हाइपरसोनिक मिसाइल के लिए एक अध्ययन किया गया है (6.12)।

ऐसे मिशन विविध प्रयोगों के लिए अत्यंत उपयोगी होंगे। हाइपरप्लेन के मामले में लक्ष्य अधिक पेलोड फ्रैक्शन प्राप्त करना था। 2,000 टन टेक-ऑफ वजनवाला अमेरिका का स्पेस शटल 1.5 प्रतिशत का पेलोड फ्रैक्शन देते हुए लो

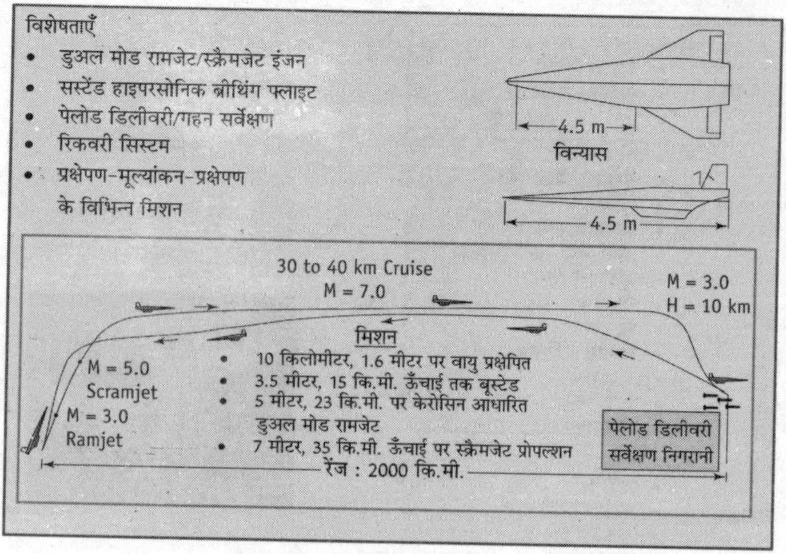

चित्र संख्या 6.12 : पुनः प्रयोग किया जा सकनेवाला पराध्वनिक प्रक्षेपास्त्र

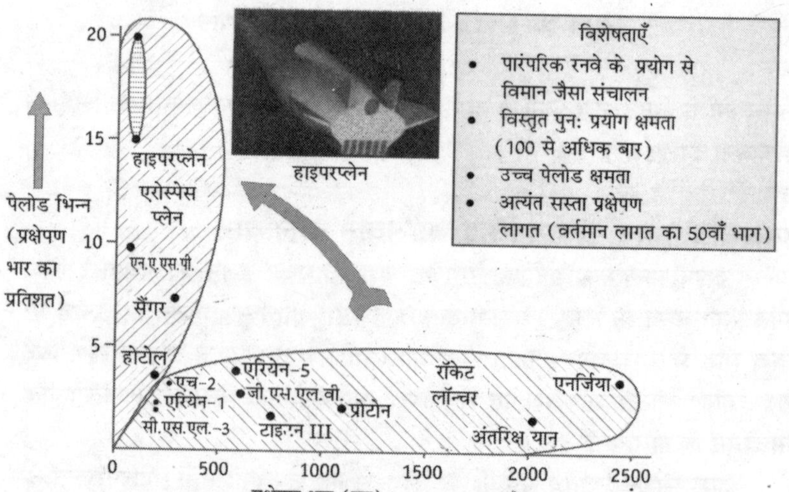

चित्र संख्या 6.13 : वायुआकाश यान की पेलोड प्रभावकारिता

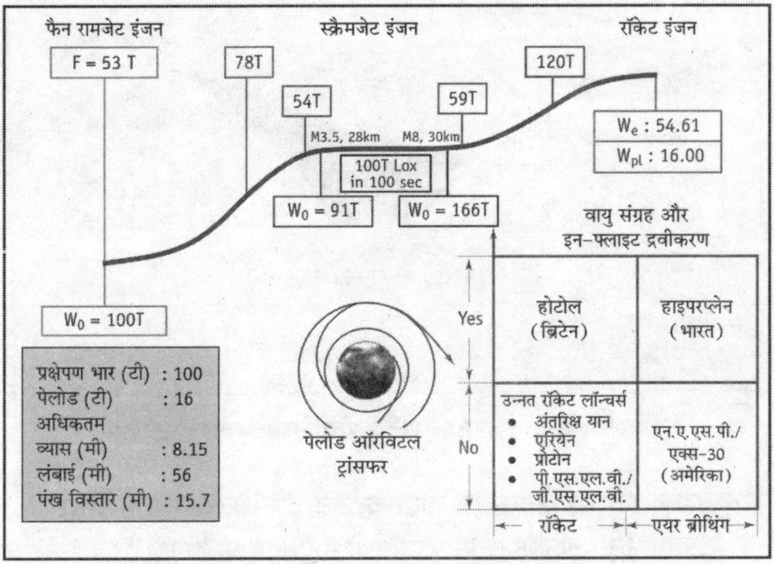

चित्र संख्या 6.14 : हाइपरप्लेन मिशन प्रोफाइल

अर्थ ऑरबिट में केवल 30 टन प्रक्षेपित कर सकता है (चित्र संख्या 6.13)। हाइपरप्लेन की भारतीय अवधारणा में 15 प्रतिशत पेलोड फ्रैक्शन प्राप्त करने का लक्ष्य रखा गया है। यह उल्लेखनीय रूप से प्रति मिशन प्रक्षेपण लागत को कम करेगा और विभिन्न मिशनों जैसे—परिवहन, गहन सर्वेक्षण, पेलोड डिलीवरी, सेटेलाइट इंजेक्शन आदि को सक्षम बनाएगा। हाइपरप्लेन का एक प्रारूपी मिशन (चित्र संख्या 6.14) फैन रामजेट इंजन इस्तेमाल करते हुए 100 टन वजन के साथ उड़ान भरता है, लगभग 1,000 सेकेंड तक स्क्रैमजेट मोड पर काम करता है, इसके दौरान वह छूटी हुई हवा एकत्र करता है, उसे ठंडा करता है और लिक्विड ऑक्सीजन के रूप में पृथक् करता है। यह उसका वजन 166 टन तक बढ़ा देता है; इसके बाद वह 15-16 टन के पेलोड के लिए लिक्विड ऑक्सीजन और स्टोर किए हुए लिक्विड हाइड्रोजन का इस्तेमाल करते हुए रॉकेट इंजन मोड में उड़ता है। उड़ान में मास एडिशन की यह अनूठी अवधारणा भारतीय वैज्ञानिकों द्वारा सोची गई है और पेटेंट करा ली गई है।

हाइपरसोनिक प्रौद्योगिकियों में डिजाइन चुनौतियाँ चित्र संख्या 6.15 में प्रदर्शित की गई हैं। भारत में स्क्रैमजेट प्रोपल्शन प्रौद्योगिकी प्रदर्शित करने के प्रयास किए गए हैं तथा एयर लिक्विफैक्शन के साथ प्रयोग के प्रयास किए जा रहे हैं।

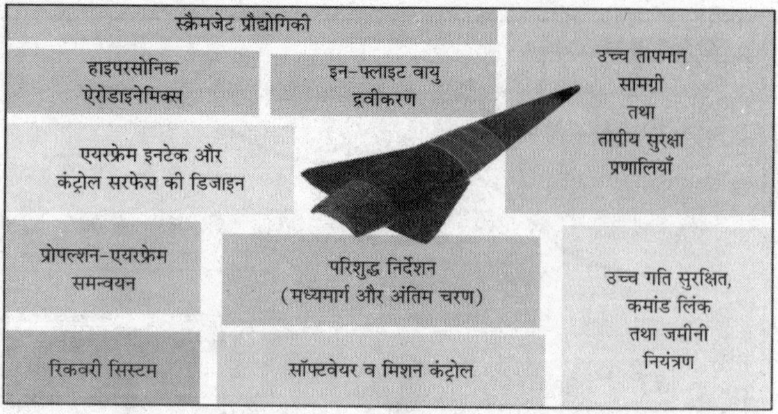

चित्र संख्या 6.15 : हाइपरसोनिक प्रौद्योगिकी डिजाइन चुनौतियाँ

रियूजेबल लॉञ्च वेइकल्स तथा कॉस्ट इफेक्टिव रणनीतियाँ

भारत में सूचना तथा संचार प्रौद्योगिकी में विस्तृत संभावनाएँ हैं। यह अंतरिक्ष प्रौद्योगिकी के साथ मिलकर भावी अंतरिक्ष गतिविधियों में भारत को प्रमुख देशों में से एक होने के विस्तृत अवसर प्रदान करेगा। इसलिए यह अन्य देशों के लिए मात्र व्यावसायिक प्रतिस्पर्धा के बजाय भारत के साथ जुड़कर बड़े सार्वभौमिक मिशन आरंभ करने तथा पूरी मानवता को अंतरिक्ष के लाभ प्रदान करने का एक अच्छा अवसर है। यह विकासशील तथा विकसित देशों के बीच अंतर को कम करने में मदद करेगा।

मानवता के दृष्टिकोण से विश्व अंतरिक्ष समुदाय के लिए नए अवसरों की कुंजी नए बाजारों के निर्माण में है, ताकि मानव-ग्रह संघर्ष को कम किया जा सके और ऊर्जा, जल तथा खनिज संसाधनों के लिए आसन्न संकट का कोई समाधान खोजा जा सके। रियूजेबल लॉञ्च वेइकल्स के लिए लागत कम करनेवाली रणनीतियाँ चित्र संख्या 6.16 में दी गई हैं।

ऐसे नए मिशनों का निर्माण बेहतर क्षमता उपयोग तथा कम लागतवाले अंतरिक्ष परिवहन को प्रेरित करेगा। भारत पहले से ही अंतरिक्ष में छोटे तथा बड़े पेलोडों के लिए नवीन डिजाइन अवधारणाएँ विकसित करने के लिए काम कर रहा है। सिंगल तथा दो-चरणीय रियूजेबल लॉञ्च वेइकल अवधारणाओं की जाँच की जा रही है। यहाँ पर लक्ष्य अंतरिक्ष तक पहुँच की लागत कम करना है। एक छोटी वैज्ञानिक सफलता भी, उदाहरण के लिए एयर-ब्रीथिंग प्रोपल्शन सिस्टम में एक

अंतरिक्ष परिवहन क्रांति को प्रेरित कर सकती है। विश्व अंतरिक्ष समुदाय ने ऐसे अनुसंधानों में बड़े पैमाने पर निवेश किया है। इसलिए एक ऐसी प्रौद्योगिकी के लिए तुरंत एक वैश्विक प्रयास की आवश्यकता है जिससे कम लागत में अंतरिक्ष तक पहुँच सुनिश्चित हो सके।

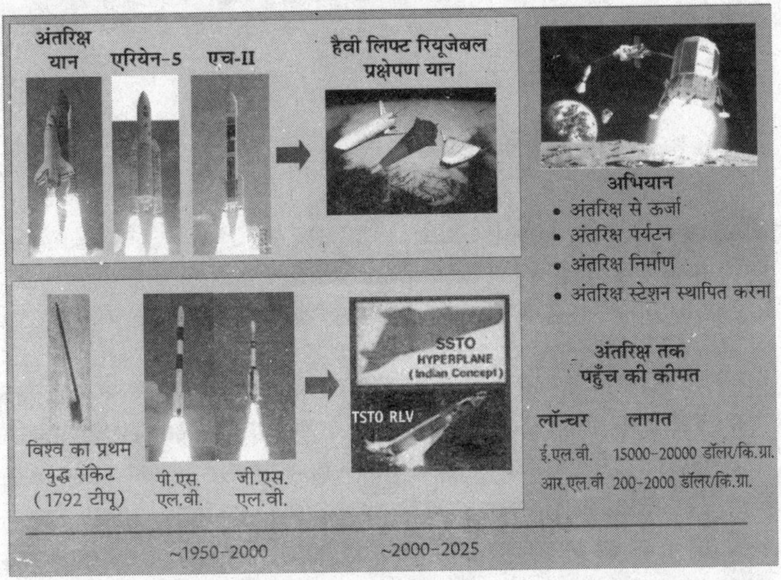

चित्र संख्या 6.16 : रियूजेबल लॉञ्च वेइकल्स के लिए कॉस्ट इफेक्टिव रणनीतियाँ

सौर ऊर्जा उपग्रह

अध्ययनों ने दरशाया है कि पुराने ईंधनों जैसे तेल तथा गैस की उपलब्धता वर्ष 2075 तक तथा कोयले की उपलब्धता वर्ष 2100 तक समाप्त हो जाएगी। इसलिए आसन्न ऊर्जा संकट से निपटने के लिए, बाह्य अंतरिक्ष के विकास तथा विस्तृत व्यावसायिक उपयोग का सुझाव दिया गया है, प्रकाश-वोल्टीय (फोटोवोल्टेइक) सौर ऊर्जा उपग्रहों का निर्माण किया जाएगा, जो पृथ्वी पर इस्तेमाल के लिए विद्युत् शक्ति उत्पन्न करेंगे। पृथ्वी के ऊपर एक ऑरबिट में सौर ऊर्जा 99 प्रतिशत समय के लिए उपलब्ध होती है और वह पृथ्वी पर प्राप्त ऊर्जा से काफी अधिक होती है। विशाल सौर ऊर्जा स्टेशन सौर प्रवाह को माइक्रोवेव ऊर्जा में परिणत करते हैं और उसे पृथ्वी पर ऑफ-शोर स्थानों पर स्थित रिसीविंग स्टेशनों तक भेजते हैं (चित्र संख्या 6.17)। लेकिन, अंतरिक्ष में सोलर पावर स्टेशन के

भार	: 10000 मीट्रिक टन
लागत	: 450 अरब रुपए
कलेक्टर क्षेत्र	: 12 वर्ग कि.मी.
पृथ्वी पर ऊर्जा	: 1000 मेगावाट

चित्र संख्या 6.17 : सौर ऊर्जा उपग्रह

निर्माण में उन्नत वायु आकाश प्रौद्योगिकियों का प्रयोग करते हुए हाइपरप्लेन, एक हैवी लिफ्ट उच्च क्षमता स्पेस कारगो वेइकल के इस्तेमाल की आवश्यकता पड़ेगी। अध्ययनों से अनुमान लगाया है कि लगभग 1,000 मेगावाट बिजली उत्पन्न करने वाले एक सोलर पावर स्टेशन के लिए 12 स्क्वायर किलोमीटर प्रकाश वोल्टीय सेलों की पंक्ति की आवश्यकता होगी तथा उसका वजन 1,00,000 टन होगा। ऐसे सोलर पावर स्टेशन को बनाने में तीन वर्ष लगेंगे, जिसमें लो अर्थ ऑरबिट में निर्माण सामग्री पहुँचाने के लिए हाइपरप्लेनों की आवश्यकता होगी।

अंतरिक्ष कॉलोनी

दुनिया की जनसंख्या के 6 अरब होने तथा अगले सौ वर्षों में 30 अरब तक पहुँचने के अनुमान के कारण अंतरिक्ष में लोगों को बसाने तथा वहाँ शहर बनाने की संभावना पर अन्वेषण करने के प्रयास किए जा रहे हैं, जहाँ हजारों पृथ्वी वासी रह पाएँगे। उस कॉलोनी में हवा-पानी, झील तथा पहाड़ होंगे। वहाँ कृत्रिम गुरुत्वाकर्षण तथा पृथ्वी के समान पर्यावरणीय संरचना, वायुदाब तथा तापमान होगा और लोग पृथ्वी की तरह वहाँ खड़े होने और टहलने में सक्षम होंगे। प्रकाश एक विशाल रिफ्लेक्टिव मिरर द्वारा प्रदान किया जाएगा, जो सूर्य की किरणों को उस कॉलोनी में प्रकाशित करेगा। निवास योग्य क्वार्टर डोनट आकार के होंगे (चित्र संख्या 6.18)।

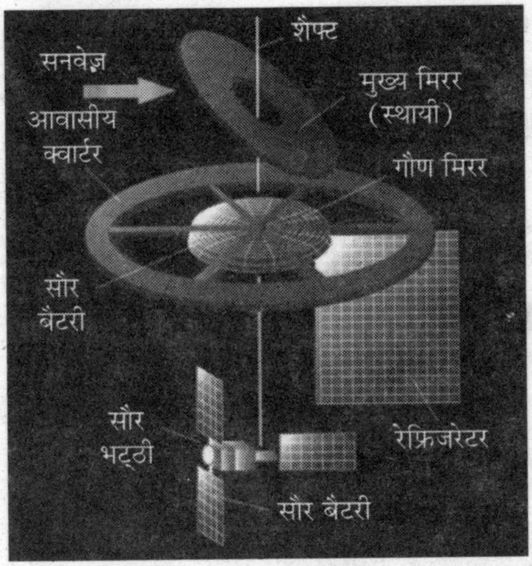

भार	: 1 करोड़ टन
लागत	: 12,500 अरब रुपए
समय	: 20 वर्ष

चित्र संख्या 6.18 : अंतरिक्ष कॉलोनी

कॉलोनी में कृषि, पशुओं तथा पौधों के लिए भी भूमि होगी और उसका वजन लगभग 1 करोड़ टन होगा। अनुमानित लागत लगभग 12,500 अरब रुपए होगी और इस कॉलोनी को बनाने में लगभग बीस वर्ष लगेंगे।

प्रिंसटन विश्वविद्यालय के प्रो. गिरार्ड के. ओ नील ने पृथ्वी–चंद्रमा लिबरेशन प्वॉइंट में अंतरिक्ष कॉलोनी की कल्पना की है और तथाकथित 'स्पेस प्लांटों' को आरंभ करने का सुझाव दिया है। हैवी लिफ्ट लॉञ्च वेइकल्स (एच.एल.एल.वी.) या हाइपरप्लेनों की एक शृंखला का इस्तेमाल करना होगा, जिसमें हर हाइपरप्लेन सैकड़ों टन कारगो लो अर्थ ऑरबिट तक ले जाएगा तथा अंतरिक्ष कॉलोनी में लगने वाले इन उपकरणों को जी.ई.ओ. तक ले जाने तथा संयोजित करने के लिए 'स्पेस टग' नामक एक परिवहन सेवा का उपयोग किया जाएगा। दो संभावनाएँ हैं, एक एल.ई.ओ. से अंतरिक्ष कॉलोनी तक प्रत्यक्ष रूप से पेलोड ले जाना और दूसरा मार्ग है चंद्रमा पर मैटीरियल माइनिंग के लिए एक न्यूनतम सुविधा स्थापित करना और कैच प्वॉइंट एल2 के द्वारा एल4/एल5 प्वॉइंट तक पहुँचना। यह इसलिए, क्योंकि यदि अंतरिक्ष कॉलोनी पृथ्वी और चंद्रमा के बीच एल4/एल5 प्वॉइंट पर बनाया जाना है तो आवश्यक निर्माण सामग्रियों का परिवहन चंद्रमा से करना बेहतर होगा, क्योंकि वहाँ चंद्रमा का गुरुत्वाकर्षण बल पृथ्वी का 1/6वाँ भाग है, इसलिए वहाँ से उड़ान भरनेवाले रॉकेटों में कम ईंधन खर्च होगा। इस कारण अंतरिक्ष कॉलोनी पर काम शुरू होने से पहले चंद्रमा पर एक फैक्टरी स्थापित करनी होगी। चंद्रमा से

कॉलोनी तक उन सामग्रियों को लूनर मैटीरियल्स ट्रांसफर वेइकल द्वारा ले जाया जाएगा। इस योजना के अंतर्गत, चंद्रमा पर चट्टान और रेत एकत्रित किया जाएगा और निर्माण स्थल पर ले जाया जाएगा (चित्र संख्या 6.19)।

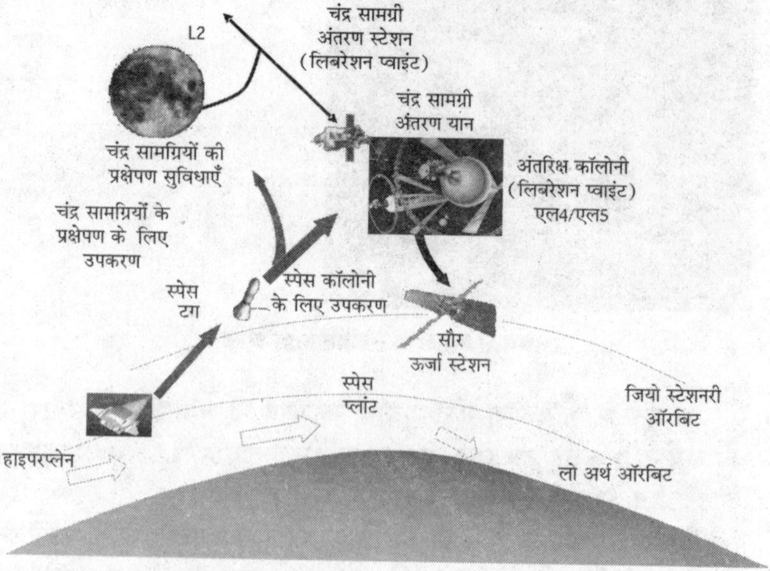

चित्र संख्या 6.19 : लिबरेशन प्वॉइंट पर अंतरिक्ष कॉलोनी

उद्योग साझेदारी

भारत में स्थित अनुसंधान और विकास संगठनों, खासकर इसरो और डी.आर.डी.ओ. ने मध्यम व छोटे उद्योगों सहित बहुत से निजी और सार्वजनिक क्षेत्र के उद्योगों ने भागीदारी की है। प्रौद्योगिकी विकास तथा निर्माण में शिक्षा तथा उद्योग क्षेत्र की विशाल भागीदारी का मार्गदर्शन करने के लिए एस.एल.वी.-3 और 'पृथ्वी' उल्लेखनीय उदाहरण हैं। कई भारतीय उद्योग समय के साथ विकसित होकर प्रणालियों के विकास तथा निर्माण के लिए सिस्टम डिजाइनर बन गए हैं।

वायु आकाश क्षेत्र में 10,000 करोड़ से अधिक के आधारभूत ढाँचे के साथ 3 लाख से अधिक इंजीनियर और तकनीशियन हैं। इसमें सशक्त मिशन प्रबंधन संस्कृति और प्रतिबद्ध भागीदारी है। इस राष्ट्रीय क्षमता और वायु आकाश प्रणालियों में बड़ी माँग के अवसर तथा निर्यात संभावना के कारण उद्योगों के लिए एक बड़ा व्यवसाय हमारे दरवाजे पर दस्तक दे रहा है। उच्च क्षमतावाले कॉस्ट-इफेक्टिव

ऐरोस्पेस प्रणालियों को साकार करने के लिए और भारत को भावी ऐरोस्पेस मिशनों में प्रमुख देश बनाने के लिए यह जरूरी है कि इस शक्ति को एक वायु आकाश उद्योग परिसर में समन्वित किया जाए। निर्यात के लिए उद्योग विकास महत्त्वपूर्ण है, जो अधिक सकल घरेलू उत्पाद तथा आर्थिक समृद्धि को प्रेरित करेगा।

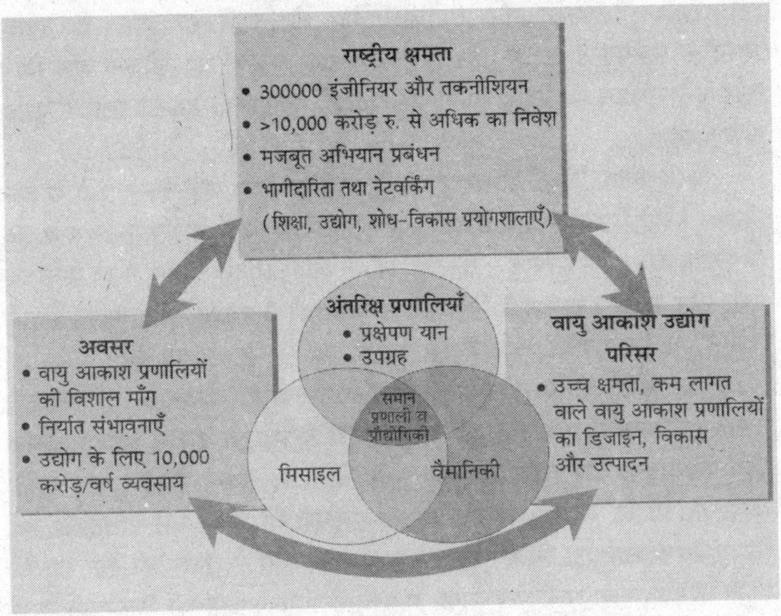

चित्र संख्या 6.20 : वायु आकाश प्रौद्योगिकी समन्वित क्षमता

असफलताओं से जूझना

भारत में उच्च प्रौद्योगिकी रणनीतिक परियोजनाओं में विफलताएँ मिलती रही हैं। लेकिन इन विफलताओं के कारण ही सफलता के बीज बोए गए। वायु आकाश परियोजनाओं में कई वैज्ञानिकों, तकनीशियनों, उद्योगों तथा संस्थानों द्वारा विकास और प्रयास के कई वर्षों के बाद एक प्रणाली को उड़ान परीक्षणों द्वारा प्रमाणित किया जाता है। वायु आकाश के क्षेत्र में ऐसे उड़ान परीक्षणों में विफलताएँ सामान्य हैं। असफलताओं से मिशन तथा परियोजना टीमें हतोत्साहित जरूर होती हैं, लेकिन ऐसी विफलताओं की समीक्षा करनेवाले तकनीकी विशेषज्ञ इससे काफी जानकारी प्राप्त करते हैं। वास्तव में, परियोजना के आरंभिक भाग में मिलनेवाली विफलताएँ उत्तम परिणाम देती हैं और इससे टीम के निर्माण में मदद मिलती है।

कुछ केसों को हमने खुद अनुभव किया है। 10 अगस्त, 1979 को एस.एल.वी.-3 का पहला प्रयोगात्मक प्रक्षेपण रोहिणी उपग्रह को लो अर्थ ऑरबिट में स्थापित करने के अपने लक्ष्य को प्राप्त करने में विफल रहा। एस.एल.वी.-3 विकसित करने के लिए सात वर्षों के निरंतर प्रयास के बावजूद मिशन असफल हो गया, जिसने वैज्ञानिकों और प्रौद्योगिकीविदों को निराश कर दिया। प्रो. सतीश धवन के मजबूत नेतृत्व में टीम ने विफलता के कारणों को खोजना शुरू किया और उसे सुधारने के प्रयास किए। 18 जुलाई, 1980 को उसका प्रक्षेपण पूर्णतः सफल रहा।

इसी प्रकार, 'पृथ्वी' मिसाइल के विकास के दौरान कई सफलताओं के बीच पी08 (पृथ्वी मिसाइल की आठवीं उड़ान) विफल रही। विशेषज्ञों के साथ एक विफलता विश्लेषण समिति ने कारणों को पहचाना, समाधान लागू करने के प्रयास किए और प्रक्षेपण से पहले मिशन के प्रदर्शन को अनुकृति में सत्यापित किया। 'अग्नि', ए.एस.एल.वी. और पी.एस.एल.वी. में ऐसे ही अनुभव हुए।

यह सुनिश्चित करना चाहिए कि विफलताएँ परियोजनाओं को अवरुद्ध न करें। वास्तव में विफलताओं का बहादुरी से सामना करना चाहिए, ताकि टीमें डिजाइन और परिणामों के मूल्यांकन पर ध्यान केंद्रित कर सकें। विफलताओं के विश्लेषण में विस्तृत अनुभव के लाभ को अनदेखा नहीं किया जाना चाहिए। लेकिन नायकों के पूर्ण सहयोग से सुधार की एक रणनीति होनी चाहिए। एक अच्छे नेतृत्व का मतलब है विफलताओं की जिम्मेदारी अपने ऊपर लेना और परियोजना टीम को विवादों से मुक्त करना। वही नेतृत्व परियोजना नेतृत्व को विफलता के विश्लेषण और देश में उपलब्ध विशेषज्ञों की मदद से समाधान खोजने में उपयुक्त सहयोग देता है। कई सफल परीक्षणों के बाद पी.एस.एल.वी., 'अग्नि' और 'पृथ्वी' क्रियाशील हैं।

समापन टिप्पणियाँ

आगामी दशक में रणनीतिक क्षेत्र में विश्व स्तर पर पाँच बड़ी प्रौद्योगिकीय क्रांतियाँ होंगी—

★ मानव-रहित सुपरसोनिक लॉन्ग रेंज तथा लो राडार क्रॉस-सेक्शन वायुयान बनाने में सुपरसोनिक वायुयान, मिसाइलों तथा अंतरिक्ष यान की विविध प्रौद्योगिकियों का समन्वयन। इसके स्थान पर मानव-चालित लड़ाकू विमान भी आ सकते हैं।

★ वर्तमान सबसोनिक क्रूज मिसाइलों का स्थान उच्च परिशुद्धतावाले सुपरसोनिक क्रूज मिसाइल ले लेंगे। ये तीव्र तथा लो राडार क्रॉस-सेक्शन मिसाइल खोजने में कठिन होंगे और शत्रु को बचने के लिए बहुत कम समय देंगे।

★ थल तथा वायु क्षेत्र की सुरक्षा के लिए अपने सेटेलाइट नेटवर्क के साथ एंटी--बैलिस्टिक मिसाइल राष्ट्रीय सुरक्षा का एक अभिन्न अंग बन जाएँगे। इसमें परमाणु अस्त्रों को नष्ट करने की क्षमता होगी।

★ भावी युद्धों में साइबर युद्ध प्रभावी होगा, जिसमें शत्रु देश महत्त्वपूर्ण संसाधनों पर नियंत्रण प्राप्त करने के लिए एक-दूसरे के कंप्यूटर नेटवर्क में जबरन घुसने का प्रयास करेंगे। सूचना युद्ध अधिक घातक हो जाएगा। लाभ प्राप्त करने के लिए भारत सूचना प्रौद्योगिकी की अपनी केंद्रीय क्षमता के द्वारा इसमें पहल कर सकता है।

★ एक पुनः प्रयोग किए जा सकने योग्य तथा कम लागतवाले प्रक्षेपण यान हाइपरप्लेन का कई उद्देश्यों के लिए डिजाइन तथा विकास। इस मिशन में बहुराष्ट्रीय भागीदारी की आवश्यकता है।

उपर्युक्त पाँच महत्त्वपूर्ण प्रणालियों का रणनीतिक क्षेत्र में सूचना तथा संचार प्रौद्योगिकी पर अधिक प्रभाव है, जिसका बौद्धिक अर्थव्यवस्था पर भी प्रभाव है। □

7

समन्वित बौद्धिक अर्थव्यवस्था

परिचय

इक्कीसवीं सदी ज्ञान युग या बौद्धिक युग से संबंधित है जहाँ ज्ञान की प्राप्ति, उपलब्धि और प्रयोग सबसे महत्त्वपूर्ण संसाधन हैं। इसलिए भारत जैसे विकासशील देश के लिए एक बौद्धिक समाज के रूप में विकसित होना और खुद को एक बौद्धिक अर्थव्यवस्था में बदलने के तरीकों व उपायों की पड़ताल करना आवश्यक है। यह अध्याय इस पहलू की विस्तृत पड़ताल करता है। यह अध्याय भारत के लिए विशिष्ट नवीन आदर्शों को भी प्रस्तुत करता है, जैसे सरकारी प्रशासन तथा प्रबंधन में पारदर्शिता लाने के लिए प्रयास।

'इक्कीसवीं सदी में पूँजी या श्रम के बजाय ज्ञान प्राथमिक उत्पादन संसाधन है।'

बौद्धिक समाज–परिभाषा और विशेषताएँ

पीटर एफ. ड्रकर के अनुसार बौद्धिक समाज एक ऐसा समाज है, जिसमें निम्नलिखित चीजें हों—

1. सीमाहीनता, क्योंकि ज्ञान धन से भी अधिक सहजता से भ्रमण करता है।
2. ऊपर की ओर गतिशीलता, सरलता से प्राप्त औपचारिक शिक्षा द्वारा प्रत्येक को उपलब्ध।
3. विफलता और सफलता दोनों की संभावना। हर कोई 'उत्पादन के माध्यम', यानी किसी नौकरी के लिए आवश्यक ज्ञान, प्राप्त कर सकता है; लेकिन हर कोई नहीं जीत सकता।

इक्कीसवीं सदी का संबंध बौद्धिक समाज से है। इसलिए विभिन्न देश ज्ञान की गतिकी को समझते हुए तथा उसे धन में परिणत करते हुए खुद को बौद्धिक समाज में बदलेंगे।

बौद्धिक समाज की निम्नलिखित विशेषताएँ हैं—

1. वह अपने सभी घटकों द्वारा ज्ञान का इस्तेमाल करता है और अपने लोगों को सशक्त तथा समृद्ध बनाने का प्रयास करता है।
2. वह सामाजिक बदलाव को प्रेरित करने के लिए ज्ञान को एक शक्तिशाली उपकरण के रूप में प्रयुक्त करता है।
3. वह नवीन प्रयोगों के प्रति प्रतिबद्ध एक विद्वान् समाज होता है।
4. उसमें ज्ञान को उत्पन्न करने, अवशोषित करने, प्रसारित करने, सुरक्षित करने तथा उसे आर्थिक संपन्नता और सामाजिक कल्याण में इस्तेमाल करने की क्षमता होती है।

सामाजिक परिवर्तन

पिछली कुछ शताब्दियों के दौरान दुनिया कई सामाजिक परिवर्तनों से गुजरी है। उसने कृषि समाज के रूप में अपना विकास शुरू किया जहाँ शारीरिक श्रम सबसे महत्त्वपूर्ण कारक था और आर्थिक विकास बड़े पैमाने पर प्राकृतिक उत्पादों, जैसे कच्चे माल तथा कृषि उत्पादों, पर आधारित था।

औद्योगिक क्रांति के आगमन के साथ आर्थिक विकास बड़े पैमाने पर प्रौद्योगिकीय विकास द्वारा प्रेरित हुआ, जिसके कारण मानव संसाधन का स्थान मशीनों ने ले लिया।

भारत औद्योगिक क्रांति का पूरी तरह लाभ नहीं उठा पाया, क्योंकि उन दशकों में हमारा देश विदेशी शासकों के अधीन था। लेकिन लाइसेंसधारी औद्योगिक संस्थान जरूर उभरे।

इस समाज ने स्पष्ट ज्ञान, यानी प्रौद्योगिकी के माध्यम से अपने उत्पादों को मूल्य-संवर्धित करके औद्योगिक उत्पाद उत्पन्न किए जिन्होंने देशों के आर्थिक विकास को प्रोत्साहित किया। इस प्रकार प्रौद्योगिकी, पूँजी और श्रम के प्रबंधन ने आर्थिक विकास में इस परिवर्तन के लिए प्रतिस्पर्धात्मक लाभ प्रदान किया।

विश्व एक सूचना समाज में प्रवेश कर चुका है। यह समाज नेटवर्किंग के द्वारा स्पष्ट ज्ञान में और मूल्य-संवर्धन करके आर्थिक विकास प्राप्त करता है। इस समाज में अब कनेक्टिविटी और सॉफ्टवेयर उत्पाद देशों की अर्थव्यवस्था को

संचालित कर रहे हैं। चित्र संख्या 1.7 (अध्याय 1) में इस पर चर्चा की गई थी।

कल का विश्व ज्ञान को उसके सबसे अधिक विस्तृत रूप में पहचानेगा और नेटवर्क पर्यावरण में नवीन ज्ञान-आधारित उत्पादों/सेवाओं के द्वारा उत्पादों में और मूल्य-संवर्धन करेगा। ये बौद्धिक उत्पाद बड़े पैमाने पर देशों के आर्थिक विकास में योगदान करेंगे।

कौशल, प्रतिभा, कल्पना-शक्ति और लोगों की सभ्यतागत शक्ति किसी देश की मूल्यवान् संपदा होती है। भूमंडलीकरण द्वारा प्रतियोगिता को प्रेरित किए जाने के साथ, विभिन्न देशों में प्रमुख भिन्नकारक विशेषता होगी इन प्राकृतिक क्षमताओं का पूर्ण लाभ उठाने और आवश्यक प्रतिस्पर्धात्मक लाभ प्रदान करने की उनके लोगों की योग्यता। इस व्यक्तिनिष्ठ ज्ञान, अनुभव, कल्पना तथा हमें अच्छा मानव बनाने वाली सभी प्रवृत्तियों को अपने देश की आवश्यकताओं तथा क्षमताओं के अनुकूल योजनाओं को प्रतिपादित के लिए समन्वित किया जाना चाहिए। ज्ञान-प्राप्ति तथा दक्षताओं में प्रशिक्षण के साथ यह ज्ञान प्रतिस्पर्धात्मक होने के लिए अनिवार्य आंतरिक शक्ति प्रदान करेगा। यह अभी और भविष्य में आर्थिक विकास तथा राष्ट्रीय शक्ति के लिए सबसे महत्त्वपूर्ण तत्त्व होगा।

इक्कीसवीं शताब्दी में पूँजी या श्रम की अपेक्षा ज्ञान प्राथमिक उत्पादन संसाधन है। इस विद्यमान ज्ञान का सफल उपयोग बेहतर स्वास्थ्य, शिक्षा, आधारभूत तंत्र तथा अन्य सामाजिक सूचकों के रूप में देश के लिए व्यापक संपदा उत्पन्न कर सकता है। ज्ञान आधार-तंत्र का निर्माण तथा उसे बरकरार रखना, बौद्धिक कर्मियों को विकसित करना तथा नए ज्ञान के निर्माण, विकास तथा दोहन द्वारा उनकी उत्पादकता बढ़ाना ज्ञान समाज की संपन्नता निर्धारित करने में प्रमुख कारक होंगे। ऐसे बौद्धिक समाज के दो महत्त्वपूर्ण घटक हैं—सामाजिक परिवर्तन तथा धन उत्पत्ति। अब इस बात पर चर्चा करते हैं कि भारत एक दशक के अंदर अपनी अनूठी क्षमताओं का लाभ उठाते हुए किस प्रकार खुद को एक पूर्ण बौद्धिक समाज और फिर एक समन्वित बौद्धिक अर्थव्यवस्था में परिवर्तित कर सकता है।

भारत की बौद्धिक परंपरा

जैसे कि हमने पहले भी चर्चा की है, भारत एक समृद्ध प्राकृतिक संसाधनों वाला देश है और कीमती जन-संसाधन के रूप में उसके पास 1 अरब लोग हैं। इसके अतिरिक्त कुछ क्षेत्रों में इस देश को प्रतिस्पर्धात्मक लाभ प्राप्त है। हमारे पास उपलब्ध इन संपदाओं के विस्तृत क्षेत्र और संबंधित मुद्दों पर नजर डालते हैं।

भारतीय सभ्यता की प्रभावशाली उपलब्धियों को देखने पर यह विश्वास प्रबल हो जाता है कि भारत पिछली सहस्राब्दी में एक उन्नत समाज था। कई धर्मों के संतों, दार्शनिकों, कवियों, वैज्ञानिकों, खगोलविदों और गणितज्ञों के प्रेरक योगदानों के द्वारा बौद्धिक पुनर्जागरण की प्रक्रिया निरंतर चलती रही। उनके नए तथा मौलिक विचारों, सिद्धांतों और व्यवहारों ने हमारे अपने बौद्धिक समाज के लिए एक ठोस आधार प्रदान किया।

शिक्षा के क्षेत्र में भारत बहुत उन्नत था। यहाँ तक्षशिला और नालंदा जैसे महान् विश्वविद्यालय थे, जहाँ न केवल भारत बल्कि सुदूर देशों जैसे बेबीलोन, ग्रीस, सीरिया, अरेबिया तथा चीन से विद्यार्थी विभिन्न विषयों—भाषा, व्याकरण, दर्शनशास्त्र, औषधि-विज्ञान, सर्जरी, धनुर्विद्या, एकाउंट्स, वाणिज्य, भविष्य-विज्ञान, दस्तावेजीकरण, तंत्र-विद्या, संगीत, नृत्य तथा छिपे हुए खजानों को खोजने की विद्या सीखने के लिए आते थे। शिक्षकों के पैनल में कौटिल्य, पाणिनि, जीवक, अभिनवगुप्त तथा पतंजलि जैसे प्रसिद्ध आचार्य थे।

भारत ने शून्य का आविष्कार किया, जिसने गणना की दोहरी प्रणाली की आधारशिला रखी जिस पर वर्तमान कंप्यूटर निर्भर हैं। अल्बर्ट आइंस्टाइन ने कहा था, 'हम इसका श्रेय भारतीयों को देते हैं जिन्होंने हमें गणना करना सिखाया, जिसके बिना कोई भी महत्त्वपूर्ण वैज्ञानिक खोज नहीं की जा सकती थी।' इसी प्रकार, भारत ने दशमलव पद्धति (डेसिमल सिस्टम) का आविष्कार किया।

यूकलिड से काफी पहले भारत में 'ज्यामिति' के नाम से रेखागणित का प्रयोग किया जाता था। आर्यभट ने किसी वृत्त की परिधि और व्यास के अनुपात को पाई के रूप में परिभाषित किया था और दशमलव के चार अंकों तक इसका शुद्ध मान बतलाया था।

इसी प्रकार, 1,500 वर्ष पहले, 'सूर्य सिद्धांत' में भास्कराचार्य ने सूर्य की परिक्रमा में पृथ्वी द्वारा लिये गए समय की 9 दशमलव स्थानों में गणना की। इसके अलावा, कोपरनिकस से 1,000 वर्ष पहले आर्यभट ने कहा था कि पृथ्वी सूर्य के चारों ओर घूमती है, जबकि 'सूर्य सिद्धांत' में भास्कराचार्य ने गुरुत्वाकर्षण के नियम को पहचाना था। औषधि-विज्ञान के क्षेत्र में चरक ने आयुर्वेद को समेकित किया था और 2,500 वर्ष पहले सुश्रुत ने जटिल शल्य क्रियाएँ की थीं।

हमें अपनी वैज्ञानिक उपलब्धियों पर गर्व होना चाहिए। लेकिन यह सारी जानकारी भारत के बाहर शेष विश्व को ज्ञात नहीं है, क्योंकि इन पर आगे शोध नहीं हुआ या इनका प्रसार नहीं हुआ।

ऐसा नहीं है कि उल्लेखनीय उपलब्धियाँ केवल हमारे अतीत तक सीमित हैं। भारत की आजादी से पहले, हमारे पास विश्व स्तरीय वैज्ञानिक, कवि, दार्शनिक, इंजीनियर, चिकित्सक और लगभग प्रत्येक क्षेत्र से जुड़े लोग थे। हमारे पास एस.एन.बोस, मेघनाद साहा, जे.सी.बोस, सर सी.वी.रमन, सर के.एस. कृष्णन, होमी जहाँगीर भाभा, विक्रम साराभाई, बी.सी.राय जैसे वैज्ञानिक; रामानुजम जैसे गणितज्ञ; रविंद्रनाथ टैगोर जैसे कवि; विवेकानंद जैसे दार्शनिक संत रहे हैं। स्वतंत्रता के बाद के काल में भी उतनी ही महान् उपलब्धियाँ देखने को मिली हैं।

स्वतंत्रता के बाद के भारत ने अपनी पहली पंचवर्षीय योजना शुरू की। इसने महत्त्वपूर्ण उद्योगों की स्थापना और आधारभूत ढाँचे के निर्माण को प्रेरित किया। '70 के दशक में पहले हरित क्रांति के परिणाम देखने को मिले, जिसने भारत को खाद्य के क्षेत्र में आत्मनिर्भर बनाया। ऑपरेशन फ्लड ने भारत को निश्चित समयावधि में दूध का सबसे बड़ा उत्पादक बनाया। विज्ञान तथा प्रौद्योगिकी में भी काफी विकास देखने को मिला और कई अनुसंधान व विकास और विज्ञान तथा प्रौद्योगिकी संस्थानों की स्थापना हुई, जिनका नेतृत्व विभिन्न क्षेत्रों के योग्य नेता कर रहे थे। इसने उच्च प्रौद्योगिकी मिशनों के लिए एक मजबूत आधार तैयार किया।

भारत के उपग्रह तथा उपग्रह प्रक्षेपण यान कार्यक्रमों द्वारा रखे गए ठोस आधार ने देश को किसी प्रकार का उपग्रह डिजाइन तथा विकसित करने और उसे अपनी ही धरती से अपने प्रक्षेपण यानों द्वारा कक्षा में प्रक्षेपित करने की क्षमता प्रदान की है। पी.एस.एल.वी. सी–5 के सातवीं सफल उड़ान ने, जिसमें रिसोर्स सैट–1 को सन सिंक्रोनस ऑरबिट में स्थापित किया गया, ने स्वदेशी योग्यता में भारत की क्षमता को प्रदर्शित किया है। इसी प्रकार, भारत किसी भी प्रकार की मिसाइल या मुखाग्र को डिजाइन करने, विकसित करने तथा उत्पादित करने में सक्षम है। भारतीय सेना में 'पृथ्वी' तथा 'अग्नि' को शामिल किया जाना इस स्वदेशी क्षमता का प्रमाण है। परमाणु ऊर्जा उत्पत्ति तथा अस्त्र विकास में हमारी उपलब्धियाँ विकसित विश्व के मुकाबले की हैं।

भारतीय सॉफ्टवेयर अंतरराष्ट्रीय व्यावसायिक बाजार में अच्छा प्रदर्शन कर रहा है। ऐसे परिवर्तन के लिए युवा उद्यमियों का विशाल समूह प्रशंसनीय है। हमारा कुशल जन–संसाधन विश्व में सबसे इच्छित संसाधनों में से एक है। यह विकसित विश्व के आर्थिक विकास में भारतीय वैज्ञानिकों व उद्यमियों के बड़े योगदान से स्पष्ट है। इसके अतिरिक्त अपनी जनसंख्या तथा शिक्षित जनशक्ति की

उपलब्धता के कारण भारत तुरंत बौद्धिक कर्मियों की विशाल संख्या तैयार कर सकने में सक्षम है, जिसमें बहुत कम विकसित देश सक्षम हैं।

भारत के पास कुछ ऐसी संपदाएँ तथा लाभ हैं जिनके बारे में विश्व के कुछ देश गर्व से दावा कर सकते हैं। हमें अपने गौरवशाली अतीत और वर्तमान योगदानों तथा अपने भविष्य की रूपरेखा बनाने के लिए प्राप्त प्रतिस्पर्धात्मक लाभ को पहचानना चाहिए। विश्व एक बौद्धिक समाज में परिवर्तित हो रहा है, जहाँ समन्वित ज्ञानशक्ति तथा धन का स्रोत होगा। **यही समय है, जब भारत खुद को एक बौद्धिक शक्ति में बदलने और फिर अगले दो दशकों के भीतर एक विकसित देश बनने के लिए इस अवसर का लाभ उठा सकता है। इस रूपांतरण के लिए यह जानना आवश्यक है कि हम प्रतिस्पर्धात्मकता के मामले में कहाँ हैं, जो एक बौद्धिक शक्ति बनने की दिशा में अग्रसर होने के लिए वास्तविक इंजन है।**

प्रतिस्पर्धात्मकता—प्रेरक शक्ति

विश्व प्रतिस्पर्धात्मकता के सिद्धांत विश्व आर्थिक मंच द्वारा तैयार किए गए वैश्विक प्रतिस्पर्धात्मक रिपोर्ट पर आधारित हैं। मंच ने प्रतिस्पर्धात्मकता को 'आर्थिक विकास के स्थिर उच्च दर प्राप्त करने की राष्ट्रीय अर्थव्यवस्था की योग्यता' के

समाज के ज्ञान का सूचकांक	औद्योगिक अर्थव्यवस्था	औद्योगिक ज्ञान
• समाज का लक्ष्य	• सर्वमुखी विकास के लिए बुनियादी आवश्यकताएँ	• अधिकारों की जानकारी
• शिक्षा	• पाठ्यपुस्तकें एवं शैक्षिक पुस्तकों का आकार-प्रकार	• आत्मशिक्षण, नैतिक मूल्यों पर ध्यान केंद्रित करना
• कर्मचारी	• कुशल एवं अर्धकुशल	• लचीली संरचना एवं कुशलता
• कार्य का प्रकार	• संरचनात्मक	• जिम्मेदारियों को बाँटना
• प्रबंधन शैली	• निर्देशन	• प्रतिनिधित्व
• कार्मिक की गुणवत्ता	• उपलब्धि के कारण	• ज्ञान-आधारित
• पर्यावरण एवं पारिस्थितिकी पर प्रभाव	• भारी	• हड़ताल रहित
• अर्थव्यवस्था	• औद्योगिक	• ज्ञान-संचालित

चित्र संख्या 7.1 : बौद्धिक अर्थशास्त्र की विशेषताएँ

रूप में परिभाषित किया। इस परिभाषा के अनुरूप 2002–2003 में विभिन्न देशों के स्थान हैं—

अमेरिका (1), ताइवान (3), सिंगापुर (4), ऑस्ट्रेलिया (7), हांगकांग (17), चीन (33), भारत (48)।

वैश्विक प्रतिस्पर्धात्मकता उद्योग की प्रगतिशीलता, प्रौद्योगिकी तथा सरकारी अविनियम की स्थिति के त्रिकोणीय संयोजन से निर्धारित होती है।

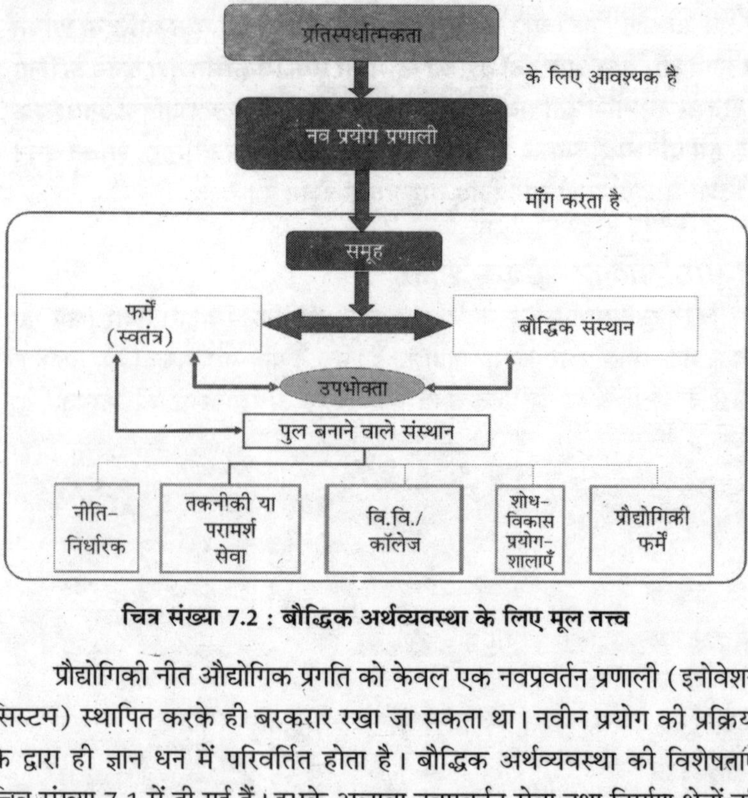

चित्र संख्या 7.2 : बौद्धिक अर्थव्यवस्था के लिए मूल तत्त्व

प्रौद्योगिकी नीत औद्योगिक प्रगति को केवल एक नवप्रवर्तन प्रणाली (इनोवेशन सिस्टम) स्थापित करके ही बरकरार रखा जा सकता था। नवीन प्रयोग की प्रक्रिया के द्वारा ही ज्ञान धन में परिवर्तित होता है। बौद्धिक अर्थव्यवस्था की विशेषताएँ चित्र संख्या 7.1 में दी गई हैं। इसके अलावा नवप्रवर्तन सेवा तथा निर्माण क्षेत्रों की प्रतिस्पर्धात्मकता के लिए एक महत्त्वपूर्ण कारक है और इसलिए एक नवप्रवर्तन प्रणाली स्थापित किए जाने की अत्यंत आवश्यकता है। ऐसी प्रणाली में फर्मों, ज्ञान-उत्पादक संस्थानों, दोनों को जोड़नेवाले संस्थानों और उपभोक्ताओं का नेटवर्क शामिल होगा, जिससे एक उत्पादक शृंखला निर्मित होगी। ऐसे संगठन के साथ नवप्रवर्तन प्रणाली वैश्विक ज्ञान के बढ़ते भंडार को ग्रहण करेगी, उसे स्थानीय

आवश्यकताओं के अनुरूप ढालेगी और अंततः नया ज्ञान तथा प्रौद्योगिकी सृजित करेगी। भारत को वैश्विक बाजार में अपनी प्रतिस्पर्धात्मकता को सुधारने के लिए ऐसी प्रणालियाँ विकसित करनी चाहिए।

प्रतिस्पर्धात्मकता बौद्धिक शक्ति से प्राप्त होती है, जो प्रौद्योगिकी से बल-वर्धित होती है और प्रौद्योगिकी को पूँजी से शक्ति प्राप्त होती है। जैसी कि पहले चर्चा की गई है, कृषि समाज में प्रतिस्पर्धात्मकता मानव शक्ति से प्राप्त होती थी। औद्योगिक समाज के मामले में प्रतिस्पर्धात्मकता पूरी तरह प्रौद्योगिकी, निर्माण उपकरण तथा मशीनों से प्राप्त होती थी। एक सूचना समाज में प्रतिस्पर्धात्मकता सहयोग, संसाधनों और क्षमताओं की नेटवर्किंग की योग्यता से आती है। आगामी बौद्धिक समाज में प्रतिस्पर्धात्मकता सभी प्रकार के ज्ञान को पहचानने तथा समन्वित करने की योग्यता से प्राप्त होगी, जिससे मानव प्रयास के प्रत्येक क्षेत्र में नवप्रवर्तन को प्रोत्साहन मिलेगा।

ज्ञान की शक्ति—समन्वित बल

हम यहाँ चर्चा करना चाहते हैं कि ज्ञान का क्या महत्त्व है और किस प्रकार समन्वित ज्ञान और निर्णयन प्रक्रियाएँ प्रतिस्पर्धात्मकता को प्रेरित कर सकती हैं तथा चुनौतियों का सामना करने में मदद कर सकती हैं।

क. हार्डवेयर प्रणाली में सुधार के लिए सॉफ्टवेयर समाधान

एक मिसाइल प्रणाली के विकास के दौरान हम एक अत्यंत परिशुद्ध निर्देशन और नियंत्रण प्राप्त करना चाहते थे, ताकि अपने लक्ष्य तक पहुँचने में मिसाइल की बेहतर परिशुद्धता सुनिश्चित हो सके। यह तभी प्राप्त हो सकता है जब हमारे पास अत्यंत सटीक जाइरो सेंसर हों। इसके लिए हमें 0.1 डिग्री प्रति घंटे से कम ड्रिफ्ट (झुकाव) के साथ एक जाइरो की आवश्यकता थी। एम.टी.सी.आर. (मिसाइल प्रौद्योगिकी नियंत्रण पद्धति) के नाम पर विकसित देशों ने उच्च परिशुद्धतावाले सेंसर बेचने से इनकार कर दिया। इसलिए जाइरो की परिशुद्धता को बढ़ाने के लिए सॉफ्टवेयर के इस्तेमाल का तकनीकी समाधान खोजने के लिए एक विश्वविद्यालय और तीन अनुसंधान व विकास प्रयोगशालाओं से चुने गए सदस्यों के साथ एक टास्क समूह का गठन किया गया। लगभग बारह युवा सॉफ्टवेयर तथा हार्डवेयर इंजीनियरों ने लगभग आठ माह तक इसपर काम किया और एक अनूठा समाधान प्रस्तुत किया। उन्होंने सुझाव दिया कि प्रक्षेपण-मार्ग विश्लेषण तथा हार्डवेयर-इन-

लूप-सिमुलेशन के द्वारा समन्वित सॉफ्टवेयर तथा हार्डवेयर के सत्यापन सहित विस्तृत डिजाइन, सिस्टम इंजीनियरिंग तथा सिमुलेशन प्रयासों के बाद मिसाइल के ऑन-बोर्ड कंप्यूटर पर एक तीव्र परिकलन प्रक्रिया (एलगोरिद्म) लोड किया जा सकता है।

यह सॉफ्टवेयर सही समय पर उड़ान से पहले त्रुटि के बारे में बता सकता है। मिसाइल की उड़ान के दौरान वह वर्तमान स्थिति का विश्लेषण कर सकता है, ड्रिफ्ट कंपनसेशन (झुकाव क्षतिपूर्ति) का इस्तेमाल कर सकता है और नियंत्रण बल सुधारों (कंट्रोल फोर्स करेक्शंस) को लागू कर सकता है। नवीन सॉफ्टवेयर तथा सिस्टम इंजीनियरिंग के समावेश के साथ हार्डवेयर में बेहतर परिशुद्धता प्राप्त की जा सकी है। इसका परिणाम एक बेहतरीन निर्देशन तथा नियंत्रण प्रणाली (गाइडेंस एंड कंट्रोल सिस्टम) के रूप में सामने आया। भारतीय सेना ने इस मिसाइल प्रणाली को अपनाया है। जब युवा मस्तिष्कों के आगे चुनौतियाँ रखी जाती हैं तो वे बहुत मजबूती से उभरकर सामने आते हैं।

ख. हलके लड़ाकू विमान के लिए नियंत्रण विधि

एक और आदर्श उदाहरण हलके लड़ाकू विमान (एल.सी.ए.), जिसे अब 'तेजस' कहा जाता है, की नियंत्रण विधि के विकास के लिए गठित एक राष्ट्रीय टीम द्वारा विभिन्न संस्थानों में बिखरे ज्ञान को समन्वित करने की अवधारणा। एल.सी.ए. प्रबंधन स्वदेशी कौशल का प्रयोग करके एल.सी.ए. के लिए नियंत्रण विधि विकसित करना चाहता था, क्योंकि यह प्रौद्योगिकी देने के लिए कोई देश तैयार नहीं था। डिजाइन के लिए देश की विभिन्न कार्यशालाओं में विद्यमान क्षमताओं की स्थिति, सॉफ्टवेयर और हार्डवेयर इंजीनियरों की उपलब्धता और विशेषज्ञों के दृष्टिकोणों पर विचार-विमर्श किया गया। उन्होंने महसूस किया कि क्षमताएँ विभिन्न संस्थानों, अनुसंधान व विकास प्रयोगशालाओं और उद्योग में बिखरी हुई थीं। नियंत्रण विधि के तीव्र विकास के लिए विशेषज्ञों के समन्वयन तथा युवा वैज्ञानिकों को लेकर एक राष्ट्रीय टीम का गठन किया गया। इस टीम ने चुनौती को स्वीकार किया और रिकॉर्ड समय में इस कार्य को सफलतापूर्वक संपन्न किया।

मई 1998 के परमाणु परीक्षणों के बाद जब भारत ने स्वयं को एक परमाणु राष्ट्र घोषित कर दिया तो अमेरिका की एक फर्म के साथ एल.सी.ए. उड़ान नियंत्रण प्रणाली के विकास के लिए संयुक्त विकास अनुबंध उनकी ओर से अचानक वापस ले लिया गया। हमारी युवा नियंत्रण विधि राष्ट्रीय टीम द्वारा प्राप्त अनुभव के कारण

कुछ अतिरिक्त समय के साथ स्वदेशी प्रयास द्वारा एल.सी.ए. के लिए उड़ान नियंत्रण प्रणाली बनाने के लिए हमारी अनुसंधान प्रयोगशालाएँ और भागीदार आत्मविश्वास से भरपूर थे। हम सफल रहे।

इस राष्ट्रीय टीम अवधारणा को कार्बन फाइबर कंपोजिट (सी.एफ.सी.) विंग्स के विकास में भी इस्तेमाल किया गया, जो देश में उन्नत प्रौद्योगिकी प्रक्रिया के साथ बनाया गया सबसे बड़ा संयोजित उत्पाद है। यहाँ भी विभिन्न संस्थानों से लेकर बनाई गई राष्ट्रीय टीम सफल रही। इसी प्रकार एल.सी.ए. के फ्लाइट टेस्ट सेंटर के लिए गठित राष्ट्रीय टीम में विभिन्न अनुसंधान प्रयोगशालाएँ, शैक्षिक संस्थान, उद्योग और उपभोक्ताओं ने एक साथ मिलकर काम किया। इस समन्वित शक्ति ने समन्वयन, समन्वित व्यवस्था में प्रत्येक उप-प्रणाली के प्रदर्शन के मूल्यांकन के लिए हार्डवेयर-इन-लूप-सिमुलेशन, गुणवत्ता के आश्वासन, प्रमाणन तथा एल.सी.ए. के उड़ान परीक्षण में व्यवस्थित प्रवृत्ति को प्रेरित किया। टी.डी.-1 और टी.डी.-2 के सौ से अधिक सफल उड़ान परीक्षण हो चुके हैं। एल.सी.ए. भारतीय वायुसेना में शामिल होने के क्रम में है और अंतरराष्ट्रीय बाजार में एक उम्मीदवार होगा।

मिसाइल और एल.सी.ए. प्रौद्योगिकियों ने हमारे वैज्ञानिक तथा प्रौद्योगिकीय समुदाय में बेहतरीन प्रतिस्पर्धात्मकता और एक समन्वित वातावरण में कार्य करने की हमारी क्षमता को उभारा है। हम इस बात पर जोर देना चाहेंगे कि यदि चुनौतियाँ स्पष्ट हों और एक समयबद्ध रूप में परिणाम प्राप्त करने के लिए युवा लोगों को समन्वित समूहों के रूप में साथ लाया जाए तो भारत के पास किसी भी उच्च प्रौद्योगिकी प्रणाली के निर्माण के लिए प्रतिस्पर्धात्मक लाभ प्राप्त है। हमें संकीर्ण विभागीय अवरोधों को तोड़ते हुए अपनी निहित श्रेष्ठता को बाहर लाना होगा और मिशन मोड कार्यक्रमों के द्वारा समन्वित समूहों के रूप में काम करना होगा।

ज्ञान समृद्ध समाज

ज्ञान सामाजिक विकास का भी प्रेरक रहा है। ज्ञान के निर्माण, अवशोषण, प्रसार, सुरक्षा तथा प्रयोग की क्षमतावाला समाज आर्थिक समृद्धि तथा सामाजिक रूपांतरण को प्रोत्साहित कर सकता है। सामाजिक रूपांतरण शिक्षा, स्वास्थ्य, कृषि तथा शासन के विकास के माध्यम से सामने आएगा।

इसके परिणामस्वरूप रोजगार की उत्पत्ति, उच्च उत्पादकता तथा ग्रामीण संपन्नता आएगी। इस क्षमता को पहचानते हुए भारत के योजना आयोग ने भारत

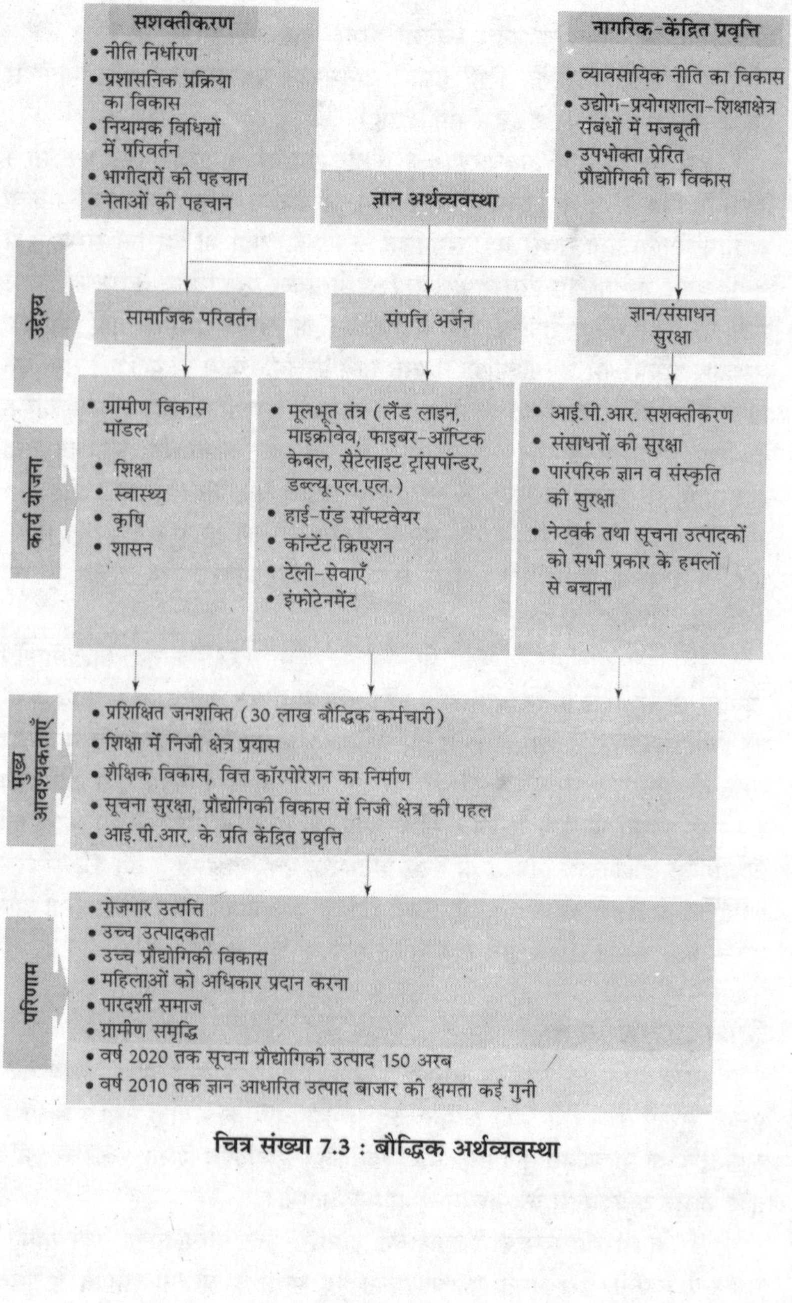

चित्र संख्या 7.3 : बौद्धिक अर्थव्यवस्था

को एक बौद्धिक शक्ति के रूप में रूपांतरित करने के लिए कार्य-योजनाएँ विकसित करने के उद्देश्य से एक टास्क फोर्स गठित की (चित्र संख्या 7.3)। इस टीम ने आर्थिक व्यवस्था को देश के लिए अत्यंत महत्त्वपूर्ण दायित्व के रूप में पहचाना है जिसे राष्ट्रीय क्षमताओं के इर्द-गिर्द तैयार किया जाना है। इस टास्क समूह ने इन केंद्रीय क्षेत्रों की भी पहचान की है, जो एक बौद्धिक समाज की ओर हमारे कदमों का नेतृत्व करेंगे—सूचना तथा संचार प्रौद्योगिकी, जैव प्रौद्योगिकी, मौसम पूर्वानुमान, आपदा प्रबंधन, टेलीमेडिसिन तथा टेलीशिक्षा, देशी बौद्धिक उत्पादों के उत्पादन की प्रौद्योगिकी, सेवा क्षेत्र तथा इन्फोटेनमेंट सूचना तथा मनोरंजन के मिश्रण के परिणामस्वरूप एक उभरता क्षेत्र। इन केंद्रीय प्रौद्योगिकियों को सौभाग्यवश सूचना प्रौद्योगिकी द्वारा एक-दूसरे से जोड़ा जा सकता है।

इस प्रकार वांछित बौद्धिक समाज बनाने के लिए विभिन्न प्रौद्योगिकियों और प्रबंधन संरचनाओं को समन्वित करना आवश्यक है। इस बात को पहचानना होगा कि एक सूचना प्रौद्योगिकी-प्रेरित समाज तथा ज्ञान-प्रेरित समाज में भिन्नता विभिन्न प्रौद्योगिकी विकास इंजनों की है। सूचना प्रौद्योगिकी के क्षेत्र में अपने लिए एक उपयुक्त स्थान बनाते भारत के साथ यह देश बौद्धिक समाज में रूपांतरित होने के अवसर का लाभ उठाने के लिए पूरी तरह तैयार है। सामाजिक परिवर्तन एक बौद्धिक समाज की आधारशिला है, जिसके लिए एक पारदर्शी शासन की आवश्यकता है।

हालाँकि बौद्धिक समाज का उद्देश्य सामाजिक परिवर्तन और धन उत्पत्ति के रूप में द्वि-आयामी होता है, पर यदि भारत को एक बौद्धिक महाशक्ति के रूप में रूपांतरित होना है तो एक तीसरा आयाम उभरता है। एक बौद्धिक समाज को बरकरार रखने के लिए परिश्रम से अर्जित धन तथा रूपांतरित समाज को सुरक्षित रखना होगा, जो बौद्धिक समाज के दो आधार-स्तंभ हैं। इस उद्देश्य का तीसरा आयाम है ज्ञान की सुरक्षा।

बौद्धिक महाशक्ति का दर्जा अपने साथ बौद्धिक संपदा अधिकार को मजबूत करने और विस्तृत जैविक तथा सूक्ष्मजीवी संसाधनों को सुरक्षित करने का गुरुतर उत्तरदायित्व भी लाता है। हमारे प्राचीन ज्ञान और संस्कृति को कई दिशाओं से होने वाले विभिन्न हमलों से बचाया जाना चाहिए। इस प्रकार एक बौद्धिक महाशक्ति के दो महत्त्वपूर्ण पहलू होते हैं—आर्थिक संपन्नता और राष्ट्रीय सुरक्षा। हमारे संचार नेटवर्क और सूचना उत्पादकों को निगरानी द्वारा इलेक्ट्रॉनिक हमलों से बचाना है और ऐसे हमलों को झेलने के लिए प्रौद्योगिकियों का निर्माण किया जाना

है। इस प्रकार, ज्ञान की सुरक्षा के लिए प्रमुख आवश्यकता दोहरी है। बौद्धिक संपदा अधिकारों और संबंधित मुद्दों के प्रति एक केंद्रित दृष्टिकोण होना चाहिए और सूचना सुरक्षा के लिए प्रौद्योगिकी निर्माण के क्षेत्र में बड़े निजी क्षेत्र-प्रयास आरंभ किए जाने चाहिए।

शासन में ज्ञान प्रबंधन

सरकारी एजेंसियों के साथ लेन-देन करनेवाले किसी के लिए भी एक चुनौती उसकी अत्यंत जटिलता है। अब केंद्र तथा राज्य सरकारों में ऐसी क्रियाशील एजेंसियों की स्थापना करने के प्रति जागरूकता बढ़ रही है, जो नागरिकों की सभी आवश्यकताओं के लिए वन-स्टॉप शॉप की अवधारणा को साकार कर सकें। इस वन-स्टॉप शॉप के कर्मियों को खुद जटिल प्रणालियों के भीतर काफी समन्वयन करना पड़ सकता है। आधुनिक सूचना प्रौद्योगिकी उपकरण ऐसे समन्वयन को बढ़ाने में मदद कर सकते हैं। आखिरकार, वह वास्तविक काल क्षमता प्राप्त कर सकता है, जैसा कि रेलवे आरक्षणों के लिए प्राप्त किया गया है।

बहरहाल, ऐसी क्रियात्मक प्रणाली का सरकार के कई अन्य क्षेत्रों में उभरना बाकी है, जैसे—बैंकिंग, कर या बिजली के बिल का भुगतान आदि। कुछ राज्य/केंद्रीय सरकारी विभागों के प्रयासों का परिणाम विस्तृत तथा उपभोक्ता सहायक इंटरनेट पोर्टलों के रूप में सामने आया है। इस प्रकार के पोर्टल केवल कुछ राज्यों जैसे—आंध्र प्रदेश, तमिलनाडु, कर्नाटक तथा मध्य प्रदेश में बनाए जा रहे हैं। इन राज्यों में बाजार-संबद्ध सूचना, भूमि रिकॉर्ड और खाद्य भंडार रिकॉर्ड उपलब्ध कराने के लिए इलेक्ट्रॉनिक नेटवर्क प्रणालियों का इस्तेमाल किया जा रहा है। परंतु ये प्रयास आरंभिक चरण में हैं। एक राज्य में, एक पुष्प उत्पादक वास्तविक काल संचार (रियल टाइम कम्युनिकेशन) का इस्तेमाल करते हुए नीदरलैंड में फूलों की एक नीलामी में भाग लेता है।

इस पृष्ठभूमि के साथ यह आवश्यक है कि जनता के साथ संपर्क की आवश्यकतावाली सरकारी क्रियाओं में सूचना तथा संचार प्रौद्योगिकी के माध्यमों का उपयोग किया जाए (खासकर जहाँ राज्य तथा केंद्रीय कर्मचारियों को नागरिकों की सेवा, सहयोग या सुधार करना हो)। नियमों, क्रियाविधियों तथा अन्य संबद्ध सरकारी कार्यों को संहिताबद्ध करने के लिए सॉफ्टवेयर बनाना होगा और पारदर्शी तरीके से शासन के लिए सार्वजनिक पहुँच आवश्यक असेस कंट्रोल के साथ सूचना प्रौद्योगिकी के माध्यम से होना चाहिए। चूँकि संचार तथा सूचना प्रौद्योगिकी में भारत के पास केंद्रीय योग्यताएँ हैं, ई-कॉमर्स तथा ई-बिजनेस के द्वारा प्रशासन तथा

प्रबंधन में पारदर्शिता लाना पूर्ण रूप से संभव है, ताकि ई-शासन को बढ़ावा दिया जा सके। मिशन मोड में प्रयास आरंभ करने होंगे। ऐसे संपर्क माध्यमों से सरकारों को लैस करने के लिए उपयुक्त कानूनी उपाय भी किए जाने चाहिए। ऐसे बदलाव ग्रामीण तथा शहरी इलाकों में इलेक्ट्रॉनिक कनेक्टिविटी की स्थापना पर निर्भर हैं।

ज्ञान उत्पत्ति के लिए उपयुक्त रणनीतियों (जैसे—शिक्षा में सुधार, मानव संसाधनों का प्रशिक्षण, बौद्धिक संपदा अधिकार द्वारा ज्ञान के संरक्षण आदि के द्वारा) को अपनाकर प्रौद्योगिकी द्वारा ज्ञान के दोहन, आधारभूत तंत्र के विकास तथा उद्यम पूँजी को प्रोत्साहित करके बौद्धिक समाज विकसित किया जा सकता है। केंद्रीय शक्ति और विकास प्रारूप हर देश में भिन्न होते हैं। स्थिति के अनुसार, बौद्धिक समाज को बरकरार रखने के लिए आवश्यक आधारभूत तंत्र तथा प्रशिक्षण/शिक्षा के प्रकार का निर्णय करना चाहिए।

चूँकि एक बौद्धिक समाज में सभी प्रकार के ज्ञान विकास में सहायक होंगे, इस ज्ञान को राष्ट्रीय स्तर पर प्रबंधित करना आवश्यक होगा। चित्र संख्या 7.4 में एक राष्ट्र स्तरीय ज्ञान प्रबंधन रूपरेखा सुझाई गई है। राष्ट्र स्तरीय ज्ञान प्रबंधन में आधारभूत तंत्र, प्रक्रियाओं, नीतियों तथा व्यवहार की स्थापना शामिल होती है, जो ऐसे पर्यावरण को प्रेरित करेगा जहाँ ज्ञान के निर्माण को प्रोत्साहित, संसाधित,

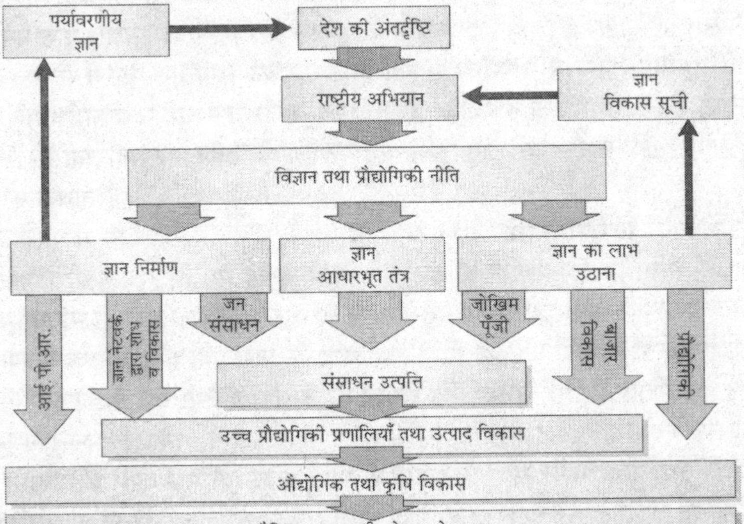

चित्र संख्या 7.4 : राष्ट्रीय ज्ञान प्रबंधन के लिए रूपरेखा

पुरस्कृत और अंततः देश के आर्थिक तथा सामाजिक लक्ष्यों की प्राप्ति के लिए संदोहित किया जाता है।

किसी देश की विज्ञान-प्रौद्योगिकी संबंधी, राजस्व संबंधी, व्यापारिक और औद्योगिक नीतियाँ देश की मजबूतियों, कमजोरियों, पर्यावरणीय जोखिमों तथा अवसरों के आधार पर विकसित की जानी चाहिए। ज्ञान के उत्पादन, ज्ञान के दोहन तथा ज्ञान के आधारभूत तंत्र में शामिल रणनीतियाँ अंततः संपन्नता तथा राष्ट्रीय आर्थिक सूचकों में सुधार को प्रेरित करती हैं। ये रणनीतियाँ हैं—

1. बौद्धिक संपदा अधिकार के द्वारा ज्ञान का संरक्षण
2. ज्ञान के नेटवर्कों द्वारा अनुसंधान तथा विकास
3. मानव संसाधन नियोजन तथा विकास
4. उद्यम पूँजी को प्रोत्साहित करना
5. राष्ट्रीय तथा अंतरराष्ट्रीय बाजार का विकास
6. चयनित प्रौद्योगिकी अधिग्रहण
7. आधारभूत ढाँचे का विकास

एक बौद्धिक समाज में विकास के मूल्यांकन के लिए एक विषय-सूची का विकास आवश्यक है, जिसे ज्ञान विकास विषय-सूची कहा जा सकता है, ताकि ज्ञान के उत्पादन, अवशोषण, प्रसार, सुरक्षा तथा ज्ञान के प्रयोग के अर्थों में विकास के स्तर को मापा जा सके। उदाहरण के लिए, ज्ञान के निर्माण को प्रकाशित शोधपत्रों की संख्या के रूप में मापा जा सकता है, प्रसार को समाचार-पत्रों के घनत्व से संबद्ध किया जा सकता है आदि। ऐसी विषय-सूची जानकारी उपलब्ध कराने के अलावा आवश्यक सुधार लागू करने के लिए एक फीडबैक भी प्रदान करेगी।

समापन टिप्पणियाँ

जैसे-जैसे विश्व एक बौद्धिक समाज में बदल रहा है, सूचना प्रौद्योगिकी, विशाल प्राकृतिक संसाधन तथा सबसे ऊपर 30 करोड़ जोशीले युवाओं सहित कुछ प्रौद्योगिकियों में केंद्रीय क्षमता के कारण भारत के पास एक बौद्धिक अर्थव्यवस्था बनने के लिए असीम अवसर हैं। समाज के रूपांतरण तथा देश के हित में धन उत्पन्न करने के लिए इस शक्ति का समुचित लाभ उठाना चाहिए। हमने ज्ञान की शक्ति तथा कुछ मिशन मोड कार्यक्रमों से प्राप्त प्रतिस्पर्धात्मक लाभ को देखा है। समन्वित बौद्धिक अर्थव्यवस्था के साथ भारत सन् 2020 तक निश्चित रूप से एक विकसित देश बन जाएगा। इस महान् स्वप्न को मिशन में रूपांतरित करना चाहिए।

□

8

अंतर्दृष्टि से लक्ष्य तक

परिचय

अब तक हमने चार बड़े लक्ष्य-क्षेत्रों जैसे कृषि, स्वास्थ्य, निर्माण और रणनीतिक क्षेत्र के विषय में चर्चा की तथा ज्ञान आधारित अर्थव्यवस्था पर भी प्रकाश डाला। यह अध्याय शिक्षा, जल, ऊर्जा, ग्रामीण विकास तथा अन्य क्षेत्रों में लक्ष्यों पर प्रकाश डालता है जो आर्थिक विकास की अग्रगामी गति एवं देश की समृद्धि के लिए अनिवार्य हैं। सबसे ऊपर, लक्ष्यों को प्राप्त करने के लिए सबसे महत्त्वपूर्ण है रचनात्मक नेतृत्व।

'अदृश्य नेतृत्व पारंपरिक भूमिका को बदलने के स्वप्न पर काम कर रहा है
कमांडर से कोच में,
प्रबंधक से शिक्षक में,
निर्देशक से प्रत्यायोजक (डेलीगेटर) में,
सम्मान की माँग करनेवाले से आत्म-सम्मान के हिमायती में।'

रूपांतरण

पिछले अध्यायों में विकसित भारत के स्वप्न की उल्लेखनीय विशेषताओं और कृषि, निर्माण, स्वास्थ्य तथा रणनीतिक क्षेत्रों में प्रौद्योगिकीय प्रगति की चर्चा हुई। साथ ही उनमें प्रौद्योगिकी में हमारी क्षमताओं और मानव व प्राकृतिक संसाधनों के बेहतर उपयोग द्वारा भारत में एक समन्वित बौद्धिक अर्थव्यवस्था निर्मित करने और सामाजिक रूपांतरण को संभव बनाने के लिए रूपरेखा भी बताई गई। हमें विश्वास है कि अपने विशाल संसाधनों तथा मूल्य-प्रणाली के साथ भारत में विश्व का एक विकसित देश बनने की क्षमता है। लेकिन कुछ ऐसी बाह्य समस्याएँ हैं

जिनके कारण हमारा देश उथल-पुथल से भरा लगता है। फिर भी, कुछ सुधार और हमारे मूल्यवान् संसाधनों के अधिकतम इस्तेमाल से भारत आर्थिक मोरचे तथा सुरक्षा में एक सशक्त राष्ट्र के रूप में उभरेगा। साथ ही मिशन मोड कार्यक्रम तथा एक सक्षम प्रबंधन संरचना इस संक्रांति में सहयोग देंगे।

पूरा विश्व एक बड़े प्रौद्योगिकीय बदलाव और ज्ञान की निरंतर अद्यतनता से गुजर रहा है। हम इसमें भाग लें या नहीं, यह क्रांति जारी रहेगी। इसलिए यह आवश्यक है कि हम प्रौद्योगिकीय क्रांति का लाभ अवश्य उठाएँ, जो हमारे देश को आनेवाले वर्षों में एक विकसित राष्ट्र बना सकता है। प्रौद्योगिकीय लाभ तभी संभव है, जब भारत शैक्षिक संस्थानों में उच्च प्रौद्योगिकी अनुसंधान तथा अध्ययन आरंभ करे और विश्व बाजार में प्रतिस्पर्धात्मक उच्च प्रौद्योगिकी उत्पाद बनाने के लिए हमारे अनुसंधान व विकास प्रयोगशालाओं को उद्योगों के साथ समन्वित करेगा। एक आर्थिक शक्ति बनने के लिए भारत को उच्च प्रौद्योगिकी प्रणालियों तथा उत्पादों के लिए वैश्विक बाजार में उल्लेखनीय हिस्सा प्राप्त करना होगा।

हमारी अपनी प्रवृत्ति भविष्य की कुंजी होगी। सबसे महत्त्वपूर्ण यह है कि हर भारतीय को पता होना चाहिए कि भारत संसाधनों में समृद्ध है। इसलिए यह जरूरी है कि हम अपनी प्रवृत्ति को प्रगति की ओर मोड़ें, आशावादी मार्ग अपनाएँ और भारत को विकसित देश में बदलने के लिए युवाओं के बीच एक आंदोलन चलाएँ। निहित शक्ति उत्तरदायित्व की मात्रा के साथ आती है। हमारे हाथों में हमारा भविष्य है। सबसे महत्त्वपूर्ण आवश्यकता यह स्वीकार करना है कि हम एक महान् देश में रहते हैं और महान् सभ्यता के उत्तराधिकारी हैं तथा सबसे बड़े लोकतंत्र के रूप में भारत इस ग्रह पर सही स्थान का हकदार है। हमें विश्वास है कि हर भारतीय इस दृष्टिकोण को स्वीकार करेगा। कोई भी निराशावादी दृष्टिकोण हमें अंधकार की ओर धकेल सकता है। हमें स्वतंत्रता आंदोलन में अपने महान् नेताओं के बलिदानों को नहीं भूलना चाहिए। इसलिए हम सबको उन लक्ष्यों के लिए काम करने का संकल्प करना चाहिए जो देश को समृद्धि, शांति, खुशी तथा सुरक्षा प्रदान करें।

प्रौद्योगिकी का मिश्रण

सूचना प्रौद्योगिकी के रूप में ज्ञान ने भारत को कंप्यूटर सॉफ्टवेयर तथा सूचना प्रौद्योगिकी सेवाओं का एक प्रमुख आपूर्तिकर्ता बनने का एक अवसर प्रदान किया है। सूचना प्रौद्योगिकी ने न केवल रोजगार अवसरों में वृद्धि की है बल्कि गति, पारदर्शिता, गुणवत्ता तथा सक्षमता को प्रोत्साहित करते हुए अर्थव्यवस्था के

सभी क्षेत्रों में कार्य के प्रारूप में क्रांति ला दी है। इसने दूरियों को कम करते हुए उस तरीके को भी बदल दिया है जिसमें हम देश के भीतर तथा शेष विश्व से संपर्क करते हैं। सूचना प्रौद्योगिकी तथा संचार प्रौद्योगिकी पहले ही एक साथ मिलकर सूचना व संचार प्रौद्योगिकी बन चुके हैं। अब नेनोप्रौद्योगिकी हमारे दरवाजों पर दस्तक दे रही है। यह माइक्रो-इलेक्ट्रो मैकेनिकल प्रणालियों का स्थान ले लेगी। नेनोप्रौद्योगिकी और सूचना व संचार प्रौद्योगिकी के मिश्रण से एक समन्वित सिलिकॉन इलेक्ट्रॉनिक्स और फोटोनिक्स उभरेगा। जब सूचना व संचार प्रौद्योगिकी, नेनोप्रौद्योगिकी, समन्वित सिलिकॉन इलेक्ट्रॉनिक्स व फोटोनिक्स और संवेदकों का मेल होगा तो इंटेलिजेंट प्रणालियाँ उभरेंगी। जब उपर्युक्त सभी समन्वित होंगे तो ज्ञान की शक्ति से संपन्न श्रेष्ठ मनुष्य पैदा होगा।

स्वप्न के लिए लक्ष्य

देश भर में, चाहे वह केरल का एक सुदूर गाँव हो या नगालैंड का सुदूर ग्रामीण क्षेत्र या जम्मू-कश्मीर में उड़ी का इलाका, जीवन के सभी क्षेत्रों से संबंधित लोगों के साथ विचार-विमर्श के दौरान हमने एक समृद्ध भारत में रहने और अगले दो दशकों में अपने देश को विकसित बनाने की उम्मीद महसूस की। इसलिए परिभाषित लक्ष्यों, प्रत्येक लक्ष्य के लिए पहचाने गए प्रमुख कार्यों और उपयुक्त प्रबंधन संरचना तथा फंडिंग के साथ आगे चलने का समय आ गया है।

शिक्षा

साक्षरता आंदोलन

प्राचीन समय में भारत विद्या का एक महान् केंद्र था। नालंदा विश्वविद्यालय में तीस देशों के विद्वान् वेद, तर्कशास्त्र, व्याकरण, धार्मिक दर्शनशास्त्र, खगोल विज्ञान, चिकित्सा तथा गणित का अध्ययन करते थे। दुर्भाग्यवश, आज भारत को शिक्षा के क्षेत्र में वह गौरव प्राप्त नहीं है।

हमारी साक्षरता दर केवल 65 प्रतिशत है। भारत शिक्षा पर अपने सकल राष्ट्रीय उत्पाद का 3.8 प्रतिशत खर्च करता है। पंद्रह वर्ष से ऊपर की हमारी 46 प्रतिशत जनसंख्या अशिक्षित है। शिक्षा पर कई राष्ट्रीय नीतियाँ आईं और गईं, परंतु अशिक्षा को पूरी तरह समाप्त करने के लिए अब भी बड़े पैमाने पर गंभीर प्रयास की आवश्यकता है। कुछ राज्यों ने इस क्षेत्र में अच्छा प्रदर्शन किया है, परंतु अब भी बहुत कुछ किया जाना बाकी है। हाल ही में उच्च विद्यालय स्तर तक अनिवार्य शिक्षा के लिए एक शिक्षा विधेयक पास किया गया है। इसे अवश्य कार्यान्वित

किया जाना चाहिए। हमारे देश के सभी बच्चों को शिक्षित किया जाना अत्यंत आवश्यक है।

हम भाग्यशाली हैं कि हमारे पास कुछ उत्तम विद्यालय तथा प्रोफेशनल संस्थान, जैसे इंडियन इंस्टीट्यूट ऑफ साइंस, इंडियन इंस्टीट्यूट ऑफ टेक्नोलॉजी और इंडियन स्कूल ऑफ मैनेजमेंट हैं। जैसे-जैसे हम एक बौद्धिक समाज में बदल रहे हैं, यह आवश्यक है कि शिक्षा को सबसे ऊँचा स्थान मिलना चाहिए। पैंतीस वर्ष से कम आयु के 70 करोड़ के विशाल संसाधन को एक समृद्ध अर्थव्यवस्था बनाने के लिए इस्तेमाल किया जा सकता है। लेकिन साथ ही यह भी सुनिश्चित किया जाना चाहिए कि निम्न आय वर्ग भी शिक्षा के खर्च को वहन कर सके।

नारी शिक्षा

हमारे देश में नारी शिक्षा को प्राथमिकता मिलनी चाहिए। जब महिलाओं को अधिकार प्राप्त होंगे तो एक स्थिर समाज उभरेगा। इसका परिणाम एक छोटे परिवार और बच्चों को बेहतर शिक्षा के रूप में सामने आएगा। हमें लड़कियों के लिए माध्यमिक शिक्षा तथा विश्वविद्यालय शिक्षा को सुनिश्चित करना होगा। हमें स्कूलों तथा कॉलेजों को जोड़ते हुए ई-शिक्षा की स्थापना करनी चाहिए। शिक्षा को व्यावसायिक प्रशिक्षण के भी अवसर प्रदान करने चाहिए तथा विद्यार्थियों को उद्यमियों में रूपांतरित करना चाहिए।

प्रौढ़ शिक्षा

10 करोड़ अशिक्षित वयस्कों को शिक्षा देने के लिए भी एक व्यवस्थित योजना बनाने की आवश्यकता है। छुट्टियों के दौरान उच्च विद्यालयों के विद्यार्थी और शिक्षक निकट के गाँवों में वयस्कों को पढ़ा सकते हैं। हर विद्यार्थी को कम-से-कम पाँच वयस्क को शिक्षित करना चाहिए और उन्हें पढ़ने-लिखने के योग्य बनाना चाहिए। अभिभावकों को अपने बच्चों की ऐसी गतिविधियों को प्रोत्साहित करना चाहिए।

सक्षम शिक्षक

शिक्षकों को देश का सबसे उत्तम बौद्धिक वर्ग होना चाहिए। अपनी बुद्धि तथा नैतिक मूल्यों द्वारा अच्छे शिक्षक विद्यार्थियों को अनुसंधान के लिए आकर्षित करते हैं और उन्हें अच्छे गुण प्रदान करते हैं। यह विद्यार्थियों को देश के विकास के एकमात्र लक्ष्य के साथ-साथ अच्छा नागरिक बनाता है।

उच्च शिक्षा तथा औद्योगिक भागीदारी

बौद्धिक अर्थव्यवस्था तथा सामाजिक रूपांतरण को साकार करने के लिए उच्च शिक्षा एक महत्त्वपूर्ण तत्त्व है। इसलिए उच्च शिक्षा को राष्ट्रीय विकास के साथ जोड़ा जाना चाहिए। कुछ उपायों को अपनाकर इसे संभव बनाया जा सकता है; जैसे—

1. विकास में निवेश को शिक्षा में निवेश के साथ समन्वित करना।
2. चयनित विश्वविद्यालयों को अनुसंधान के शक्तिस्रोत बनने के लिए विकसित करना।
3. नई अर्थव्यवस्था के उद्योगों और चुने हुए विश्वविद्यालय समूहों के बीच सामंजस्य स्थापित करना।
4. नीतिगत शोध के लिए विश्वविद्यालय केंद्र स्थापित करना।
5. उद्योग से निवेश को प्रोत्साहित करना।
6. संयुक्त प्रयासों के लिए शैक्षिक संस्थानों में प्रणालियाँ स्थापित करना।

किसी विश्वविद्यालय के संकाय को विभिन्न कक्षाओं तथा अन्य विश्वविद्यालयों से जोड़ने के लिए सूचना व संचार प्रौद्योगिकी का प्रयोग किया जा सकता है। संभवत: फाइबर ऑप्टिक लीज लाइन केबल या सेटेलाइट लाइन के एक संयोजन का प्रयोग किया जा सकता है। आज प्रौद्योगिकी इस हद तक उन्नत हो चुकी है कि हम सभी मानव ज्ञान को डिजिटल रूप में स्टोर करने की भी सोच सकते हैं। इस दिशा में एक प्रयास भाषा से परे एक सार्वभौमिक डिजिटल लाइब्रेरी का निर्माण है। भारत में 25 करोड़ पृष्ठों या कहें, लगभग 10 लाख पुस्तकों को दो वर्ष के समय में डिजिटाइज करने का कार्यक्रम है। इसके लिए हमारे पास आधुनिक प्रौद्योगिकियाँ और मशीनरी उपलब्ध हैं।

'रीच' (REACH) मिशन

विज्ञान तथा प्रौद्योगिकी विभाग ने 'रीच' (रेलिवेंस एंड एक्सीलेंस इन एचीविंग न्यू हाइट्स) के साथ एक मिशन सामने रखा है। इस मिशन को औद्योगिक महत्त्व के क्षेत्रों को प्रोत्साहित करने तथा मिशन में भागीदार उद्योगों को प्रशिक्षित जन-शक्ति उपलब्ध कराने के लिए विद्यमान इंजीनियरिंग संस्थानों में 'सेंटर्स ऑफ एक्सीलेंस' की स्थापना के उद्देश्य से आरंभ किया गया है (चित्र संख्या 8.1)।

यह वर्ष 2020 तक विकसित भारत के लक्ष्य को प्राप्त करने के लिए कई मिशनों में से एक है। इसका उद्देश्य समान शैक्षिक कार्यक्रम तथा संयुक्त अनुसंधान और श्रेष्ठता प्राप्त करने के प्रति समर्पण की समान अवधारणावाले 80-100 केंद्रों

की स्थापना है जो संकाय आदान-प्रदान के जरिए इलेक्ट्रॉनिक रूप से जुड़े होंगे। डिब्रूगढ़, मुंबई, तंजावुर, मदुरई, कोयंबटूर, सूरत आदि के शैक्षिक संस्थानों में कृषि तथा औद्योगिक जैव प्रौद्योगिकी, एडवांस्ड कंप्यूटिंग तथा इन्फॉरमेशन प्रोसेसिंग, क्लास्टिक पेट्रोलियम रेजरवॉयर इंजीनियरिंग, इंडस्ट्रियल सेफ्टी, एनवॉयरमेंटल इंजीनियरिंग, हर्बल ड्रग्स इत्यादि के क्षेत्रों में सेंटर्स ऑफ रेलिवेंस एंड एक्सीलेंस (कोर) की स्थापना की गई है।

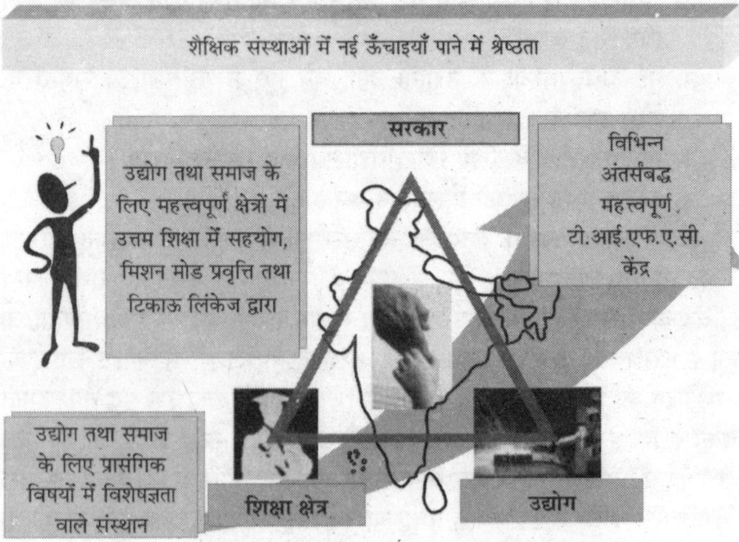

चित्र संख्या 8.1 : 'रीच' (REACH) मिशन

रीच कार्यक्रम में हमने अपनी रुचि के विशेष क्षेत्रों में भागीदारी करने तथा कोर की स्थापना में हुए कुल खर्च का लगभग 40 प्रतिशत निवेश करने की उद्योगों की उत्सुकता को महसूस किया। उन्हें कोर से कुशल जनशक्ति तथा विशिष्टीकृत क्षेत्रों में अनुसंधान लाभ प्राप्त होना था। **इससे हमें अत्यंत आत्मविश्वास मिलता है कि हमारे उद्योग आपसी लाभदायक प्रौद्योगिकी विकास तथा शिक्षा प्रयासों में भागीदार होंगे।**

जल लक्ष्य

आज 6 अरब की वैश्विक जनसंख्या के साथ कम-से-कम 3 अरब की सीमित या प्रचुर जल आपूर्ति तक पहुँच है। परंतु वर्ष 2025 तक, जब विश्व की जनसंख्या 8 अरब हो जाएगी, यह जानना कष्टदायक है कि केवल 1 अरब लोगों

की ताजा जल तक ऐसी पहुँच होगी। आज लगभग 2 अरब लोगों को प्रभावित करनेवाला स्वच्छता का अभाव अगले दो दशकों में पानी की कमी के कारण 5 अरब लोगों को प्रभावित करेगा।

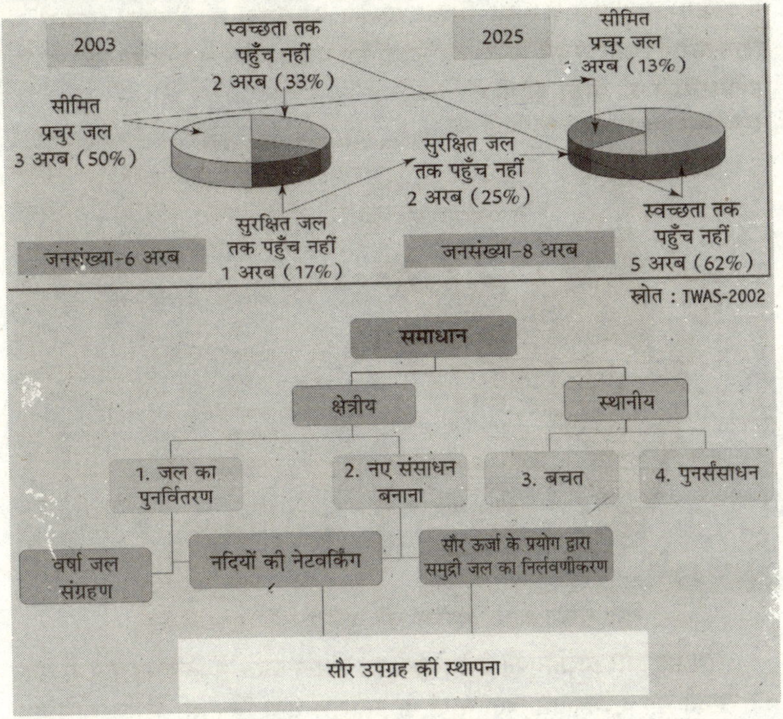

चित्र संख्या 8.2 : भावी पीढ़ियों के लिए जल

विश्व स्तर पर जल की कमी की इस समस्या के कुछ समाधान हैं। लेकिन हमें प्रयास अभी से आरंभ करने होंगे। ऐसा जल के पुनर्वितरण द्वारा किया जा सकता है। हमने ग्रामीण तथा शहरी इलाकों में वर्षा जल के संग्रहण को विस्तृत रूप से प्रोत्साहित करके तथा नदियों की नेटवर्किंग द्वारा इस दिशा में प्रयास आरंभ कर दिया है। इनके अतिरिक्त हमें पानी की बड़े पैमाने पर बरबादी को रोकना होगा और शहरी तथा ग्रामीण इलाकों को जल पुनर्संसाधन प्रौद्योगिकियों को उपलब्ध कराना होगा।

तटीय क्षेत्रों में एक अन्य क्षेत्रीय समाधान समुद्री जल के निर्लवणीकरण (खारापन समाप्त करने की प्रक्रिया) द्वारा ताजे पानी के नए शाश्वत स्रोतों का निर्माण है। इन सभी समाधानों में भारत द्वारा की गई पहल अन्य देशों के लिए अनुसरणीय होगी। चित्र संख्या 8.2 भावी पीढ़ियों के लिए जल समाधान को दरशाती है।

नदियों की नेटवर्किंग

बाढ़ तथा अकाल को नियंत्रित करने, सभी क्षेत्रों के लिए पेयजल उपलब्ध कराने, सामानों के परिवहन तथा कृषि योग्य भूमि तैयार करने के लिए नदियों की नेटवर्किंग आवश्यक है। यह मिशन ग्रामीण जनसंख्या को रोजगार अवसर भी प्रदान करेगी। और सबसे ऊपर, यह नेटवर्किंग पर्यावरणीय अपग्रेडेशन तथा राष्ट्रीय कनेक्टिविटी को प्रेरित करेगी।

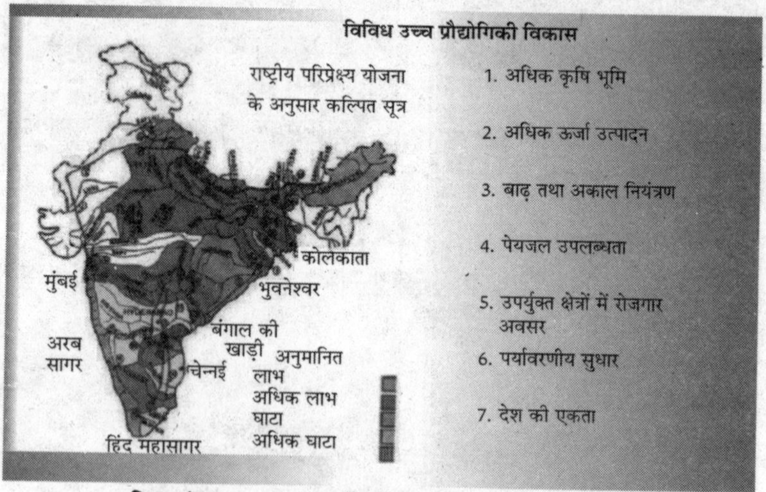

चित्र संख्या 8.3 : युवाओं को चुनौती—रिवर नेटवर्किंग

विज्ञान और प्रौद्योगिकी ऐसे मिशन को संपन्न करने में निश्चित रूप से मदद कर सकते हैं। अधिकतम जल मार्गों के सर्वेक्षण तथा विकास, पर्यावरणीय तथा पौधा-रोपण आवश्यकताओं के मानचित्रण तथा सभी ऋतुओं और सभी समय समन्वित जल-प्रवाह की निरंतर निगरानी के लिए दूर संवेदन (रिमोट सेंसिंग) का इस्तेमाल किया जा सकता है। इसके लिए हमारी समन्वित नदी प्रणालियों के लिए एक समर्पित उपग्रह समूह की आवश्यकता होगी। एक ऐसी योजना संभव है, जिसके द्वारा गंगा की चौदह हिमालयी सहायक नदियों (चित्र संख्या 8.3) और उत्तर भारत में ब्रह्मपुत्र नदी को जोड़ा जा सके तथा उसे नहरों की एक शृंखला और विंध्य पहाड़ियों के पार पंपिंग स्टेशनों के माध्यम से दक्षिण में स्थानांतरित किया जा सके, जिससे गोदावरी, कृष्णा और कावेरी सहित सत्रह दक्षिणी नदियों में फिर से जल भरा जा सकेगा। इस कार्य को एक चरणबद्ध रूप में संपन्न किया जाना है। सरकार द्वारा गठित टास्क फोर्स इस योजना का अध्ययन कर रहा है। नदियों की नेटवर्किंग युवाओं के लिए एक चुनौती है।

जल के लिए अंतरिक्ष प्रौद्योगिकी

नए जल स्रोत खोजना अंतरिक्ष विज्ञान तथा प्रौद्योगिकी के लिए एक अन्य महत्त्वपूर्ण क्षेत्र हो सकता है। एक नई ऊर्जा सक्षम रूप में समुद्री जल निर्लवणीकरण के लिए रिवर्स ओसमोसिस प्रौद्योगिकियाँ तेजी से विकसित हो रही हैं। अंतरिक्ष स्थित सौर ऊर्जा स्टेशन में समान आकार के भूमि सौर स्टेशनों की अपेक्षा छह से पंद्रह गुना अधिक पूँजी उपयोग होता है। इस प्रकार, तटीय शहरों में बड़े पैमाने पर पेयजल आपूर्ति के लिए अंतरिक्ष सौर ऊर्जा को रिवर्स ओसमोसिस प्रौद्योगिकी से जोड़ना अंतरिक्ष प्रौद्योगिकी द्वारा किया जा सकनेवाला एक अन्य बड़ा कार्य है, ताकि आसन्न पेयजल संकट के लिए क्षेत्रीय समाधानों के द्वारा आर्थिक विकास को प्रेरित किया जा सके।

ऊर्जा उत्पत्ति, वैश्विक ऊर्जा निर्भरता का प्रारूप

विश्व ऊर्जा मंच ने भविष्यवाणी की है कि पुराने तेल तथा कोयला भंडार पाँच से दस दशकों में समाप्त हो जाएँगे। भारत के लिए ये कुछ अधिक समय तक उपलब्ध हो सकते हैं। औद्योगिक रूप से विकसित देश परमाणु ऊर्जा से उत्पन्न बिजली का बड़ा प्रतिशत उपयोग में लाते हैं। इन देशों में और अधिक परमाणु शक्ति न जोड़ने के लिए एक आंदोलन चलाया गया था। ये विचार परमाणु ऊर्जा से उत्पन्न बिजली के खिलाफ प्रचार कर रही कई एजेंसियों से उभरे थे। चित्र संख्या 8.4 वैश्विक ऊर्जा निर्भरता के प्रारूप को दरशाती है।

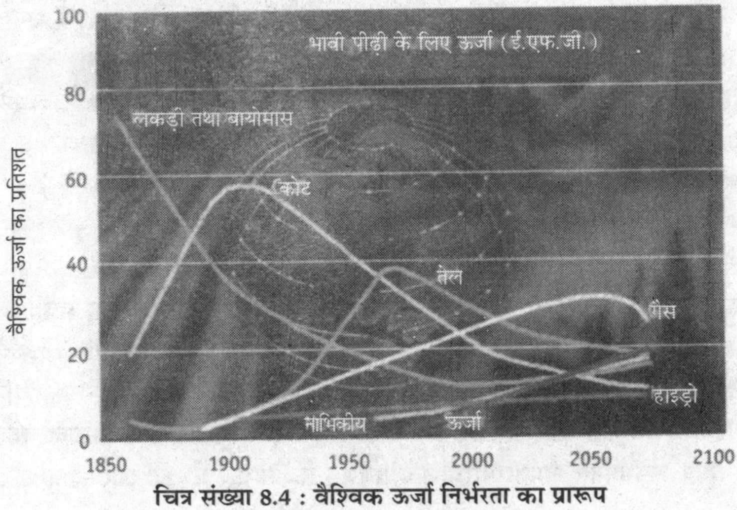

चित्र संख्या 8.4 : वैश्विक ऊर्जा निर्भरता का प्रारूप

वर्तमान में केवल 2000-3000 मेगावाट बिजली उत्पन्न करनेवाले हमारे जैसे देश के लिए यह महत्त्वपूर्ण है कि हम बीस वर्षों में परमाणु ऊर्जा कारपोरेशन द्वारा अपनी परमाणु ऊर्जा उत्पत्ति क्षमता को 20,000 मेगावाट तक बढ़ाएँ। इस लक्ष्य को प्राप्त करने के लिए एक कार्यक्रम बनाया गया है। भारत इस क्षेत्र में अहम क्षमता रखता है और परमाणु सामग्री, खासकर थोरियम प्रचुर मात्रा में उपलब्ध है। भारत अत्यंत महत्त्वपूर्ण परमाणु सुरक्षा के क्षेत्र में भी तैयार हो रहा है।

भारत के युवाओं के लिए भविष्य को एक बड़े रूप में देखना और परमाणु ऊर्जा उत्पत्ति के महत्त्व के विषय में वैज्ञानिक दृष्टिकोण को लोगों के सामने रखना महत्त्वपूर्ण है। यह भारत की प्रचुरता तथा स्वच्छ पर्यावरण की आवश्यकता के आधार पर देश को परमाणु ऊर्जा की उत्पत्ति और गैर-पारंपरिक ऊर्जा स्रोतों (जैसे सौर, वायु, बायोमास तथा तरंग ऊर्जा) द्वारा उत्पन्न ऊर्जा की ओर प्रेरित कर सकता है। इस पृष्ठभूमि के साथ भारत में ऊर्जा उत्पादन योजना पर आगामी अनुच्छेदों में चर्चा की गई है।

ऊर्जा उत्पादन राष्ट्रीय अर्थव्यवस्था का एक महत्त्वपूर्ण आधारभूत क्षेत्र है। ऊर्जा के अन्य रूपों की अपेक्षा इसकी माँग 7 से 8 प्रतिशत की दर से बढ़ रही है और समय के साथ माँग-आपूर्ति के बीच की खाई और चौड़ी हुई है। देश के आर्थिक विकास के लिए और लोगों को बेहतर जीवन-स्तर उपलब्ध कराने के लिए विश्वसनीय और सस्ती बिजली उपलब्ध कराना अनिवार्य है। स्थापित उत्पादक क्षमता सन् 1947 में 1,358 मेगावाट से बढ़कर 31 मार्च, 2003 तक 1,07,973 मेगावाट हो गई है। पिछले पाँच दशकों में बिजली की माँग में वृद्धि उत्पादक क्षमता से अधिक हो गई है। यदि हमें वर्ष 2020 तक सभी को उत्तम बिजली व्यवस्था प्रदान करनी है तो माँग और आपूर्ति की खाई को पाटने के लिए वर्ष 2020 तक हमें 3,00,000 मेगावाट बिजली का उत्पादन और करना होगा। जैसा कि अध्याय 6 में पहले ही उल्लेख किया गया है, वर्ष 2020 तक परमाणु ऊर्जा द्वारा बिजली उत्पन्न करने की क्षमता लगभग 20,000 मेगावाट है, शेष को निस्संदेह अन्य स्रोतों जैसे जल शक्ति, तापीय, गैर-पारंपरिक ऊर्जा जैसे वायु, तरंग, बायोमास तथा ऊर्जा और हाइड्रोजन के प्रयोग द्वारा उत्पन्न करना होगा। जहाँ तक जल ऊर्जा का संबंध है, उसमें माँग के अंतर को पूरा करने के लिए अच्छी संभावना है, क्योंकि देश में उसकी क्षमता का अनुमान लगभग 84,000 मेगावाट लगाया गया है। पवन ऊर्जा की क्षमता का अनुमान 45,000 मेगावाट लगाया गया है। नवीकरण योग्य ऊर्जा स्रोत की कुल अनुमानित क्षमता परियोजना प्रबंधन के आधार पर 80,000-100,000

मेगावाट है। यदि इन्हें जोड़ें तो वर्ष 2020 तक परमाणु, जल, तापीय तथा गैर-पारंपरिक ऊर्जा स्रोतों द्वारा 3,00,000 मेगावाट ऊर्जा उत्पन्न करना संभव है। दीर्घकाल में, सौर ऊर्जा उपग्रह द्वारा प्राप्त सौर ऊर्जा इसका समाधान होगी।

वर्ष 2020 तक जनसंख्या के सभी भागों को बिजली की उपलब्धता सुनिश्चित करने के लिए, ऊर्जा क्षेत्र में संचार तथा वितरण नुकसानों को कम करना अनिवार्य है, क्योंकि विश्व स्तर के 7-9 प्रतिशत की तुलना में भारत में यह लगभग 25 प्रतिशत है। नुकसान को कम करने के लिए आवश्यक प्रौद्योगिकी का इस्तेमाल किया जाना चाहिए।

ग्रामीण क्षेत्रों में शहरी सुविधाएँ उपलब्ध कराना (पी.यू.आर.ए.)

भारत गाँवों में बसता है, लेकिन पर्याप्त शिक्षा, रोजगार, स्वास्थ्य की देख-रेख तथा आधारभूत तंत्र के अभाव के कारण लोग बेहतर जीवन के लिए शहरों की ओर भागते हैं। शहरों की ओर इस पलायन के कारण भारतीय शहरों में भीड़-भाड़ हो रही है और वहाँ रहने के स्थान, जल तथा बिजली का अभाव हो रहा है। पी.यू.आर.ए. प्रारूप ग्रामीण क्षेत्रों में जीवन-स्तर सुधारने तथा शहरी संकुलन हटाने के लिए विशेष सुझाव देता है। साथ ही प्रत्येक क्षेत्र में जल की पर्याप्त आपूर्ति तथा कूड़े-कचरे का प्रभावी निष्कासन प्रमुख नागरिक आवश्यकताएँ हैं। एक न्यूनतम आकार है, जिसके नीचे एक निवास-स्थान व्यावहारिक नहीं है और विद्यमान संकुलित शहर के भीतर प्रतिस्पर्धात्मक नहीं है। साथ ही, एक बार जब विस्तार का न्यूनतम आकार पार हो जाए तो विद्यमान संकुलित शहर एक नए शहर की तुलना में किफायती नहीं होता।

एक पारंपरिक शहर, जो आयताकार और 10 किलोमीटर तथा 6 किलोमीटर की लंबाई-चौड़ाई का होता है, के विपरीत यह प्रारूप समान 60 किलोमीटर स्क्वायर क्षेत्र तथा परिवहन मार्गों तक समान 1 किलोमीटर की पहुँचवाले कम-से-कम 10 से 15 गाँवों को समन्वित करके बनाए गए एक वलयाकार शहर की कल्पना करता है। इसके लिए केवल एक परिवहन मार्ग की आवश्यकता होगी, जबकि आयताकार शहर के लिए कम-से-कम दो मार्गों की आवश्यकता होती है; अतः परिवहन की आवृत्ति दुगुनी हो जाएगी, जो प्रतीक्षा समय को आधा कर देगी। इसमें शून्य जंक्शन होंगे और केवल एक सिंगल-लेवल लेआउट की आवश्यकता होगी। साथ ही, इसमें आयताकार योजना के लिए आवश्यक आठ मार्गों की अपेक्षा केवल एक मार्ग की आवश्यकता होगी, इसलिए लोगों को एक बिंदु से दूसरे बिंदु

तक जाने के लिए एक पंक्ति से दूसरी बदलने की आवश्यकता नहीं पड़ेगी। इससे संचार समय की बचत होगी। इसके अलावा, चूँकि एक ही मार्ग पर पूरा ट्रैफिक केंद्रित होगा, इसलिए अपेक्षाकृत कम जनसंख्या के लिए भी उच्च क्षमतावाली जन परिवहन प्रणालियाँ सस्ती हो जाएँगी। इसमें लागत काफी कम है और आम जनता के लिए अधिक सुविधाजनक है।

भारत को एक बौद्धिक महाशक्ति में बदलने के लिए ज्ञान आधारित ग्रामीण विकास एक अनिवार्य आवश्यकता है। उच्च ग्रामीण चौतरफा कनेक्टिविटी ग्रामीण इलाकों तक शिक्षा, स्वास्थ्य तथा आर्थिक गतिशीलता को पहुँचाने की न्यूनतम अनिवार्यता है।

पी.यू.आर.ए. पूर्ण ग्रामीण समृद्धि प्राप्त करने की प्रक्रिया को तेज करने के लक्ष्य के साथ मुख्य रूप से चार प्रकार की कनेक्टिविटी के आस-पास सोचा गया है।

इनमें से पहली है भौतिक कनेक्टिविटी—लोगों तथा उत्पादों की गति, स्कूलों, स्वास्थ्य केंद्रों तथा बाजारों तक पहुँच (चित्र संख्या 8.5)। आज हमारे ग्रामीण क्षेत्रों में सड़कें, रेल तथा सार्वजनिक आधार-तंत्र अपर्याप्त हैं। भारत में 5,80,000 से अधिक गाँव होने के कारण भौतिक कनेक्टिविटी का तरीका इन गाँवों को 10 की संख्या से ऊपर के समूहों में व्यवस्थित करना है।

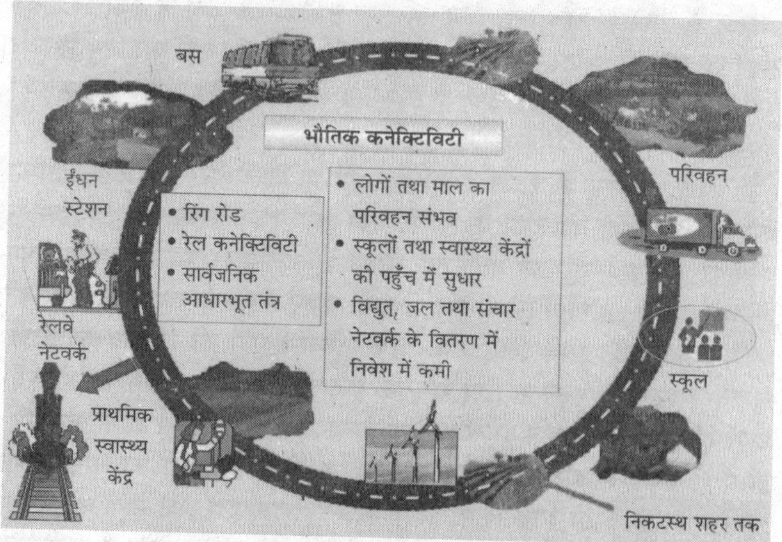

चित्र संख्या 8.5 : पी.यू.आर.ए.—भौतिक कनेक्टिविटी

गाँवों के इस समूह को मुद्रिका सड़कों द्वारा भौतिक कनेक्टिविटी उपलब्ध कराने की आवश्यकता है। सस्ती बसों, जिनका चालन यथासंभव नवीकरण योग्य ऊर्जा स्रोतों द्वारा ऊर्जा प्राप्त करनेवाली बैटरियों से हो तथा उनमें उच्च क्षमता के इंजन हों, को लगभग पूरे दिन चलाया जाएगा। ये बसें लोगों तथा उत्पादों को गाँव से गाँव तथा गाँव से स्कूल, स्वास्थ्य केंद्र, ईंधन स्टेशनों, कृषि क्षेत्रों, गोदामों, कृषि-उद्योगों तथा अन्य व्यावसायिक केंद्रों तक ले जाएँगे।

इस प्रकार, पी.यू.आर.ए. अवधारणा का हृदय है, एक रिंग रोड द्वारा लगभग 30,000–50,000 जनसंख्या को समेटते हुए 10 या इससे अधिक गाँवों की भौतिक कनेक्टिविटी। इसके बाद एक रेल नेटवर्क तथा इस ग्रामीण समूह के परे निकटवर्ती शहर के साथ कनेक्टिविटी रिंग रोड से आरंभ होगी। ये सभी सड़कें या योजन उच्च स्तर की होंगी, ताकि तीव्र गति परिवहन को बढ़ावा मिल सके।

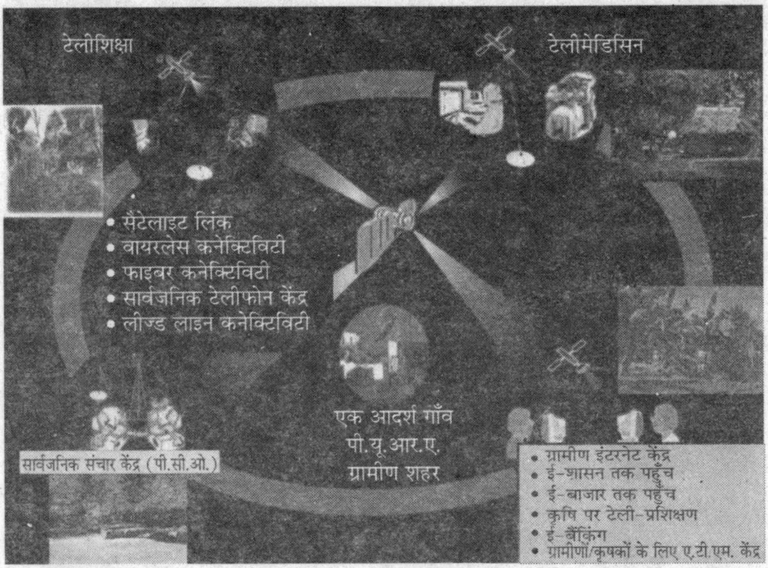

चित्र संख्या 8.6 : पी.यू.आर.ए.—इलेक्ट्रॉनिक कनेक्टिविटी

पूरे समूह की जनसंख्या के सेवा में मौजूद स्कूलों, स्वास्थ्य केंद्रों, ग्रामीण बाजारों, गोदामों तथा व्यावसायिक केंद्रों को सक्रिय करने के लिए यह एक लागत सक्षम समाधान है। साथ ही, महानगरों की तुलना में संव्यावहारिक (ट्रांजेक्शनल)

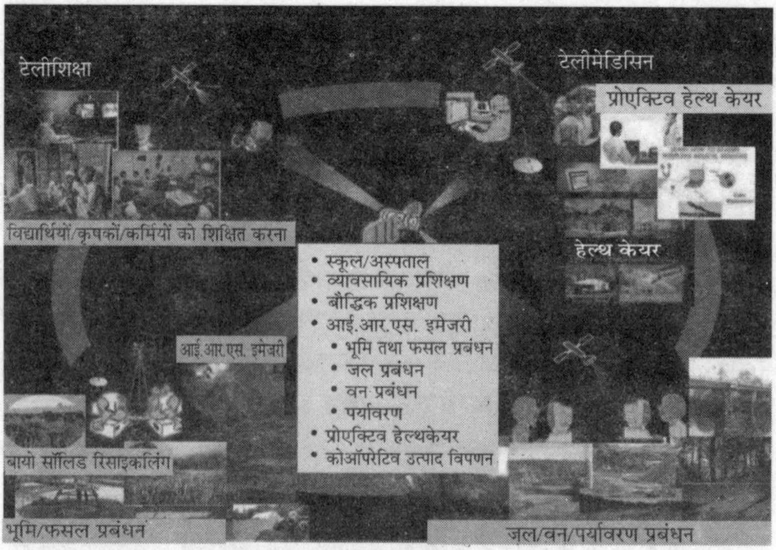

चित्र संख्या 8.7 : पी.यू.आर.ए. कनेक्टिविटी

चित्र संख्या 8.8 : आर्थिक कनेक्टिविटी

लागत काफी कम होने के कारण ये समूह एक उत्तम निवेश पड़ाव बन जाएँगे। इसके अतिरिक्त जीवन-स्तर में सुधार आएगा।

इसी प्रकार, पी.यू.आर.ए. में इलेक्ट्रॉनिक कनेक्टिविटी की भी आवश्यकता है (चित्र संख्या 8.6)। ग्रामीण समूह में सिस्टम ओरिएंटेड एप्रोच के लिए कृषकों तथा ग्रामीणों के लिए टेलीशिक्षा, ग्रामीण इंटरनेट कियॉस्क, सार्वजनिक टेलीफोन प्रणाली, टेलीमेडिसिन, ई-मार्केट, ई-शासन, ई-कॉमर्स आदि की आवश्यकता होगी। इस प्रकार, सूचना प्रौद्योगिकी में क्रांति अंतरिक्ष प्रौद्योगिकी के साथ देश के मूलभूत स्तर पर आवश्यक सामाजिक बदलाव लाएगी। यह ग्रामीणों को बाह्य बाजारों के इस्तेमाल के लिए सामूहिक रूप से कॉल सेंटर, बिजनेस प्रोसेसिंग आउटसोर्सिंग, सॉफ्टवेयर डेवलपमेंट सेंटर आदि स्थापित करने का अवसर भी प्रदान करता है। इस प्रकार, पी.यू.आर.ए. अणु (लोगों), परमाणु (सामग्री) तथा इलेक्ट्रॉन (ज्ञान) की गति तथा त्रुटिहीन कनेक्शन प्रदान करता है।

बौद्धिक कनेक्टिविटी (चित्र संख्या 8.7) शिक्षा, स्वास्थ्य, व्यावसायिक प्रशिक्षण, फसल जल तथा वन प्रबंधन के लिए उपग्रहों का इस्तेमाल, पर्यावरण सुरक्षा तथा सहकारी उत्पाद विपणन में कनेक्टिविटी के साथ ग्रामीण क्षेत्र को रूपांतरित कर देगी। इलेक्ट्रॉनिक कनेक्टिविटी तथा बौद्धिक कनेक्टिविटी का मिश्रण साक्षरता आंदोलन, टेलीशिक्षा, स्वास्थ्य देख-रेख तथा संसाधन प्रबंधन को प्रेरित करेगा।

इसके बाद यह देखा जाएगा कि भौतिक, इलेक्ट्रॉनिक तथा बौद्धिक कनेक्टिविटी का त्रय लघु उद्योगों, कृषि तथा खाद्य प्रसंस्करण, गोदामों, माइक्रोपावर प्लांटों, नवीकरण योग्य ऊर्जा तथा ग्रामीण बाजारों के माध्यम से आर्थिक कनेक्टिविटी को सामने लाए (चित्र संख्या 8.8)। यह अधिक रोजगार अवसर महिलाओं को अधिकार तथा बेहतर जीवन-स्तर उपलब्ध कराएगा। गाँव न केवल अपना जीवन-स्तर सुधारेंगे बल्कि ग्रामीण सौंदर्य तथा पर्यावरण को भी सुरक्षित रखेंगे। इसके अलावा, कनेक्टिविटी ग्रामीण क्षेत्रों को विश्व के किसी भी भाग से नजदीक ले आती है।

एकीकृत (PURA) कार्यान्वयन रणनीति

पी.यू.आर.ए. को आर्थिक रूप से व्यावहारिक तथा उद्यमियों एवं लघु उद्योगपतियों द्वारा प्रबंधित व्यवसाय प्रस्तावित होगा, क्योंकि इसमें शिक्षा, स्वास्थ्य, बिजली उत्पादन, परिवहन तथा प्रबंधन शामिल हैं। पी.यू.आर.ए. के लिए अधिकृत

प्रबंधन संरचना के साथ एक समन्वित विकास प्रवृत्ति की आवश्यकता है। समन्वित कार्यान्वयन रणनीति को चित्र संख्या 8.9 में दरशाया गया है।

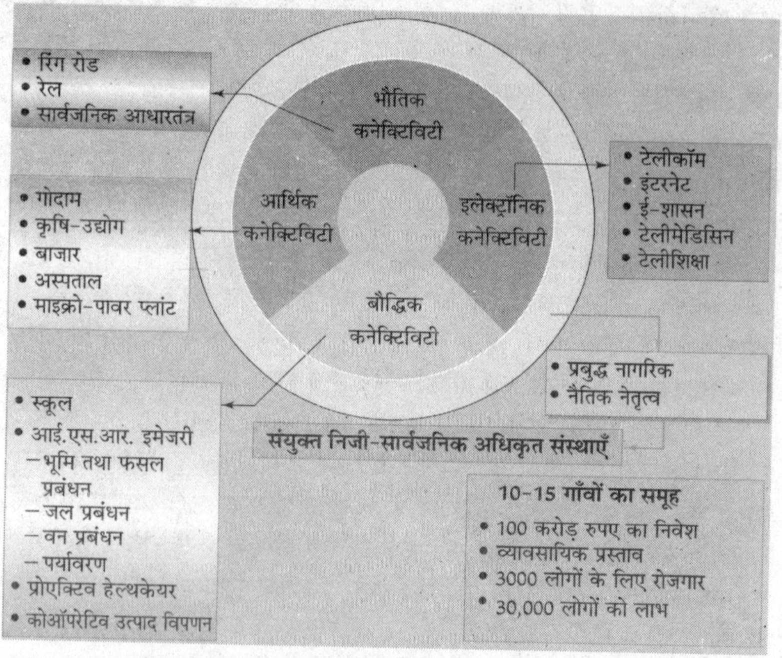

चित्र संख्या 8.9 : एकीकृत (PURA) कार्यान्वयन रणनीति

सशक्त तथा आत्मनिर्भर भारत

अब तक हमने विकास के विभिन्न क्षेत्रों और एक बौद्धिक समाज की रूपरेखा, उसके विभिन्न घटकों तथा आवश्यक प्रणाली समन्वयन तथा लक्ष्यों पर चर्चा की है। इच्छित लक्ष्यों को प्राप्त करने के लिए हमें इन लक्ष्यों को देश की केंद्रीय क्षमताओं से समन्वित करना होगा। किसी देश की क्षमताएँ मुख्य रूप से उसके प्राकृतिक तथा जन-संसाधनों में निहित होती हैं। प्राकृतिक संसाधनों में भारत के पास समुद्री संसाधनों के साथ एक विस्तृत तटरेखा तथा तेल संपदा है। खनिज संपदा में पारंपरिक संसाधनों के साथ भारत के पास टिटेनियम, बेरिलियम तथा टंगस्टन के विशाल भंडार हैं। भारत सबसे समृद्ध जैव-विविधतावाले कुछ देशों में एक है। विशेषकर, हर्बल क्षेत्र में पोषण तथा रोगों के बचाव व उपचार के लिए विभिन्न उत्पाद विकसित करने की अपार संभावनाएँ हैं। 61 अरब डॉलर के

वैश्विक हर्बल उत्पाद बाजार में भारत का प्रमुख हिस्सा होना चाहिए। इस क्षेत्र में प्रगति के अपार अवसर हैं। पुष्प कृषि तथा जल कृषि के क्षेत्र में भी भारत के लिए इतनी ही संभावनाएँ हैं।

इन प्राकृतिक संसाधनों के लिए ज्ञान आधारित मूल्य-संवर्धन से केवल कच्चे माल की अपेक्षा मूल्य-वर्धित उत्पादों के निर्यात को बढ़ावा मिलेगा। व्यवसायीकरण तथा विपणन के लिए सूचना प्रौद्योगिकी का प्रयोग हमारी पहुँच तथा गति को काफी हद तक बढ़ा सकता है। प्राचीन ज्ञान भारत का एक अनूठा संसाधन है, क्योंकि इसमें लगभग 5,000 वर्षों की सभ्यता का खजाना है। राष्ट्रीय कल्याण तथा विश्व मानचित्र पर देश को स्थान दिलाने के लिए इस संपदा का लाभ उठाना अत्यंत आवश्यक है।

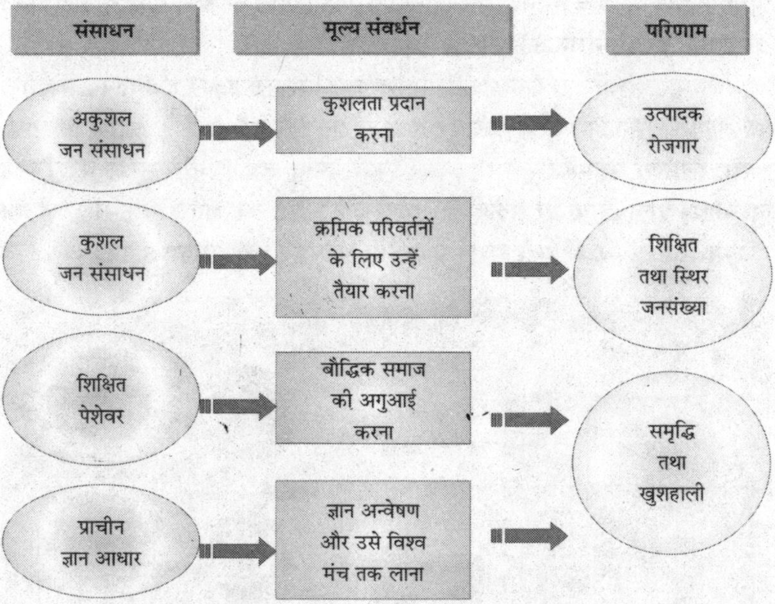

चित्र संख्या 8.10 : शिक्षा तथा मानव अधिकार

मानव संसाधन, विशेषकर 30 करोड़ युवा जनसंख्या, देश की अनूठी केंद्रीय शक्ति है। विभिन्न शैक्षिक तथा प्रशिक्षण कार्यक्रमों के द्वारा इस संसाधन को रूपांतरित किया जा सकता है। विशेष तौर पर सेवा क्षेत्र, कृषि-

उद्योगों आदि में कुशल, अर्ध-कुशल तथा रचनात्मक जनशक्ति को अर्थ उत्पादक के रूप में बदला जा सकता है (चित्र संख्या 8.10)। मूल्य-संवर्धन को प्रेरित करनेवाले उच्च स्तरीय सॉफ्टवेयर/हार्डवेयर की माँग के समावेश द्वारा हमारे वर्तमान उद्योगों से ज्ञान-आधारित उद्योग उत्पन्न किए जा सकते हैं। कहा जाता है, 'किसी कंपनी या देश के पास सबसे मूल्यवान् संपदा उसके लोगों का कौशल, प्रतिभा तथा कल्पना है।' भूमंडलीकरण के साथ यह अधिक महत्त्वपूर्ण हो जाएगा, क्योंकि हर किसी की विश्व स्तरीय प्रौद्योगिकी तक पहुँच होगी और विभिन्न देशों में मुख्य भिन्नकारक विशेषता प्रौद्योगिकी के बेहतरीन इस्तेमाल के लिए अपनी कल्पना-शक्ति का प्रयोग करने की उनके लोगों की क्षमता होगी। वास्तव में, पारदर्शी प्रबंधन संरचना और सूचना प्रौद्योगिकी के साथ विविध प्रौद्योगिकियों का विकास तथा उनका नवीन प्रयोग भारत को एक बौद्धिक महाशक्ति बनने की ओर अग्रसर करेगा।

हमारी सभ्यतागत गौरवशाली विरासत तथा विशाल प्राकृतिक व मानव संसाधनों की केंद्रीय क्षमताओं, मूल्य-संवर्धन तथा लक्षित परियोजनाओं के आरंभ के साथ, खाद्य, स्वास्थ्य, सामाजिक सुरक्षा, आर्थिक संपन्नता तथा राष्ट्रीय सुरक्षा के इच्छित लक्ष्यों को प्राप्त किया जा सकता है। इससे वर्ष 2020 तक भारत विकसित देश बन जाएगा और दुनिया में सही स्थान प्राप्त कर पाएगा (चित्र संख्या 8.11)।

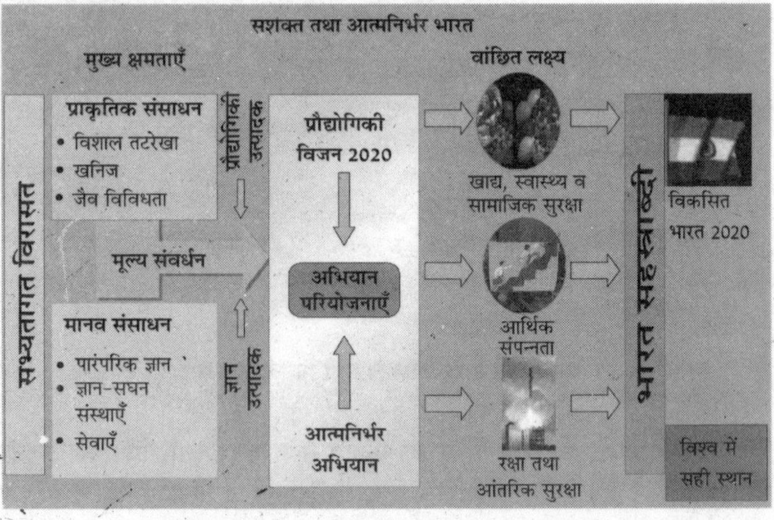

चित्र संख्या 8.11 : सशक्त तथा आत्मनिर्भर भारत

रचनात्मकता तथा नैतिक नेतृत्व

विभिन्न विश्वविद्यालयों के कुलपतियों, प्रोफेसरों तथा शिक्षकों से विचार-विमर्श के दौरान, शिक्षा में नैतिक नेतृत्व के निर्माण पर एक सवाल उनके सामने रखा गया। टेक्सास ए एंड एम विश्वविद्यालय के एक प्रोफेसर और शिक्षा तथा मानव संसाधन विकास में विशेषज्ञ डॉ. रॉबर्ट स्लेटर ने मीडिया के इस प्रश्न का मूल्यांकन किया और एक ई-मेल भेजा। उन्होंने बाद में अपने साथ एक बैठक के दौरान विद्यार्थियों के सामने राष्ट्र-निर्माण के संबंध में अपने दृष्टिकोण को स्पष्ट किया। उसका एक विश्लेषण संक्षिप्त रूप में यहाँ दिया गया है, जो महत्त्वपूर्ण है।

राष्ट्र-निर्माण के लिए योग्यताएँ

देश के लिए सबसे महत्त्वपूर्ण लक्ष्य है राष्ट्र-निर्माण के लिए क्षमताओं का निर्माण। शिक्षा के वातावरण में कुछ प्रश्न उभरते हैं—हम किस प्रकार के मनुष्य बनना चाहते हैं? हम अपने विद्यार्थियों को क्या क्षमताएँ प्रदान करना चाहते हैं?

यदि हम उन्हें कुछ खास क्षमताएँ प्रदान करना चाहते हैं तो उनका उद्देश्य क्या है? हम अपने बच्चों में आर्थिक विकास तथा राष्ट्र-निर्माण में योगदान देने की योग्यता पैदा करना चाहते हैं। हम किस प्रकार का राष्ट्र बनाना चाहते हैं? भारत के पास वर्ष 2020 तक एक विकसित राष्ट्र के रूप में बदलने का स्वप्न है। इसकी रूपरेखा मौजूद है, हम इस लक्ष्य को प्राप्त कैसे करेंगे? सहकालिक विकास के लिए कुछ लक्ष्य हैं।

इन लक्ष्यों को प्राप्त करने के लिए शैक्षिक संस्थानों में आवश्यक क्षमताएँ हैं—अनुसंधान या जाँच की योग्यता, रचनात्मकता तथा नवप्रवर्तन की क्षमता, खासकर ज्ञान का रचनात्मक स्थानांतरण, उच्च प्रौद्योगिकी का प्रयोग करने की क्षमता, उद्यमी नेतृत्व और नैतिक नेतृत्व की योग्यता।

1. अनुसंधान तथा जाँच

बीसवीं सदी ज्ञान की उत्पत्ति के लिए थी। इक्कीसवीं सदी हमारे द्वारा प्राप्त सभी प्रकार के ज्ञान तथा सूचनाओं के प्रबंधन तथा उसमें मूल्य-संवर्धन के संबंध में होगी। हमें अपने विद्यार्थियों को वह कौशल देना चाहिए, जिससे वे हमारे द्वारा निर्मित ज्ञान के समुद्र से एक रास्ता निकाल सकें। आज हमारे पास प्रौद्योगिकी के माध्यम से अपने आप सीखने की योग्यता तथा जीवनपर्यंत विद्यार्थी बनने की क्षमता है, जो किसी भी टिकाऊ आर्थिक तथा राजनीतिक विकास के लिए आवश्यक होती है।

2. रचनात्मकता और नवप्रवर्तन

रचनात्मकता सूझबूझवाले मस्तिष्कों से उभरती है। यह कहीं भी और देश के किसी भी भाग में हो सकती है। इसके विभिन्न आयाम जैसे आविष्कार, खोज तथा नवीन प्रयोग हैं। रचनात्मकता में परिवर्तन तथा नवीनता को स्वीकार करने की प्रवृत्ति, विचारों तथा संभावनाओं पर विचार करने की इच्छा, लचीला दृष्टिकोण, अच्छी चीजों का आनंद उठाने की आदत और उसमें सुधार करने के तरीके खोजने की प्रवृत्ति होती है। क्रमिक परिवर्तनों तथा परिष्करण द्वारा संशोधित विचारों तथा समाधानों के लिए लगातार कठिन परिश्रम करने की प्रक्रिया रचनात्मकता में शामिल होती है। रचनात्मकता का महत्त्वपूर्ण पक्ष है—अन्य किसी की तरह वही चीज देखना, परंतु कुछ अलग सोचना। विद्यार्थियों में इन विशेषताओं को विकसित करने तथा प्रोत्साहित करने की आवश्यकता है।

3. उच्च प्रौद्योगिकी के इस्तेमाल की क्षमता

हमारे विश्वविद्यालयों में, प्रत्येक विद्यार्थी में सीखने की प्रक्रिया में सहयोग के लिए नवीनतम प्रौद्योगिकियों को इस्तेमाल करने की योग्यता होनी चाहिए। विश्वविद्यालयों को कंप्यूटर हार्डवेयर, सॉफ्टवेयर, प्रयोगशाला उपकरण तथा इंटरनेट सुविधाओं से लैस होना चाहिए और एक डिजिटल लाइब्रेरी के द्वारा विद्यार्थियों को अपनी क्षमता बढ़ाने के लिए उपयुक्त वातावरण उपलब्ध कराना चाहिए।

4. उद्यमी नेतृत्व

उद्यमी नेतृत्व में विकास के संदर्भ में सबसे पहले समस्या की पहचान और फिर उसका समाधान खोजना शामिल है। उद्यमता अपनी आवश्यकताओं को समझने के साथ यह महसूस करना है कि मनुष्यों के रूप में हम सभी की समान आवश्यकताएँ हैं। यह दूसरों की मदद करने की इच्छा से आरंभ होता है। दूसरे, नई चुनौतियाँ स्वीकार करने की उत्सुकता होनी चाहिए। उद्यमता के लिए भिन्न तरीके से काम करने, अपने विचारों में साहसी होने (जो हमेशा जोखिम-युक्त होता है) की आवश्यकता होती है। हमें अपने बच्चों को बड़ा लाभ प्राप्त करने के उद्देश्य से भारी जोखिम लेना सिखाना चाहिए। तीसरे भाग में कामों को सही करने की प्रवृत्ति शामिल है।

5. नैतिक नेतृत्व

नैतिक नेतृत्व में मानव जीवन की बेहतरी के लिए आकर्षक तथा सशक्त

सपने देखना तथा सही कार्य करने और दूसरों को भी सही कार्य करने के लिए प्रेरित करने की प्रवृत्ति रखने की आवश्यकता होती है।

6. श्रेष्ठ शिक्षार्थी

यदि विद्यार्थी में उसके शिक्षक, उसके अभिभावकों द्वारा उपर्युक्त पाँचों गुण डाले जाएँ तो उसमें जीवनपर्यंत सीखने की तीव्र इच्छा होगी और वह दूसरों के लिए एक उदाहरण स्थापित करेगा। एक उत्तम शिक्षार्थी केवल अपनी कक्षा से ही ज्ञान प्राप्त नहीं करता, बल्कि आस-पास के वातावरण से भी सीखता है। मैं दृढ़ता से विश्वास करता हूँ कि शिक्षक का लक्ष्य उपर्युक्त पाँच गुणों के साथ श्रेष्ठ शिक्षार्थी उत्पन्न करना होता है।

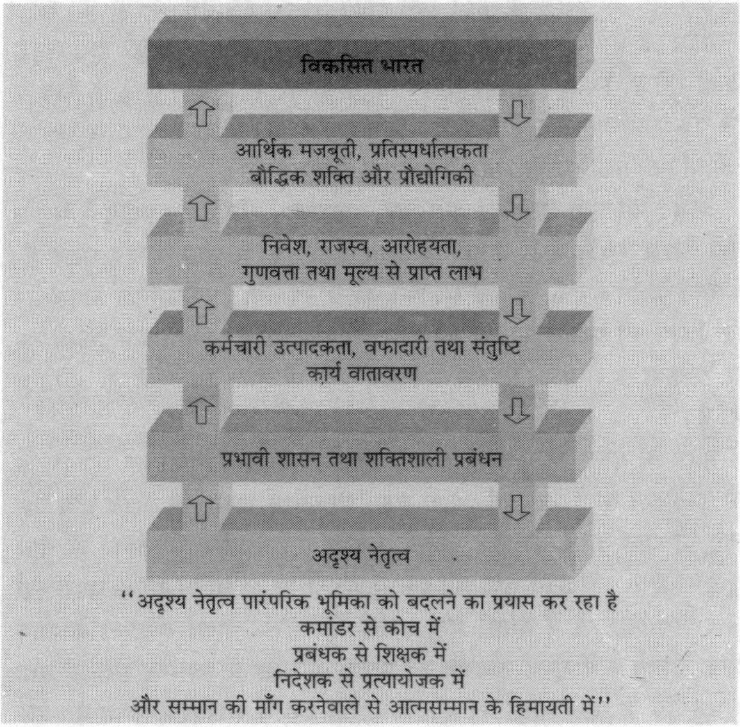

चित्र संख्या 8.12 : विंकास तथा नेतृत्व-कनेक्टिविटी

विकास तथा नेतृत्व का संयोजन

हमारी परिभाषा के अनुसार, 'विकसित भारत' को मुख्यत: आर्थिक शक्ति से सशक्त बनाया जा सकता है। आर्थिक शक्ति प्रतिस्पर्धा से आएगी और प्रतिस्पर्धा ज्ञान से उत्पन्न होती है (चित्र संख्या 8.12)। ज्ञान को प्रौद्योगिकी से समृद्ध करना होता है और प्रौद्योगिकी को व्यवसाय से शक्ति प्राप्त होती है। व्यवसाय को नवीन प्रबंधन से शक्ति मिलती है और प्रबंधन नेतृत्व से प्रबल होता है। नेतृत्व की क्या विशेषताएँ होती हैं ? एक नेता न एक कमांडर होगा, न सुपर बॉस, बल्कि वह एक स्वप्नद्रष्टा, एक सहयोगी और एक विचारक होगा। सबसे ऊपर मस्तिष्क की नैतिक श्रेष्ठता नेता की सबसे बड़ी विशेषता है।

समापन टिप्पणियाँ

ज्ञान युग के आरंभ में भारत सही स्थान पर है। हमें इस अवसर को खोना नहीं चाहिए। हमारी संस्कृति और सभ्यता युगों से उन महान् विचारकों द्वारा समृद्ध की जाती रही है, जिन्होंने हमेशा जीवन को मस्तिष्क, शरीर तथा बुद्धि के मेल के रूप में एक समन्वित रूप में देखा है। आनेवाले दशकों में हमारे युवा सभ्यतागत तथा आधुनिक प्रौद्योगिकीय धाराओं का एक संगम देखेंगे।

आज हमारे युवा वैज्ञानिक अनुसंधान, आविष्कार और नवीन प्रयोग में संलग्न होने की बेहतर स्थिति में है; क्योंकि ये उच्च प्रौद्योगिकी विकास के बड़े घटक हैं। इन कारकों के बीच एक भिन्नता स्थापित करना उपयोगी है। वैज्ञानिक अनुसंधान भौतिक विश्व की प्रकृति के ज्ञान की प्राप्ति से संबंधित है। आविष्कार किसी नए उत्पाद, प्रक्रिया या सेवा का निर्माण या किसी ऐसी चीज का निर्माण है जो अस्तित्व में नहीं है।

भारत के बच्चों व युवाओं के पास विज्ञान तथा प्रौद्योगिकी को माध्यम के रूप में इस्तेमाल करते हुए वर्ष 2020 तक 'विकसित भारत' के लक्ष्य द्वारा देश के लिए योगदान करने का एक अनूठा अवसर है। भारतीय मस्तिष्कों के पास महान् सभ्यतागत क्षमताओं तथा बौद्धिक कुशलता पर आधारित मूल्य-प्रणालियाँ हैं। कुछ प्रौद्योगिकियों में हमारी मूल क्षमता और उत्तम मानव संसाधन के साथ प्राकृतिक संसाधनों में मूल्य-संवर्धन की प्रवृत्ति और बेहतर स्वास्थ्य सेवाओं तथा आधारभूत तंत्र के साथ भारत का एक विकसित देश में रूपांतरण संभव है। एक अरब लोगों की प्रौद्योगिकीय क्षमताएँ ब्रह्मांड की विकिरित ऊर्जा के बराबर है। सपने विचारों को प्रेरित करते हैं और विचार कार्य में परिणत होते हैं। हमारे

विकसित भारत के लक्ष्य को आगे बढ़ाने के लिए प्रत्येक नागरिक के सहयोग की आवश्यकता है। प्रज्वलित युवा मस्तिष्क लक्ष्यों को प्राप्त करने के लिए शक्तिशाली इंजन का काम करते हैं। युवाओं का अदम्य उत्साह, राष्ट्र-निर्माण की क्षमता और रचनात्मक नेतृत्व भारत को प्रतिस्पर्धात्मक लाभ और विश्व में सही स्थान दिलाएँगे।

□

उपसंहार

हम सोच रहे थे कि इस पुस्तक का उपयुक्त तरीके से संक्षेपण किस प्रकार किया जाए। अब तक हमने प्रौद्योगिकी के महत्त्व को रेखांकित किया है और यह बताया कि किस प्रकार चयनित क्षेत्रों में उसका प्रयोग भारत को एक विकसित देश बनने में मदद कर सकता है। विकास अकेले दम पर नहीं हो सकता। वह देश के लोगों, विकास का नेतृत्व करनेवाले लोगों तथा युवाओं की सक्रिय भागीदारी के द्वारा संभव होगा। हमने प्रौद्योगिकी तथा विकास पर आज के शिक्षित युवा का प्रत्यक्ष फीडबैक लेने का निर्णय किया। अन्ना विश्वविद्यालय में प्रौद्योगिकी प्रबंधन विषय पर कक्षाओं की समाप्ति पर प्रो. कलाम द्वारा तैयार किए गए पाँच प्रश्नों को विद्यार्थियों से उनकी परीक्षा के तौर पर पूछा गया—

1. भारत को जी-8 समूह के देशों में शामिल होने में सक्षम बनाने के लिए हमें क्या करना होगा?
2. 4 करोड़ टन से अधिक खाद्यान्न विभिन्न भंडारों में जमा हैं, जो आर्थिक गतिरोध उत्पन्न कर रहे हैं। क्यों? कारणों का विश्लेषण करें और संभावित समाधान सुझाएँ।
3. क्या आप प्रौद्योगिकी-उद्योग-समाज के साथ नेतृत्व की गतिशीलता को स्थापित कर सकते हैं?
4. कृषि समाज, औद्योगिक समाज, सूचना समाज तथा बौद्धिक समाज की विशेषताओं पर चर्चा करें और यह स्पष्ट करें कि फीडबैक प्रणाली किस प्रकार इन समाजों को विकसित करने में मदद करती है।
5. भारत के विकास के लिए ग्रामीण समूहों को सशक्त करना बहुत महत्त्वपूर्ण है। पी.ई.ई.के. (कनेक्टिविटी) के संदर्भ में पी.यू.आर.ए. की अवधारणा पर प्रकाश डालें।

हमने पहले दो प्रश्नों के लिए दो छात्रों के उत्तरों को प्रस्तुत करने का विचार किया।

● श्री राहुल दत्ता राय, ऐरो-इंजीनियरिंग डिपार्टमेंट, एम.आई.टी. के अंतिम वर्ष के छात्र ने निम्नलिखित जवाब दिया—

पहले प्रश्न का उत्तर

एक विकसित देश के रूप में भारत

मैं व्यक्तिगत रूप से सोचता हूँ कि भारत में आर्थिक या सामाजिक विकास के संदर्भ में जी-8 देशों को भी पीछे छोड़ने की क्षमता है। हमारे अंदर इस ईंधन को प्रज्वलित करनेवाली अग्नि का अभाव है।

हमारे पास प्राकृतिक संसाधन हैं, लेकिन हम उनका लाभ नहीं उठाते। इसके विभिन्न कारण खराब नेतृत्व, मूल्य-संवर्धन का अभाव इत्यादि हो सकते हैं।

एक कहावत है कि एक भेड़ के नेतृत्व में शेरों की सेना एक शेर के नेतृत्व में भेड़ों की सेना से युद्ध हार जाएगी। अभी सबसे अधिक आवश्यकता स्वप्नद्रष्टा तथा योग्य नेतृत्व की है, जो अज्ञानता के अंधकार को दूर कर सके।

विकास का एक अन्य प्रेरक है साक्षरता। एक अशिक्षित देश कभी भी प्रगति नहीं कर सकता है। हमें 'महान् भारत' नहीं बल्कि 'साक्षर भारत' का सपना देखना चाहिए।

मेरा यह भी मानना है कि हममें वैश्विक अर्थव्यवस्था में अपने उत्पादों को बेचने की आक्रामक प्रवृत्ति का अभाव है। हम इसके बजाय 'अमेरिका में निर्मित' से प्रभावित हैं। हमें भारतीय उत्पादों को प्रोत्साहित करना चाहिए और उनका प्रभावपूर्ण तरीके से विपणन करना चाहिए।

हमें अपनी जैव-विविधता को भी पहचानना चाहिए और उन्हें पेटेंट कराना चाहिए। साथ ही हमें बढ़ती जनसंख्या के संकट पर भी एक निगाह रखनी चाहिए, क्योंकि मात्रा में वृद्धि गुणवत्ता में कमी को प्रेरित करेगी। इसके लिए मैं चीनी सरकार द्वारा उठाए गए सख्त कदमों का सुझाव दूँगा।

भारत जैसा लोकतांत्रिक देश किसी भी विकसित देश को पछाड़ सकता है, यदि एक बार उसके लोग साथ-साथ चलें। भौतिकी में यदि दो फ्रीक्वेंसी मैच करती है तो अनुनाद होता है। इसी प्रकार, यदि हमारे विचारों की फ्रीक्वेंसी एक-दूसरे से मिलती है, साथ ही समन्वित प्रयास भी होते हैं तो भारत एक विश्व शक्ति के रूप में उभरेगा।

दूसरे प्रश्न का उत्तर

आर्थिक गतिरोध

आँकड़ों के अनुसार, हमारे यहाँ 4 करोड़ टन खाद्यान्न भंडारित या 'व्यर्थ' है। ये आँकड़े तब और भयावह हो जाते हैं जब हम यह सोचते हैं कि बहुत से भारतीय बहुत मुश्किल से जीवन-यापन कर रहे हैं और भूख तथा गरीबी से पीड़ित हैं।

मेरा व्यक्तिगत विचार है कि जन-वितरण प्रणाली को इस बर्बर कृत्य के लिए दोषी ठहराया जाना चाहिए।

हमने अपने कृषि उत्पादों की उपयुक्त व्यवस्था नहीं की है। कई जनजातीय गाँवों में राशन की दुकानें नहीं हैं। वहाँ राशन की दुकानें खोलना एक वरदान साबित होगा।

साथ ही, हम सोमालिया या अफगानिस्तान जैसे देशों में अपने खाद्यान्नों (हालाँकि कम पोषक गुणोंवाले) का निर्यात कर सकते हैं।

भारत सरकार को बफर कीमतों का निर्णय करते समय 'गरीब भारतीय' को भी अपने दिमाग में रखना चाहिए।

फिर हमें नवीनतम जेनेटिक नवप्रयोगों के द्वारा अपने कृषि उत्पादों की गुणवत्ता को सुधारने का प्रयास करना चाहिए।

उच्च उपज तथा पोषक अन्न प्रकारों को जेनेटिकली निर्मित किया जा सकता है।

● श्री कृपाशंकर, बी.ई. खनन (आठवाँ सत्र) ने इन प्रश्नों के निम्नलिखित उत्तर दिए—

पहले प्रश्न का उत्तर

विकसित देश के रूप में भारत

जी-8 देश विकसित देशों के समूह हैं। हालाँकि भारत के पास एक विकसित देश बनने के लिए सभी संभावित संसाधन हैं, फिर भी यह स्वप्न वास्तविकता नहीं है। भारत के पास पारंपरिक ज्ञान की संपदा है, लेकिन वह बिखरा हुआ है। हमें उन सभी ज्ञानों को एकत्रित करना होगा। पाँच विकसित क्षेत्र निम्नलिखित होने चाहिए—

कृषि क्षेत्र—भारत के पास विशाल उर्वर भूमि है और हम अनाज के उत्पादन में दूसरे स्थान तथा फल के उत्पादन में पहले स्थान पर हैं; लेकिन उत्पादकता

(उपज प्रति हेक्टेयर) के संदर्भ में हम पैंतालीसवें स्थान पर हैं। हमें उच्च पोषण तथा गुणवत्तावाले खाद्यान्न उपजाने की आवश्यकता है। हमें नवीन खाद्य प्रसंस्करण प्रौद्योगिकियों के इस्तेमाल द्वारा कृषि उत्पादों में मूल्य-संवर्धन करना चाहिए।

शिक्षा तथा स्वास्थ्य—ज्ञान से संपन्न मस्तिष्क उत्पन्न करने के लिए शिक्षा महत्त्वपूर्ण है, ताकि वे नए विचार दे सकें। दुर्भाग्यवश हमारी शिक्षा-प्रणाली ऐसा नहीं करती। उसमें एक प्रकार की सीखने की प्रक्रिया होनी चाहिए, न कि पढ़ने की या पुनरुत्पादन प्रक्रिया। ग्रामीण क्षेत्रों में सभी बच्चों को शिक्षा प्रदान की जानी चाहिए। टेली-शिक्षा लाभदायक हो सकती है।

जैव-प्रौद्योगिकी के क्षेत्र में विकास द्वारा स्वास्थ्य क्षेत्र में काफी सुधार हो सकता है। भारत के पास औषधीय जड़ी-बूटियों की संपदा है और जैव-प्रौद्योगिकीविदों को इन संसाधनों को मानव जाति के लिए उपयोगी बनाने के लिए इनका लाभ उठाना चाहिए। भारत में एड्स तथा कैंसर के लिए टीके विकसित किए जाने चाहिए।

आधारभूत सुविधाएँ—सड़कों तथा बिजली द्वारा सभी ग्रामीण क्षेत्रों की कनेक्टिविटी आवश्यक है। PURA का कार्यक्रम बड़े पैमाने पर मदद दे सकता है।

रणनीतिक क्षेत्र—भारत ने वैमानिकी तथा अंतरिक्ष प्रौद्योगिकी में काफी प्रगति की है, फिर भी स्वतंत्रता के बाद वह पाँचवें स्थान पर है। हमें उपग्रहों के लिए सौर ऊर्जा प्राप्त करने का प्रयास करना चाहिए तथा हाइपरप्लेनों का प्रयोग करते हुए उन उपग्रहों से अपनी बिजली की आवश्यकताओं को पूरा करना चाहिए। परमाणु ऊर्जा को रक्षा उद्देश्यों के लिए प्रयोग किया जाना चाहिए।

सूचना तथा संचार प्रौद्योगिकी—इस क्षेत्र को अन्य सभी क्षेत्रों को सूचना तथा कनेक्टिविटी प्रदान करनी चाहिए। सिलिकॉन युग समाप्त हो चुका है। भारत को नेनोप्रौद्योगिकी पर ध्यान देना चाहिए और इस क्षेत्र में नई खोजें करनी चाहिए। सभी ग्रामीण क्षेत्रों के लिए इलेक्ट्रॉनिक कनेक्टिविटी स्थापित की जानी चाहिए और उच्च बैंडविड्थ उपलब्ध कराना चाहिए। सूचना प्रौद्योगिकी हमारी मुख्य क्षमताओं में एक है और हमें उसे बड़े पैमाने पर विकसित करना चाहिए।

दूसरे प्रश्न का उत्तर

आर्थिक गतिरोध

भारत प्रत्येक वर्ष लगभग 20 करोड़ टन खाद्यान्न उत्पन्न करता है। वर्ष 2020 तक इस मात्रा को दुगुना करना होगा। वर्तमान में सरकार की नीति इन

खाद्यान्नों का उचित भंडारण करना है। भंडारित 4 करोड़ टन खाद्यान्न ने आर्थिक गतिरोध को प्रेरित किया। इसके कारण हैं—

★ हम रूढ़िवादी होने और भावी इस्तेमाल के लिए भंडारण करने का प्रयास कर रहे हैं। लेकिन हम उसे गरीब लोगों को नहीं दे रहे हैं, जो भूख से पीड़ित हैं।

★ भारत में उत्पन्न खाद्यान्न पोषण एवं गुणवत्ता में अंतरराष्ट्रीय स्तर के नहीं हैं और इसलिए उनका निर्यात नहीं किया जा रहा है।

★ हम खाद्यान्नों में कोई मूल्य-संवर्धन नहीं कर रहे हैं।

★ मूल्य-संवर्धन करनेवाले उद्योग हमारे देश में बहुत कम हैं और इसलिए उत्पादन का उपभोग नहीं हो रहा है।

सुधार के उपाय

★ नए उद्योगों को विकसित करते हुए हमें अपनी मूल्य-संवर्धन प्रक्रिया विकसित करनी चाहिए।

★ अच्छे पोषक गुणोंवाले खाद्यान्नों का उत्पादन करना चाहिए।

★ हमें खाद्यान्नों को जरूरतमंद लोगों को बेच देना चाहिए और केवल कुछ मात्रा का ही भंडारण करना चाहिए।

★ भंडारण अच्छे तरीके से होना चाहिए। भंडारण के लिए अच्छे बखारों (साइलो) का प्रयोग करना चाहिए, अन्यथा खाद्यान्न सड़ जाएँगे और किसी काम के नहीं रहेंगे।

पाठक इससे सहमत और प्रसन्न होंगे कि विकासशील भारत में कई और राहुल राय और कृपाशंकर हैं, जो भारत को एक सशक्त विकसित देश बनाने में योगदान करने के इच्छुक हैं। यह हमारे समाज तथा देश के हित में है कि भारत को एक विकसित देश बनाने में शिक्षित युवाओं, उनके विचारों तथा ऊर्जा को उपयुक्त तरीके से निर्दिष्ट किया जाए, खासकर जब ज्ञान युग के आविष्कार के साथ हम लाभदायक स्थिति में हैं। यह ई-शिक्षा, टेली-मेडिसिन तथा ई-शासन के साथ सामाजिक परिवर्तन लाएगा, जिससे अधिक रोजगार, प्रशासन में पारदर्शिता तथा ग्रामीण समृद्धि के अवसर प्राप्त होंगे।

हमें वर्ष 2020 तक विकसित भारत के लक्ष्य को प्राप्त करने के लिए एक बौद्धिक समाज के रूप में अपनी क्षमता का लाभ उठाना चाहिए। इस देश के वैज्ञानिकों, इंजीनियरों, प्रौद्योगिकीविदों, तकनीशियनों तथा कृषकों व अन्य लोगों

को इस जिम्मेदारी को उठाना चाहिए और प्रयासों को समन्वित करके विकास लक्ष्यों में मदद देनी चाहिए। हमारे देश के नीति निर्माताओं को रूपांतरण तथा लक्ष्यों को कार्यों में परिणत करने की प्रक्रिया में अवश्य सहयोग करना चाहिए।

चुनौतियाँ हमेशा रहेंगी, लेकिन यह हम पर निर्भर करता है कि हम प्रगति तथा विकास के लिए उन्हें अवसरों में कैसे बदलते हैं।

□

निष्कर्ष

'हमें किसी भी मिशन में सफल होने के लिए अदम्य उत्साह तथा विफलताओं का सामना करने और उनसे सीखने के साहस की आवश्यकता होती है।'

देश

भारत को विकसित देश बनने की ओर अग्रसर करने में निस्संदेह प्रौद्योगिकी की एक महत्त्वपूर्ण भूमिका है। पिछले अध्यायों में हमने यह दिखाने का प्रयास किया है कि किस प्रकार भारत को एक विकसित देश में बदलने में प्रौद्योगिकी को लाभदायक रूप से इस्तेमाल किया जा सकता है। इस प्रक्रिया में हमें कुछ नए प्रारूपों की मदद लेनी होगी और प्रौद्योगिकी के इस्तेमाल तथा भारत को परेशान करनेवाली समस्याओं को सुलझाने में कुछ कल्पनाशील प्रवृत्तियों का प्रयोग करना होगा।

देश को अपनी विकास प्रक्रिया में शिक्षा, स्वास्थ्य, कृषि तथा खाद्य प्रसंस्करण, जैव-प्रौद्योगिकी, सूचना तथा संचार प्रौद्योगिकी, रणनीतिक क्षेत्रों, उद्योगों तथा आधारभूत तंत्र का विकास, नदियों की नेटवर्किंग तथा पी.यू.आर.ए. के माध्यम से ग्रामीण विकास जैसे क्षेत्रों में समन्वित विकास योजना तथा अधिकृत प्रबंधन संरचनाओं से गुजरना होगा।

दायित्व चुनौतीपूर्ण हैं, परंतु एक अरब जनसंख्यावाले एक दृढ़ संकल्प देश के लिए साकार योग्य हैं। हमें इस तथ्य का संज्ञान लेना होगा कि विश्व का सबसे बड़ा लोकतंत्र होने के बावजूद भारत स्वतंत्रता के पाँच दशकों बाद भी एक विकासशील देश ही है। इस स्थिति में बदलाव जरूरी है और भारत को एक विकसित देश बनना है। विकास के लिए दृढ़ निश्चय और एकनिष्ठ समर्पण की

आवश्यकता है। हमें यह याद रखना चाहिए कि भारत को विदेशी शासन से आजाद कराने में हमारे पूर्वजों ने बहुत से बलिदान दिए हैं, कठिनाइयों और दुःखों का सामना किया है, ताकि हम स्वतंत्र भारत में रह सकें और अपना मस्तक ऊँचा रख सकें। हमें एक पल के लिए रुककर सोचना चाहिए कि हम अपनी भावी पीढ़ी द्वारा किस प्रकार स्मरण किया जाना चाहेंगे। हमें तभी याद किया जाएगा जब हम अपनी युवा पीढ़ी को आर्थिक संपन्नता तथा हमारी सभ्यतागत विरासत से उत्पन्न एक सक्रिय, समृद्ध तथा सुरक्षित भारत उन्हें देंगे।

एक देश केवल कुछ लोगों के महान् होने से महान् नहीं होता, बल्कि इसलिए महान् होता है कि उस देश में हर कोई महान् होता है। युवाओं को शिक्षा में श्रेष्ठता प्राप्त करनी चाहिए और उन्हें नैतिक मूल्यों तथा समाज कल्याण की भावना के साथ अच्छा मनुष्य बनना चाहिए। युवाओं के समन्वित तथा केंद्रित प्रयास भारत को एक 'विकसित देश' बनाने की चुनौती को पूरा कर सकते हैं। जिस प्रकार हमारे स्वतंत्रता के पहले स्वप्न ने वैसे नेता उत्पन्न किए थे, हमें विश्वास है कि बच्चे तथा युवा विकसित होकर न केवल विभिन्न क्षेत्रों में प्रोफेशनल बनेंगे बल्कि रचनात्मक उद्यमी बनकर दूसरों को रोजगार के अवसर भी उपलब्ध कराएँगे। नेता नए उत्तम संगठनों के निर्माता होते हैं। रचनात्मक नेताओं का अनुपात जितना ऊँचा होगा, 'विकसित भारत' के स्वप्न की सफलता की संभावना उतनी ही अधिक होगी।

यथार्थ में बदलता स्वप्न

भारत को पहले छह विकसित देशों में शामिल होने के लिए उसे आर्थिक तथा व्यावसायिक रूप से शक्तिशाली होना होगा। सकल घरेलू उत्पाद को 10 प्रतिशत से अधिक करना होगा, गरीबी को समाप्त करना होगा और बेरोजगारी का सफाया करना होगा।

पाँच बड़े मिशन, जिनकी विस्तार से चर्चा की गई है, यानी कृषि तथा खाद्य प्रसंस्करण, शिक्षा तथा स्वास्थ्य, सूचना तथा संचार प्रौद्योगिकी, विद्युत् समेत आधारभूत तंत्र तथा रणनीतिक क्षेत्र से संबंधित मिशनों को युद्ध स्तर पर आरंभ करना होगा। इसके अतिरिक्त विकास के लिए नदियों की नेटवर्किंग, पी.यू.आर.ए. तथा ग्रामीण जीवन की समृद्धि और पर्यटन अन्य आवश्यक लक्ष्य क्षेत्र हैं। भारत के पास इन क्षेत्रों में प्राकृतिक संसाधन तथा उत्तम मानव संसाधन की मजबूत क्षमता है। इन मिशनों में अंतर्संबंधों के नेटवर्क को समझने और अनुसंधान व विकास संस्थानों,

शैक्षिक संस्थानों तथा उद्योगों के बीच मजबूत भागीदारी के द्वारा इनका लाभ उठाने की आवश्यकता है। ये भागीदारियाँ उच्च उत्पादकता तथा विकास को प्रेरित करेंगी और वह बदले में श्रेष्ठ प्रौद्योगिकी उत्पादों के निर्यात तथा अर्थ उत्पत्ति को प्रेरित करेंगे। **यह स्वप्न वास्तव में एक चुनौती है और हम इस पर तभी विजय प्राप्त कर सकते हैं जब हम, एक अरब लोग, अन्य सभी साधारण मुद्दों को भूलकर एक देश के रूप में सामने आकर हाथ मिलाएँ।** सरकार अकेले इस चुनौती का सामना नहीं कर सकती, सभी क्षेत्रों से संबंध रखनेवाले हम भारतीयों को इस स्वप्न को मिशनों में बदलने की समन्वित प्रक्रिया में भारत को देशों के समूह में सही स्थान के साथ एक समृद्ध, खुशहाल, शांतिपूर्ण तथा सुरक्षित देश बनाने में मदद करनी होगी।

नेतृत्व का निर्माण

हममें से लगभग प्रत्येक व्यक्ति अपने बचपन से शिक्षा के विभिन्न चरणों से गुजरता है। समय के साथ यह रचनात्मकता तथा ज्ञान, दोनों में हमारी बेहतरीन विशेषताओं को उभारता है। अधिकार हमें आकार देने में प्रमुख भूमिका निभाता है। किसी खास स्थिति में एक बच्चा, एक किशोर, एक वयस्क तथा एक नेता कैसे प्रतिक्रिया व्यक्त करते हैं? बच्चा पूछता है, 'आप मेरे लिए क्या कर सकते हैं?' किशोर कहता है, 'मैं इसे अकेले करना चाहता हूँ।' युवा कहता है, 'चलिए, इसे मिलकर करें।' नेता प्रस्ताव रखता है, 'मैं आपके लिए क्या कर सकता हूँ?' जब बच्चे को अभिभावकों द्वारा जिम्मेदारी दी जाती है तो वह एक जिम्मेदार नागरिक के रूप में उभरता है। ज्ञान तथा अनुभव से लैस शिक्षक सशक्त मूल्य-प्रणालियों के साथ एक अच्छा मनुष्य बनाता है। जब एक नेता अपने लोगों को अधिकार प्रदान करता है तो नए नेता पैदा होते हैं। यही नए नेता विविध क्षेत्रों में आवश्यक परिवर्तन ला सकते हैं। 'आप मेरे लिए क्या कर सकते हैं' से 'मैं आपके लिए क्या कर सकता हूँ' तक का रूपांतरण एक प्रेरक क्षमता के साथ अंतर्दृष्टि की माँग करता है। विद्यार्थियों में रचनात्मकता शिक्षकों तथा अभिभावकों के समन्वित प्रभाव या प्रयास से उभरेगी। ज्ञान की शक्ति के साथ विभिन्न स्तरों पर अधिकार प्रदान करना विकसित भारत के रूपांतरण की कुंजी है।

इस धरती पर सबसे शक्तिशाली संसाधन प्रज्वलित युवा मस्तिष्क है और हम मानते हैं कि विकसित भारत के स्वप्न को साकार करने के लिए युवाओं को उपयुक्त ज्ञान तथा नेतृत्व के गुणों से लैस किया जाना चाहिए।

नैतिक नेतृत्व

नैतिक नेतृत्व में दो चीजें आती हैं। सबसे पहले इसके लिए मानव हित का एक प्रेरक तथा शक्तिशाली स्वप्न या अंतर्दृष्टि रखने की योग्यता की आवश्यकता होती है। ऐसी स्थिति जिसमें लोग वर्तमान की अपेक्षा भविष्य में अधिक बेहतर स्थिति में हो सकते हैं। दूसरे, जहाँ उद्यमी नेतृत्व में लोगों को सही कार्य करने की आदत बनाने की आवश्यकता होती है, नैतिक नेतृत्व में सही कार्य करने की प्रवृत्ति के साथ दूसरों को भी सही कार्य करने के लिए प्रेरित करने की आवश्यकता होती है।

अदम्य उत्साह

किसी भी मिशन में सफलता के लिए हमें अदम्य उत्साहवाले नेताओं की आवश्यकता है। यह प्रत्येक शैक्षिक केंद्र का ध्येय होना चाहिए। चलिए, अदम्य उत्साह की विशेषताओं के बारे में जानते हैं। इसके दो घटक होते हैं। पहला घटक यह कि सफलता के उच्च लक्ष्यों तक ले जानेवाला एक स्वप्न अवश्य होना चाहिए। मैं 2,500 वर्ष पहले कवि संत तिरुवल्लुवर द्वारा लिखे गए 'थिरुक्कुरल' के एक दोहे का उल्लेख करना चाहूँगा—

வெள்ளத் தனைய மலர்நீட்டம் மாந்தர்தம்
உள்ளத் தனைய துயர்வு

(वेल्लथ थनैया मलारनीतम मानधर्थम उल्लथ थनैया थुयारवू)

इसका अर्थ है कि नदी या झील या ताल की गहराई जो भी हो, जल की स्थिति जो भी हो, लिली फूल हमेशा बाहर निकलता है और खिलता है। इसी प्रकार, यदि किसी लक्ष्य को प्राप्त करने की दृढ़ इच्छा-शक्ति हो तो वह व्यक्ति अवश्य सफल होता है, चाहे उसे प्राप्त करना प्रत्यक्ष रूप से असंभव प्रतीत हो।

हममें से कई लोग बड़े कार्यक्रमों, परियोजनाओं, प्रौद्योगिकियों तथा वैज्ञानिक शिक्षा से जुड़े रहे हैं। तुमने अनुभव किया होगा कि सफलता दिखती नहीं है और उसकी राह में बहुत सी अड़चनें होती हैं। वही कवि हमें एक अन्य दोहे से ऐसे समय की याद दिलाते हैं—

இடும்பைக் கிடும்பை படுப்பர் இடும்பைக்
கிடும்பை படாஅ தவர்

(इडुंबई किडुंबई पादुप्पर इडुंबई किडुंबई पदा थावर)

इसका अर्थ है कि सफल नेता कभी समस्याओं से नहीं भागते। वे स्थिति पर हावी हो जाते हैं और समस्याओं को हराते हैं। 'थिरुक्कुरल' अदम्य उत्साह का

चित्रण करते हैं।

चाहे स्कूल का विद्यार्थी हो या इंजीनियरिंग का विद्यार्थी, देश के युवाओं में ज्ञान के प्रति असीमित उत्सुकता होती है। युवाओं में भारत के लिए कुछ करने की राष्ट्रीय भावना है, जिसे सही दिशा में ले जाना चाहिए और विकसित भारत के लक्ष्य को प्राप्त करने के उद्देश्य से एक समन्वित रूप में काम करने के लिए एक राष्ट्रीय आम सहमति विकसित की जानी चाहिए। इसके लिए प्रशासन तथा प्रबंधन में पारदर्शिता के साथ पहचाने गए मिशनों में प्रौद्योगिकी का पूरा लाभ उठाने की आवश्यकता है। इसके लिए राजनीतिक इच्छा-शक्ति तथा वास्तविक काल-निर्णयन प्रक्रिया की आवश्यकता होगी। हमारा सुझाव है कि राजनीतिक दलों को अपने घोषणा-पत्रों में विशेष रूप से उन कार्ययोजनाओं तथा उस गति को शामिल करना चाहिए जिससे वह दल विकसित भारत के स्वप्न को साकार करेगा।

हम फिर से इस बात पर बल देना चाहते हैं कि विजन इंडिया 2020 प्राप्त किया जा सकता है। एक अरब भारतीय अब देश को राजनीतिक दिशा-निर्देश उपलब्ध कराने के लिए राजनेताओं की ओर देख रहे हैं। यही समय है जब हमारे राजनीतिक दलों को वर्ष 2020 तक विकसित भारत के लक्ष्य को प्राप्त करने में एक-दूसरे से प्रतियोगिता करनी चाहिए। यह आर्थिक रूप से समृद्ध तथा सभ्यतागत विरासत से संपन्न देश होगा। यह एक खूबसूरत भारत, समृद्ध भारत तथा सुरक्षित भारत होगा। चलिए, इस लक्ष्य के लिए मिलकर कार्य करें, जिसके लिए हमारी भावी पीढ़ी द्वारा हमें याद किया जाएगा।

□

संदर्भ

1. ए.पी.जे. अब्दुल कलाम तथा वाई.एस. राजन, 'भारत 2020 नवनिर्माण की रूपरेखा', राजपाल एंड संस, 1998
2. वाई.एस. राजन, 'एंपावरिंग इंडियंस : विद इकोनॉमिक, बिजनेस एंड टेक्नोलॉजी स्ट्रेंथ्स फॉर द ट्वेंटी फस्ट सेंचुरी', हर आनंद पब्लिकेशंस, 2001
3. ए.पी.जे. अब्दुल कलाम तथा अरुण तिवारी, 'अग्नि की उड़ान', प्रभात प्रकाशन, 1999
4. ए.पी.जे. अब्दुल कलाम, 'तेजस्वी मन', प्रभात प्रकाशन, 2002
5. ए.पी.जे. अब्दुल कलाम, 'लॉञ्च वेइकल टेक्नोलॉजी : ए पर्सपेक्टिव', टेक्निकल नोट नंबर इसरो-टीएन-21-81
6. ए.पी.जे. अब्दुल कलाम, 'डिजाइन ऑफ सेटेलाइट लॉञ्च वेइकल्स', जे. ऐरोनॉटिकल सोसाइटी इंडिया, अंक 34, नं. 3-4, 1982
7. ए.पी.जे. अब्दुल कलाम, 'लार्ज बूस्टर्स फॉर स्पेस मिशन', टेक्निकल नोट नंबर इसरो-एच क्यू-टी एन-26-82
8. ए.पी.जे. अब्दुल कलाम और ए. सिवताणु पिल्लै, 'परफॉरमेंस एंड कॉस्ट इफेक्टिवनेस ऑफ इसरो लॉञ्चर्स', टेक्निकल नोट नंबर आई.एल.वी./एस-टी.एन.-01-83
9. ए. शिवताणु पिल्लै तथा एस. धवन, 'फ्यूचर इसरो लॉञ्चर्स', रिपोर्ट नंबर इसरो/आई.एल.वी./एस : टी.एन. : 32 : 85/5
10. ए.पी.जे. अब्दुल कलाम, प्रह्लाद और बी.एस. शर्मा, 'इंटीग्रेटेड डिजाइन एप्रोच फॉर एडवांस्ड ऐरोस्पेस वेइकल्स', साधना, खंड 12, भाग 3, मार्च 1998
11. ए.पी.जे. अब्दुल कलाम, 'एडवांस्ड कंपोजिट्स फॉर ऐरोस्पेस' पर भाषण, इंटरनेशनल कॉन्फ्रेंस ऑन एडवांसेज इन कंपोजिट मैटीरियल्स (आई.सी.ए.सी.एम.-90), 1990
12. आर. नरसिम्हा और ए.पी.जे. अब्दुल कलाम, 'डेवलपमेंट इन फ्लूड मैकेनिक्स

एंड स्पेस टेक्नोलॉजी', इंडियन एकेडमी ऑफ साइंसेज, 1988
13. ए.पी.जे. अब्दुल कलाम, 'मोबिलाइजिंग एंड चैलेंजिंग यंग साइंटिस्ट फॉर एक्सट्राऑर्डिनरी एकॉम्पलिशमेंट : स्टोरी ऑफ एस.एल.वी.-3, 'पृथ्वी' एंड 'अग्नि', इंडियन साइंस कांग्रेस एसोसिएशन, 1990
14. ए. शिवताणु पिल्लै, '102 डिग्री लॉन्च एजिमुथ फॉर जियो-सिंक्रोनस मिशंस फॉर एस.एच.ए.आर.'—फिजीबिलिटी स्टडी रिपोर्ट, इसरो, 1983
15. ए. शिवताणु पिल्लै, 'ऑप्टिमल जियो-सिंक्रोनस लॉन्चर फॉर इसरो'—एक स्टडी, इसरो, 1983
16. 'सम एक्सपेरिमेंट्स इन लॉन्च वेइकल डिजाइन एंड आउटलुक फॉर फ्यूजर—एक रिपोर्ट', वी.एस.एस.सी., 1981
17. सैम पिट्रोडा, 'विजन, वैल्यूज एंड वेलोसिटी', सिलिकॉन इंडिया, 2001
18. ए.पी.जे. अब्दुल कलाम, 'इंडिया ऐज नॉलेज सुपर पावर : ए मास्टर प्लान'
19. 'इंडिया ऐज नॉलेज सुपर पावर—स्ट्रेटजी फॉर ट्रांसफ़ॉरमेशन, रिकमंडेशंस ऑफ द टास्क फोर्स', योजना आयोग, भारत सरकार
20. 'रिपोर्ट ऑफ द स्टीयरिंग कमेटी ऑन साइंस एंड टेक्नोलॉजी फॉर द टेंथ फाइव इयर प्लान (2002-2007)', योजना आयोग, भारत सरकार, नं. 14, 2001
21. 'कंट्रीब्यूशन फ्रॉम डिफरेंट सेक्टर्स टू जी.डी.पी. एंड वर्क फोर्स : इयर 2012', ए नोट फ्रॉम प्लानिंग कमीशन
22. अशोक पार्थसारथी, 'मैनेजिंग द नॉलेज इकोनॉमी-ऑपरचुनिटीज एंड चैलेंजेज ऑफ दि इमर्जिंग नॉलेज इकोनॉमी'
23. ए.पी.जे. अब्दुल कलाम, 'ट्रांसफॉरमेशन ऑफ इंडिया इंटू ए नॉलेज सोसाइटी', आई.आई.एस-सी., बंगलौर, अगस्त 2001
24. ए.पी.जे. अब्दुल कलाम, 'ट्रांसफॉरमिंग इंडिया इनटू ए डेवलप्ड नेशन—रोल ऑफ एंट्रप्रेनर्स' पर भाषण, ग्लोबल सी.ई.ओ. सम्मेलन, कोच्चि, सितंबर 2003
25. ए. शिवताणु पिल्लै, 'द विजन : डेवलप्ड इंडिया—एन ओवरव्यू' पर भाषण, ग्लोबल सी.ई.ओ. सम्मेलन, कोच्चि, सितंबर 2003
26. ए.पी.जे. अब्दुल कलाम, 'इंडिया माई ड्रीम : डाइनेमिक्स ऑफ डेवलपमेंट' पर भाषण, जून 2003
27. ए. शिवताणु पिल्लै, 'स्ट्रॉन्ग एंड सेल्फ रिलाएंट इंडिया—स्ट्रेटजी सेक्टर', भाषण शृंखला 'इंडिया माई ड्रीम', हैदराबाद मैनेजमेंट एसोसिएशन, दिसंबर 2002
28. एस.एल. बजाज, 'स्ट्रेटजीज फॉर इंडियन पावर सेक्टर डेवलपमेंट', भाषण शृंखला 'इंडिया माई ड्रीम', हैदराबाद मैनेजमेंट एसोसिएशन, दिसंबर 2002
29. पी. रामाराव, 'द रोल ऑफ हायर एजुकेशन इन नेशन बिल्डिंग', भाषण शृंखला, 'इंडिया माई ड्रीम' हैदराबाद मैनेजमेंट एसोसिएशन, दिसंबर 2002

30. ए. शिवताणु पिल्लै, 'एडवांसेज इन मिसाइल टेक्नोलॉजी', डॉ. बिरेन राय ट्रस्ट लेक्चर, ऐरोनॉटिकल सोसाइटी ऑफ इंडिया, जनवरी 2000
31. ए. शिवताणु पिल्लै, 'एडवांसेज इन ऐरोस्पेस टेक्नोलॉजी', डॉ. विक्रम साराभाई मेमोरियल लेक्चर, बिरला इंस्टीट्यूट ऑफ टेक्नोलॉजी, राँची, फरवरी 2001
32. ए. शिवताणु पिल्लै, 'ऐरोस्पेस सिस्टम्स डेवलपमेंट एंड मैन्युफैक्चरिंग—विजन, टेक्नोलॉजी एंड स्ट्रेटजी', ऐरोनॉटिकल सोसाइटी ऑफ इंडिया, मार्च 2002
33. आर. गोपालस्वामी, ए. सिवताणु पिल्लै, एस. गोलकोटा, पी. वेणुगोपालन तथा एम. नागाराथिनम, 'कॉन्सेप्ट डेफिनेशन एंड डिजाइन ऑफ ए सिंगल स्टेज टू ऑरबिट लॉन्च वेइकल—हाइपरप्लेन'
34. आर. गोपालस्वामी, 'सोलर इलेक्ट्रिक पावर जेनरेशन फ्रॉम आउटर स्पेस एंड इट्स ट्रांसमिशन टू अर्थ'
35. आर. नानसेन, 'सोलर पावर सेटेलाइट्स—एनर्जी फॉर द ट्वेंटी फर्स्ट सेंचुरी—इकोनॉमिक इंप्लीकेशंस'
36. आर. नानसेन, 'सन पावर : ग्लोबल सॉल्यूशन फॉर कमिंग एनर्जी क्राईसिस', ओसियन प्रेस, 1995
37. 'दि इंटरनेशनल स्पेस स्टेशन कमर्शियलाइजेशन (आई.एस.एस.सी.) स्टडी', पोटोमैक इंस्टीट्यूट फॉर पॉलिसी स्टडीज, मार्च 1997
38. 'इंडियन स्पेस प्रोग्राम', स्पेस फोरम, खंड 5, 2000
39. 'एडवांस्ड सेंसर्स', टेक्नोलॉजी विजन 2020, टी.आई.एफ.ए.सी.
40. 'एग्रो-फूड प्रोसेसिंग—मिल्क, सीरिल्स, फ्रूट्स एंड वेजिटेबल्स', टेक्नोलॉजी विजन 2020, टी.आई.एफ.ए.सी.
41. 'कैमिकल प्रोसेस इंडस्ट्रीज', टेक्नोलॉजी विजन 2020, टी.आई.एफ.ए.सी.
42. 'सिविल एविएशन', टेक्नोलॉजी विजन 2020, टी.आई.एफ.ए.सी.
43. 'इलेक्ट्रिक पावर', टेक्नोलॉजी विजन 2020, टी.आई.एफ.ए.सी.
44. इलेक्ट्रॉनिक्स एंड कम्युनिकेशन, टेक्नोलॉजी विजन 2020, टी.आई.एफ.ए.सी.
45. 'इंजीनियरिंग इंडस्ट्रीज', टेक्नोलॉजी विजन 2020, टी.आई.एफ.ए.सी.
46. 'फूड एंड एग्रीकल्चर', टेक्नोलॉजी विजन 2020, टी.आई.एफ.ए.सी.
47. 'हेल्थ केयर', टेक्नोलॉजी विजन 2020, टी.आई.एफ.ए.सी.
48. 'लाइफ साइंसेज एंड बायोटेक्नोलॉजी', टेक्नोलॉजी विजन 2020, टी.आई.एफ.ए.सी.
49. 'मैटीरियल्स एंड प्रोसेसिंग', टेक्नोलॉजी विजन 2020, टी.आई.एफ.ए.सी.
50. 'रोड ट्रांसपोर्टेशन', टेक्नोलॉजी विजन 2020, टी.आई.एफ.ए.सी.
51. 'सर्विसेज', टेक्नोलॉजी विजन 2020, टी.आई.एफ.ए.सी.
52. 'स्ट्रेटजिक इंडस्ट्रीज', टेक्नोलॉजी विजन 2020, टी.आई.एफ.ए.सी.

53. 'टेलीकम्युनिकेशंस', टेक्नोलॉजी विजन 2020, टी.आई.एफ.ए.सी.
54. 'वाटरवेज', टेक्नोलॉजी विजन 2020, टी.आई.एफ.ए.सी.
55. 'ड्राइविंग फोर्सेज—इंपेडेंसेज', टेक्नोलॉजी विजन 2020, टी.आई.एफ.ए.सी.
56. पी.वी. इंद्रसेन, 'अर्बनाइजेशन' पर रिपोर्ट, 2000
57. आर. नरसिम्हा, 'रॉकेट्स इन मैसूर एंड ब्रिटेन', एन.ए.एल. तथा आई.आई.एससी., परियोजना दस्तावेज संख्या डी.यू. 8503
58. जी.वी. राव, 'स्पिन-ऑफ्स ऑफ डिफेंस टेक्नोलॉजी', उन्नत सम्मिश्रों तथा संरचनाओं में विकास पर राष्ट्रीय परिचर्चा, 1994
59. 'आई.टी. टास्क फोर्स', बेसिक बैकग्राउंड रिपोर्ट
60. 'इंडियन सॉफ्टवेयर सिनेरियो, ई-कॉमर्स—द न्यू मंत्र इन इंडिया एंड द मैकिंसे स्टडी फॉर एन.ए.एस.'
61. सी. वाली कामेश्वर, 'चंद्रा : ए बायोग्राफी ऑफ एस. चंद्रशेखर', यूनिवर्सिटी ऑफ शिकागो प्रेस, 1992
62. वर्गीज कुरियन, 'एन अनफिनिश्ड ड्रीम', टाटा मैग्रॉ-हिल, 1997
63. गोपाल राज, 'रीच फॉर द स्टार्स', विकिंग, 2000
64. 'इन सर्च ऑफ इंडियाज रिनेसाँ', सेंटर फॉर रिसर्च इन रूरल एंड इंडस्ट्रियल डेवलपमेंट, चंडीगढ़, खंड 1, 1998
65. नॉर्मन क्लार्क, पेरेज ट्रेजो, फ्रांसिस्को तथा पीटर एम. एलन, एडवर्ड एल्गर पब, 'इवॉल्यूशनरी डाइनेमिक्स एंड सस्टेनेबल डेवलपमेंट—ए सिस्टम्स एप्रोच, 1995'
66. रिचर्ड बी. चेज, जे. निकोलस, एक्विलेनो तथा एफ. रॉबर्ट जेकब, 'प्रोडक्शन एंड ऑपरेशंस मैनेजमेंट, मैन्युफैक्चरिंग एंड सर्विसेज', मैकग्रॉ-हिल, 1998
67. एल. रिचर्ड लिटल, 'वेल्डिंग एंड वेल्डिंग टेक्नोलॉजी', टाटा मैकग्रॉ-हिल, 1973
68. सुबीर चौधरी, 'मैनेजमेंट इन ट्वेंटी फस्ट सेंचुरी', फाइनेंशियल टाइम्स, प्रेंटिस हॉल, 2000
69. फ्रांसिस हेसेलबेन, मार्शल गोल्डस्मिथ तथा रिचर्ड बेकहर्ड, 'द लीडर ऑफ द फ्यूचर', जॉसी-बास पब्लिशर्स, 1996
70. के. वेंकटसुब्रह्मण्यन, 'ट्रांसफॉरमेशन ऑफ इंडिया—इंडिया एज ए नॉलेज सुपर पावर—स्ट्रैटजीज फॉर एक्शंस', विकास, 2002
71. एफ. पीटर ड्रकर, 'मैनेजिंग द नेक्स्ट सोसाइटी', ट्रूमेन टैली बुक्स, 2002
72. 'ऐरोस्पेस कंपोजिट्स : चैलेंजेज एंड ऑपुरचुनिटीज', इंटरलाइन पब्लिशिंग, 1993
73. जे. ब्रोनोस्की, 'ए एसेंट ऑफ मैन', लिटिल ब्राउन एंड कं., 1976
74. मुकेश गुलाटी, 'एजेंडा फॉर चेंज, डेवलपिंग द स्मॉल स्केल इंडस्ट्री इन इंडिया—

नीड फॉर ए ब्रॉडर विजन', एलाइड पब्लिशर्स, 2000
75. 'हैंडबुक ऑफ सिस्टम्स इंजीनियरिंग एंड मैनेजमेंट', जॉन विले एंड संस, 1999
76. 'एयरक्राफ्ट फ्लाइट कंट्रोल एंड सिमुलेशन', एन.ए.एल.-यू.एन.आई. भाषण शृंखला संख्या 10, अगस्त 1997
77. बर्ट नेनस, 'विजनरी लीडरशिप', जॉसी-बास पब्लिशर्स, 1992
78. पद्मनाभ के. जोशी, 'विक्रम साराभाई : द मैन एंड हिज विजन', मेपिन पब्लिशर्स
79. बजेर डेविड, 'द रॉकेट, द हिस्ट्री एंड डेवलपमेंट ऑफ रॉकेट एंड मिसाइल टेक्नोलॉजी', न्यू कैवेंडिश बुक्स, 1978
80. जॉन कीगन, 'ए हिस्ट्री ऑफ वारफेयर', विंटेज बुक्स, 1993
81. आर.जी. ली, 'गाइडेड वेपंस', बॉसीज डिफेंस पब्लिशर्स, 1988
82. शेल जोनाथन, 'द गिफ्ट ऑफ टाइम', पेंगुइन, 1998
83. पर्सिवाल स्पीयर, 'ए हिस्ट्री ऑफ इंडिया', पेंगुइन रिप्रिंट, खंड 2, 1990
84. रोमिला थापर, 'ए हिस्ट्री ऑफ इंडिया', पेंगुइन रिप्रिंट, खंड 1, 1990
85. जी. वेंकटरमण, 'भाभा एंड हिज मैग्नीफिशेंट ऑबशेसंस', यूनिवर्सिटीज प्रेस, 1994
86. फ्रेंक एच. विंटर, 'द फर्स्ट गोल्डन एज ऑफ रॉकेटरी', स्मिथोसोनियन, 1990
87. आर.एस. परोडा, अनुपम वर्मा तथा नरेंद्र गुप्ता, 'टुआर्ड्स फूड सिक्योर इंडिया', इंडियन साइंस कांग्रेस, 2001
88. 'हेल्थकेयर एजुकेशन एंड आई.टी.—द रोड अहेड', नेशनल इंस्टीट्यूट ऑफ साइंस कम्युनिकेशन, 2002
89. एम. एस. विजयराघवन, 'इन्फॉरमेशन टेक्नोलॉजी—ए फोर्स मल्टीप्लायर एक्स्ट्रा ऑर्डिनरी', डीईसीआईडीओसी बुलेटिन इंफो. टेक्नॉल, 2000
90. एन. बालाकृष्णन, 'इमर्जिंग कम्युनिकेशन टेक्नोलॉजीज एंड द सोसाइटी', इंडियन नेशनल साइंस एकेडमी, नरोसा पब्लिशिंग हाउस, 1999
91. ए. बालाकृष्णन, 'नोवल सबस्टीट्यूटेड मिथाइलेनेडियॉक्सी लिग्नन सप्रेसेज प्रॉलिफेरेशन ऑफ कैंसर सेल्स बाई इनहिबिटिंग टेलोमेरेस एंड एक्टिवेशन ऑफ सी-माइक एंड कैसपेसेज लीडिंग टू एपोपटोसिस', ब्रिटिश जे. कैंसर, खंड 87 (1), 2002
92. के. कस्तूरीरंगन तथा के.आर. श्रीधरमूर्ति, 'इसरो स्पेसक्राफ्ट टेक्नोलॉजी इवॉल्यूशन', इंडियन एकेडमी ऑफ साइंसेज, 1998
93. वी.एम. तिवारी तथा आर.के. तिवारी, 'द हाई-टेक वार ऑफ ट्वेंटीथ सेंचुरी', विकास पब्लिशिंग हाउस प्रा.लि., 1996
94. 'प्रोसीडिंग्स ऑफ इंटरनेशनल सेमिनार—फोर्स मल्टीप्लायर टेक्नोलॉजीज फॉर नेवल एंड लैंड वारफेयर', डी.आर.डी.ओ., वीवा बुक्स प्रा.लि., 1999

95. ‘प्रोसीडिंग्स ऑफ द टेक्नीकल मीट—नेविगेशन एंड गाइडेंस’, खंड 2 : सत्र 3, एस्ट्रोनॉमिकल सोसाइटी ऑफ इंडिया, 1993
96. जॉर्डन ई. जेंसन तथा डेविड डब्ल्यू. नेटजर, ‘टैक्टिकल मिसाइल प्रोपल्शन, खंड 170, प्रोग्रेस इन एस्ट्रोनॉटिक्स एंड ऐरोनॉटिक्स’, ए.आई.ए.ए., 1996
97. एम.आर. श्रीनिवासन, ‘फ्रॉम फिशन टू फ्यूजन—द स्टोरी ऑफ इंडियाज एटॉमिक एनर्जी प्रोग्राम’, विकिंग पेंगुइन इंडिया, 2002
98. पैट्रिक एच. सुलीवन, ‘वैल्यू ड्रिवेन इंटेलेक्चुअल कैपिटल’, जॉन विले एंड संस, 2000
99. बिमल जालान, ‘इंडियाज इकोनॉमी इन द न्यू मिलेनियम’, यू.बी.एस.पी.डी., 2002
100. गुरमीत नरूला, ‘दि इंट्रप्रेनरियल कनेक्शन’, टाटा–मैकग्रॉ हिल, 2001
101. विभिन्न इंटरनेट स्रोत तथा अन्य वार्षिक रिपोर्टें

□□□

कलाम की कलम से

WINGS OF FIRE का हिंदी अनुवाद
अग्नि की उड़ान
डॉ. ए.पी.जे. अब्दुल कलाम
अरुण कुमार तिवारी

ए.पी.जे. अब्दुल कलाम
सृजन पाल सिंह
खुशहाल व समृद्ध विश्व
TARGET 3 BILLION का हिंदी अनुवाद

ए.पी.जे. अब्दुल कलाम
वाइ सुंदर राजन
वैज्ञानिक भारत
'The Scientific Indian' का हिंदी अनुवाद

डॉ. ए.पी.जे. अब्दुल कलाम
अरुण तिवारी
जाग्रत् भारत श्रेष्ठ भारत

डॉ. ए.पी.जे. अब्दुल कलाम
मेरी जीवन-यात्रा
कलाम की कहानी, उन्हीं की जुबानी
My Journey का हिंदी अनुवाद

डॉ. कलाम
प्रेरणा की उड़ान
INDIA

कलाम को सलाम
(डॉ. कलाम के जीवन की मार्गदर्शी कहानियाँ)
रेनू सैनी

डॉ. कलाम के सपनों का बिहार
ललित कुमार सिंह
भूमिका : सृजनपाल सिंह

डॉ. ए.पी.जे. अब्दुल कलाम
मेरा भारत

मेरे सपनों का भारत
(विकसित भारत की ओर)

डॉ. ए.पी.जे. अब्दुल कलाम
हम होंगे कामयाब

कलाम
की आत्मकथा
(डॉ. कलाम के जीवन पर आधारित उपन्यास)
डॉ. रश्मि

महाशक्ति भारत
ए. पी. जे. अब्दुल कलाम

तेजस्वी मन
महाशक्ति भारत की नींव
ए.पी.जे. अब्दुल कलाम

विजयी भव
ए.पी.जे. अब्दुल कलाम
अरुण तिवारी

पी.एम. नायर
करिश्माई कलाम

मैं
कलाम
बोल रहा हूँ
सं. प्रशांत गुप्ता

कलाम सर
के
सक्सेस-पाठ

डॉ. कलाम
सृजन पाल सिंह
आओ बच्चो!
आविष्कारक बनें
भारत के भावी वैज्ञानिकों और गणितज्ञों की खोज

Best Seller
Beyond 2020
का
हिंदी अनुवाद
डॉ. ए.पी.जे. अब्दुल कलाम
वाई.एस. राजन
भारत 2020
और उसके बाद

डॉ. ए.पी.जे. अब्दुल कलाम
भारत
भाग्य
विधाता

डॉ. ए.पी.जे. अब्दुल कलाम
डॉ. ए. शिवताणु पिल्लै
मिशन इंडिया

सृजनपाल सिंह
कलाम
का बचपन

क्या हैं
कलाम?

आचार्य महाप्रज्ञ
ए.पी.जे. अब्दुल कलाम
सुखी परिवार
समृद्ध राष्ट्र

ए.पी.जे. अब्दुल कलाम
जीवन वृक्ष
अटल बिहारी वाजपेयी

हमारे पथ-प्रदर्शक
ए. पी. जे. अब्दुल कलाम
अरुण कुमार तिवारी

1000
कलाम प्रश्नोत्तरी
INDIA
अनीता गौड़

APJ ABDUL
KALAM
ENLIGHTENED
MINDS
Editor : Arun Tiwari

KALAM
Inspires
(111 Inspiring Stories from Life of Dr. Kalam)
Dr. Manish Ranjan (IAS)

Kalam
Quiz Book
INDIA
Dr. Manish Ranjan (ias)

APJ Abdul Kalam
with Arun K Tiwari
Guiding Souls

MOTIVATING
THOUGHTS
of
A.P.J. ABDUL
KALAM

APJ Abdul Kalam
Arun K Tiwari
You Are Born To
BLOSSOM
Take My Journey Beyond...

Wisdom of
KALAM

Songs of Life
(Poems)
A.P.J. Abdul Kalam